Prüfungswissen kompakt

Dipl.-Volkswirt Reinhard Fresow

Handelsfachwirte
Die Zusammenfassung!

Inhalt der Pflichtfächer nach DIHK-Rahmenplan
für die Prüfung der Handelsfachwirte (VO 2014)

Unternehmensführung
Führung und Personalmanagement
Handelsmarketing
Beschaffung und Logistik

Frankfurt, Okt. 2018

Letzte berücksichtigte Klausur:
Sep. 2018

Copyright: Fachwirteverlag Fresow

Kontakt:
mail@fachwirteverlag.de

ISBN 978-3-95887-407-7

Umschlaggestaltung: Simone Meckel

Herstellung und Vertrieb: BoD – Books on Demand

© 2018 Fachwirteverlag, Reinhard Fresow

Inhaltsverzeichnis

Teil A – Unternehmensführung	**13**
1. Unternehmerische Tätigkeit: Chancen und Risiken	**14**
1.1 Selbständigkeit: Vor- und Nachteile	*14*
1.2 Selbständigkeit: Voraussetzungen	*21*
1.3 Anmeldungen und Genehmigungen	*22*
2. Geschäftsidee und Businessplan	**23**
2.1 Geschäftsidee: Konzept	*24*
2.2 Geschäftsidee: Bestandteile	*28*
2.3 Businessplan qualitativ	*30*
2.4 Businessplan quantitativ	*34*
2.5 Unternehmensübernahme	*36*
2.6 Unternehmensbewertung	*39*
3. Unternehmensorganisation	**41**
3.1 Aufgabenverteilung	*43*
3.2 Aufbauorganisation	*44*
3.2.1 Aufgabensynthese	45
3.2.2. Organisationsstruktur	47
3.2.3 Entscheidungssystem	52
3.3 Ablauforganisation	*53*
3.3.1 Erhebungsmethoden	53
3.3.2 Erhebungsergebnisse	54
3.3.3 Maßnahmen	56
3.4 Rahmenbedingungen der Information und Kommunikation	*57*

3.5 Kooperationen	62
4. Kosten- und Leistungsrechnung	**64**
4.1. Kostenrechnung: Systeme	64
4.1.1 Vollkostenrechnung	66
4.1.2 Teilkostenrechnung	72
4.2 Kostenrechnung: Ergebnisse	75
4.3 Controlling	76
4.3.1 Management-Regelkreis	77
4.3.2 Controlling: Instrumente	79
4.3.3 Controlling: Kennzahlen	81
4.3.4 Controlling: Analysen	83
5. Finanzierung	**84**
5.1 Finanzwirtschaftliche Ziele	85
5.2 Finanzplanung: Instrumente	86
5.4 Finanzwirtschaftliche Analysen	92
6. Risikomanagement	**97**
6.1 Risikomanagement in der betrieblichen Organisation	97
6.2 Abfallpolitik	105
Teil B – Führung und Personalmanagement	**107**
1. Führungsmethoden	**108**
1.1 Ziele der Personalführung	108
1.2 Kompetenzen	110
1.3 Führungsgrundsätze	113
1.4 Führungsmethoden	117
2. Zeit- und Selbstmanagement	**121**

Inhaltsverzeichnis

2.1 Aufgabenprioritäten	121
2.2 Zeitmanagement	122
2.3 Zeitplansysteme	123
2.4 Zeitdiebe und Zeitfresser	123
2.5 Leistungskurve	124
2.6 + 2.7 Stress - Work-Life-Balance	124
3. Personalmarketing - Personalauswahl	**125**
3.1 Ziele und Konzepte	125
3.2 Personalbeschaffung	127
3.3 Personalauswahl	128
3.4 Einstellen von Mitarbeitern	134
3.5 Controlling des Auswahlverfahrens	138
3.6 Beenden von Arbeitsverhältnissen	139
4. Berufsausbildung	**141**
4.1.+4.2 Ausbildungsbedarf, Ausbildungsberufe	141
4.3 Eignung des Betriebs	142
4.4 Duales System	145
4.5 Ausbildungspläne	146
4.6 Durchführung der Ausbildung	147
5. Beurteilungssysteme	**150**
5.1 Ziele und Anlässe	150
5.2 Beurteilungsverfahren	152
5.3 Fördermaßnahmen	155
6. Personalplanung	**156**

6.1 - 6.3 Personalbedarfsplanung	158
6.4 Personalkostenplanung	161
6.5 Personaleinsatzplanung	164

7. Qualifizierung — 165

7.1 Weiterbildungsbedarf	166
7.2 Qualifizierungsmaßnahmen	168
7.3 Lernprozesse	170
7.4 Erfolgsmessung	172

8. Personalkennziffern — 173

8.1 Personalinformationssysteme	174
8.2 Personalkennziffern	175
8.3 Balanced Scorecard	176

9. Entgeltsysteme — 177

9.1 Grundsätze der Entgeltfindung	177
9.2 Entgeltformen	178
9.3 Freiwillige soziale Leistungen	179

10. Weiterbildung – Teams – Mitarbeitergespräche — 180

10.1 Organisations- /Personalentwicklung	180
10.2 Trainingsmethoden	184
10.3 Mitarbeitergespräche	186
10.4 Teamentwicklung	189
10.5 Projektmanagement	191

11. Kommunikation – Präsentation – Moderation — 194

11.1 + 2. Gesprächsführung	194

Inhaltsverzeichnis

11.3 Konfliktmanagement	*195*
11.4 Moderation und Präsentation	*198*
12. Arbeits- und Gesundheitsschutz	**203**
12.1 Gesundheit der Mitarbeiter	*203*
12.2 Beruf und Familie	*205*
Teil C – Handelsmarketing	**209**
1. Rahmenbedingungen	**210**
1.1 Umfeldentwicklungen	*211*
1.1.1 Gesellschaftliche Trends	211
1.1.2 Technologische Trends	212
1.1.3 Ökonomische Trends	213
1.1.4 Politisch-rechtliche Entwicklungen	214
1.1.5 Ökologie und Nachhaltigkeit	215
1.2 Stakeholder	*216*
1.3 Betriebsformen	*216*
1.4 Kooperationen	*220*
2. Analysen und Strategien	**222**
2.1 Marktdaten	*225*
2.2 Marktforschung	*226*
2.3 Marktsituation	*230*
2.4 Marketingstrategien	*232*
2.5 Marktsegmentierung	*235*
2.6 Internationalisierung	*236*
3. Marketinginstrumente	**238**
3.1 Marketinginstrumente Handel	*238*

3.2 Marketinginstrumente Produktionsbetrieb	240
3.3 Positionierung und Profilierung	241
3.4 Standortmarketing	242
3.5 Markt- und Preismechanismen	246
3.6 Preispolitik	258
3.7 Zielgruppenansprache	261
4. Sortimentsgestaltung	**263**
4.1 Struktur des Sortiments	263
4.2 Sortimentspolitik	265
4.3 Markenpolitik	267
4.4 Produktlebenszyklus	269
5. Verkaufsförderung und Service	**270**
5.1 Verkaufsförderung	270
5.2 Serviceangebote	271
5.3 CRM	272
5.4 Beschwerdemanagement	273
6. Visual Merchandising	**274**
6.1 Verkaufsflächen	275
6.2 Warenpräsentation	276
6.3 Zusammenarbeit	276
7. Werbekonzepte	**277**
7.1 Werbeplanung	277
7.2 Direktwerbung	280
8. Öffentlichkeitsarbeit	**281**

Inhaltsverzeichnis

8.1 + 8.2 Zielgruppen	281
8.3 PR im Krisenfall	282
8.4 Sonderinstrumente	283

9. E-commerce — 285

10. Analysieren und Bewerten von Entwicklungen — 289

10.1 Wettbewerbssituationen	289
10.2 Konjunkturzyklen	293
10.3 Globalisierung	295
10.4 Europäische Union	297
10.5 Marketing-Mix	299
10.6 Marketing-Controlling	301

Teil D – Beschaffung und Logistik — 303

1. Bedarfsermittlung — 304

1.1 Warenbedarf	305
1.2 Dienstleistungsbedarf	307
1.3 Bedarfsmengen	308

2. Beschaffungs- / Logistikprozesse — 312

2.1 Organisationsformen	315
2.2 Beschaffungsprozesse	316
2.2.1 Beschaffungsmarktforschung	317
2.2.2 Beschaffungskonzepte	319
2.2.3 Beschaffungskonditionen	322
2.2.4 Bezugsquellen	325
2.3 Controlling	328

3. Wertschöpfungskette — 331

3.1 Supply-Chain-Management	*331*
3.2 Optimierung	*334*

4. Waren- und Datenfluss — **335**

4.1 Category Management	*335*
4.2 Efficient Consumer Response	*335*

5. Transport und Entsorgung — **337**

5.1 Transport	*337*
5.2 Entsorgung	*341*

6. Lagerhaltung — **345**

6.1 Lagerprozesse	*346*
6.2 Lagerorganisation	*348*
6.3 Wirtschaftlichkeit	*350*

Stichwortverzeichnis — **353**

Literatur für Handelsfachwirte: — *371*

Vorbemerkung

Während der unmittelbaren Prüfungsvorbereitung in den letzten Wochen vor den Klausuren ist die Fülle an Skripten und ergänzenden Unterlagen sehr umfangreich. Bei Ihren Prüfungen zum/zur „**Handelsfachwirt/in**" müssen Sie für zwei Klausuren insgesamt vier verschiedene Pflichtfächer und ein Wahlfach vorbereiten. Zu den Textbänden und Lehrbüchern kommen die Materialien der Dozenten und Ihre eigenen Aufzeichnungen hinzu. In dieser Phase braucht man nicht noch mehr Bücher, sondern eine vollständige und aktuelle Übersicht des Prüfungsstoffs, die einem hilft, die Frage zu beantworten:
Was muss ich wissen?

Das ist der Zweck dieses Buches: auf Grundlage des Rahmenstoffplans und der bisherigen Klausuren eine Zusammenfassung zu geben, die auf alles verzichtet, was nicht unmittelbar für die Prüfung relevant ist, aber auch nichts weglässt, was in den vorhergehenden Klausuren an Wissen gebraucht wurde. Bei allen Fächern ist bei jedem Gliederungspunkt (der exakt dem Rahmenstoffplan folgt) kursiv angegeben, in welcher Klausur und welcher Frage das Thema vorkam. Eingearbeitet wurden alle Klausuren nach neuer VO 2014 und die Klausuren nach alter VO von 2012 bis 2016. Wer die Klausuren erworben hat, kann damit schnell zu jedem Thema die bisherigen Aufgaben zum Üben finden.

Service

Sollte zwischen Redaktionsschluss dieses Buches und Ihrer Prüfung noch eine weitere Prüfung liegen, können Sie eine Datei mit den auf Grund dieser Prüfung vorgesehenen Aktualisierungen und Ergänzungen anfordern:
hfw@fachwirteverlag.de

Dieser Service ist kostenlos. Die Methode, Zusatzleistungen von einer positiven Rezension bei amazon und/oder in sozialen Netzwerken abhängig zu machen, lehnen wir als Täuschung ab. Bei einer hohen Zahl von 5-Sterne-Bewertungen für ein Buch ist es immer empfehlenswert, deren Aussagekraft bei *www.reviewmeta.com* zu prüfen.

Wir freuen uns natürlich sehr über jede positive öffentliche Bewertung. Und wir sind sehr dankbar für jeden direkt an uns gerichteten Hinweis auf etwaige Fehler oder andere Gründe zur Unzufriedenheit.

Reinhard Fresow

Teil A – Unternehmensführung

Dieses Fach wird in der 1.Teilprüfung mit meist sechs Aufgabenstellungen geprüft, die aus einer betrieblichen Situationsbeschreibung abgeleitet werden. Die Bearbeitungszeit von vier Stunden steht für diese und die Aufgaben zum Fach Führung und Personalmanagement zur Verfügung. Verwendet werden darf eine Gesetzessammlung; die IHK-Formelsammlung für Fachwirte wird zur Verfügung gestellt.

Der **Rahmenstoffplan** hatte in das Fach Unternehmensführung bereits nach der alten Verordnung drei Fächer hineingepackt: Existenzgründung, Unternehmensführung und Rechnungswesen. Die begrüßenswerte Absicht, das Fach mit der neuen Verordnung etwas zu „entlasten" hat allerdings bei manchen Themen zum Fehlen unverzichtbarer Grundlagen geführt. Diese wurden hier eingefügt, jedoch ohne die Gliederung des Rahmenplans zu verändern.

1. Unternehmerische Tätigkeit: Chancen und Risiken

1.1 Selbständigkeit: Vor- und Nachteile

Vor- und Nachteile der Existenzgründung
2012 Früh Aufg.1a | 2012 Herbst Aufg.8a | 2013 Herbst Aufg.2a
Vorteile: Entscheidungsfreiheit, Unabhängigkeit, hohe Motivation und Identifikation mit der Tätigkeit, Arbeit direkt für das eigene (materielle) Wohlergehen.
Nachteile: Finanzielles Risiko, große zeitliche und nervliche Belastung, Abhängigkeit von Geldgebern und Kunden, eventuell Belastung durch Personalverantwortung, großer bürokratischer Aufwand (Finanzamt, Behörden).

Risiken einer selbständigen Existenz
2012 Früh Aufg.1b | 2013 Herbst Aufg.2b; Aufg.5 | 2015 Früh Aufg.5c | 2016 Herbst Aufg.1c
Betriebliche Risiken
Abhängigkeit von Großkunden
Unsicherheiten in der Nachfrageentwicklung
Änderungen des Kundenverhaltens, der Kundenwünsche
Zahlungsausfälle
Veränderte Wettbewerbsbedingungen; Konkurrenzverhalten
Nicht mehr nachvollziehbare bzw. finanzierbare technische Entwicklungen
Änderung der Rahmenbedingungen, z.B. durch Gesetzesänderungen.

1. Unternehmerische Tätigkeit: Chancen und Risiken

Persönliche Risiken
Arbeitsunfähigkeit durch gesundheitliche Probleme
Haftung für unvorhergesehene Risiken
Verlust sozialer Bindungen durch Zeitmangel

Versicherungen
2012 Früh Aufg.1c | 2015 Herbst Aufg.1c
Berufshaftpflicht – zur Absicherung von Risiken durch Schäden aus Geschäftstätigkeit;
Rechtsschutz – zur Absicherung etwaiger Anwalts-und Verfahrenskosten;
Forderungsausfall – zur Absicherung uneinbringlicher Forderungen;
Betriebsunterbrechung – zur Sicherung von Risiken durch Unwetter oder Pannen, die einen Geschäftsbetrieb vorübergehend unmöglich machen.

Kooperationen – *im RP hier genannt, aber eigenes Kap.3.5*

Franchising
2014 Früh Aufg.3 | 2014 Herbst Aufg.1b | 2015 Herbst Aufg.2c
Absatzsystem aus rechtlich selbstständigen Vertragspartnern, wobei durch vertragliche Verpflichtung ein einheitliches Auftreten auf dem Markt sichergestellt wird. Das beinhaltet für den Franchisegeber eine darauf bezogene Weisungs- und Kontrollbefugnis, die sich in seinen Pflichten niederschlägt (Einräumung von Nutzungsrechten von Marken, Überlassung von Werbematerial, Stellen von Einrichtungsplänen etc).
Vorteile für Franchisegeber:
Abwälzung des Waren-Risikos
Abwälzung des Personalkostenrisikos
Chance auf rasches Expansionstempo
geringerer Eigenkapitalbedarf.

Nachteile für Franchisegeber:
Aufwand für Kontroll- und Sicherungsmaßnahmen; höherer Aufwand für Verwaltung, ggf. Konfliktschlichtung; Risiko mangelnder Qualifikation der Partner.

Rechtsformen - Übersicht nach Typen:
*2013 Früh Aufg.1c | 2013 Herbst Aufg.1 | 2014 Früh Aufg.1b
Siehe auch Kap. 1.2*
Einzelunternehmen:
Kleingewerbetreibender
Einzelkaufmann
Selbständiger
Personengesellschaften:
Gesellschaft bürgerlichen Rechts (GbR)
Offene Handelsgesellschaft (oHG)
Kommanditgesellschaft (KG)
Kapitalgesellschaften:
Gesellschaft mit beschränkter Haftung (GmbH)
Unternehmergesellschaft (UG)
Aktiengesellschaft (AG)
Kommanditgesellschaft auf Aktien (KGaA)
Gemischte Rechtsformen:
GmbH & Co KG; stille Gesellschaft

Einzelunternehmen = Nur EIN Betriebsinhaber; Gründung durch Geschäftsaufnahme ohne Formalitäten möglich.
Kleingewerbetreibender:
Umsätze und Geschäftsverkehr erfordern keine kaufmännischen Einrichtungen; es gilt nur das BGB.
„**Freiberufler**" (Selbständiger): Nur für bestimmte Berufsgruppen (z.B. Berater, Publizisten); Katalog der freien Berufe enthalten im EStG, daher auch als „**Katalogberufe**" bezeichnet. keine Gewerbetreibende im Sinne des HGB.

1. Unternehmerische Tätigkeit: Chancen und Risiken

Einzelkaufmann: Eintrag ins Handelsregister; unterliegt handels- und steuerrechtlichen Vorschriften. Zusatz „e. K." (Eingetragener Kaufmann) verpflichtend.

Kaufmannseigenschaft
Voraussetzung: gewerbliche Tätigkeit, die nach Art und/oder Umfang einen in kaufmännischer Weise eingerichteten Geschäftsbetrieb benötigt.

Personengesellschaften
Zwei oder mehr Personen schließen sich zur Verfolgung eines gemeinsamen wirtschaftlichen Zwecks zusammen.
Partnergesellschaft = Zusammenschluss von „Freiberuflern"
Gesellschaft bürgerlichen Rechts (GbR) –
Gründung durch formfreien Vertrag. Rechtsgrundlage: §§ 705 ff BGB.
Vorteile: einfach; geringer Aufwand.
Nachteil: persönliche unbeschränkte solidarische Haftung

Offene Handelsgesellschaft (oHG)
Handelsgewerbe, bei dem die Gesellschafter persönlich unbeschränkt haften – bis 5 Jahre nach dem Ausscheiden; Gründung durch formfreien Vertrag. Eintragung ins Handelsregister erforderlich. - Vorteile: geringe Kosten; hohe Kreditwürdigkeit; kein Grundkapital. - Nachteil: persönliche Haftung, auch nach Ausscheiden noch 5 Jahre.

Kommanditgesellschaft (KG) - *2012 Herbst Aufg.9a*
Handelsgewerbe, bei dem mindestens ein Gesellschafter als **Komplementär** voll haftet, während die anderen als **Kommanditisten** nur bis Höhe ihrer Einlage haften. Geschäftsführung Komplementär, Kommanditisten von Geschäftsführung ausgeschlossen. Eintrag im Handelsregister, Abt. A.
Vorteil: flexible Kapitalbeschaffung
Nachteil: persönliche Haftung des Komplementärs.

Kapitalgesellschaften
Juristische Personen mit festem Nominalkapital; können auch von nur einer Person gegründet werden!

Gesellschaft mit beschränkter Haftung (GmbH) -
Es gelten HGB und GmbH-Gesetz. Die Gründung erfordert einen notariell beurkundeten Gesellschaftsvertrag und Eintragung ins Handelsregister. Mindeststammkapital: 25.000 €. Haftung nur mit Einlage; solange die Mindesteinlage noch nicht erbracht ist jedoch auch mit dem Privatvermögen.
Organe der GmbH: Geschäftsführer, Gesellschafterversammlung; ab 500 Mitarbeitern Aufsichtsrat.
Vorteile: eingeschränkte Haftung. - Nachteile: hohe Gründungskosten; Grundkapital.

Unternehmergesellschaft (UG haftungsbeschränkt)
2016 Früh Aufg.5
Sog. Mini-GmbH, die mit einem Stammkapital von 1 € gegründet werden kann; bis zum Erreichen des Stammkapitals von 25.000 € müssen jedoch jährlich 25 % der Gewinne zur Bildung von Rückstellungen verwendet werden („Thesaurierungszwang").
Vorteile: Haftung beschränkt; kaum Mindestkapital
Nachteil: begrenzte Kreditwürdigkeit

Aktiengesellschaft (AG)
Rechtliche Grundlage ist das Aktiengesetz, das u.a. besondere Publizitätspflichten vorsieht. Gründung durch notarielle Beurkundung und Eintragung ins Handelsregister; die Gründer müssen alle Aktien gegen Einlage übernehmen. Organe: Vorstand, Aufsichtsrat, Hauptversammlung.

1. Unternehmerische Tätigkeit: Chancen und Risiken

SE - Abk. für lat. „**Societas Europaea**" (=Gesellschaft Europas) Aktiengesellschaft nach europäischem Recht, vereinfacht auch „**Europa-AG**" genannt. Die Rechtsform erfüllt die Zulassungsvorschriften in allen EU-Ländern, erspart damit in mehreren dieser Länder tätigen Gesellschaften die Gründung mehrerer nationaler Gesellschaften nach jeweiligem Recht.

Kommanditgesellschaft auf Aktien (KGaA): neben dem persönlich haftenden Gesellschafter sind die übrigen Gesellschafter mit in Aktien zerlegten Anteilen am Grundkapital beteiligt und haften nur mit ihrer Einlage. Mindestkapital 50.000 €. Es gelten Aktiengesetz und HGB. Organe sind: persönlich haftender Gesellschafter, Aufsichtsrat, Hauptversammlung.

„Gemischte" Rechtsformen
GmbH & Co. KG –
Kommanditgesellschaft = Kommanditisten haften nur mit Vermögenseinlage; der Komplementär haftet „unbeschränkt" – ist aber eine GmbH.

Stille Gesellschaft: Beteiligung eines Kapitalgebers gegen Anteil am Gewinn; von Geschäftsführung und Vertretung ist der stille Gesellschafter ausgeschlossen.

Entscheidungskriterien für die Wahl der Rechtsform
Kosten der Gründung (evtl. Notar; Handelsregistereintrag);
Haftung der Beteiligten persönlich;
Gründungsaufwand als zeitlicher Aufwand über die Kosten hinaus – *s. auch Kap. 1.3*;
Transparenz (Publizitätspflichten) bei Kapitalgesellschaften;
Finanzierungsmöglichkeiten sowohl im Hinblick auf die rechtlichen Möglichkeiten der Kapitalzufuhr als auch auf die Kreditwürdigkeit;
Auflagen (z.B. Buchführungspflichten).

Kauf oder Pacht
2012 Früh Aufg.3a | 2012 Herbst Aufg.8b | 2015 Früh Aufg.4

Kauf	Pacht
Unabhängigkeit	Geringer Kapitalbedarf
Schaffung von Eigentum	Zeitlich begrenztes Risiko
Sicherung von Krediten	Evtl. günstiger als Kredit

Übernahme – s. Kap. 2.5

1. Unternehmerische Tätigkeit: Chancen und Risiken

1.2 Selbständigkeit: Voraussetzungen

Zu Finanzierung s. Kap. 5.3

Eignung zur Selbstständigkeit
2013 Früh Aufg.1a | 2015 Herbst Aufg.1b | 2015 Herbst Aufg.9b

Persönliche Voraussetzungen
Eigeninitiative, Belastbarkeit, Risikobereitschaft, solidarisches persönliches Umfeld, Identifikation mit dem eigenen Produkt, Selbstdisziplin, Sparsamkeit, Durchsetzungsvermögen, Kommunikationskompetenz, Führungsqualitäten, Ideenreichtum, Flexibilität, Objektivität.

Fachliche Voraussetzungen
Gute, zum Unternehmenszweck passende Ausbildung, gute kaufmännische Kenntnisse, Beherrschung der erforderlichen Hilfsmittel und Programme, einschlägige Berufserfahrung, Vertrautheit mit den Entwicklungen und Tendenzen der Branche.

1.3 Anmeldungen und Genehmigungen

Umsetzungsphase – Formalitäten
2012 Herbst Aufg.6 | 2014 Früh Aufg.2

Gesellschaftsvertrag, je nach Rechtsform evtl. notariell;
Gewerbeanmeldung, bei unternehmerischer Tätigkeit im Sinne der Gewerbeordnung bei der Kommune (Anmeldepflicht);
Handelsregister, je nach Rechtsform evtl. vorgeschrieben;
Finanzamt: Anmeldung, Information;
Anmeldungen bei **Agentur für Arbeit** und **Berufsgenossenschaft** (bei Beschäftigung von Personal);
Anmeldung **Krankenkasse**;
Abschluss **Sozialversicherung**;
Anmeldung bei **IHK** (bzw. ggf. HWK);
eventuell je nach Tätigkeit erforderliche **Konzessionen** (Genehmigungspflicht), die u.a. polizeiliches Führungszeugnis, Nachweise der Sachkunde oder Nachweise der Befähigung voraussetzen.

2. Geschäftsidee und Businessplan

Gründungsphasen
In dieser Reihenfolge sollten genannt werden:
Geschäftsidee - Inhalt der Tätigkeit bzw. Art des Produkts.
Orientierung - Analyse bereits vorhandener Angebote; Struktur und Größe der Zielgruppe; Kundenbedürfnisse.
Konzeption - Festlegung von Angebotspalette, Preisstruktur, Herstellungsprozess bzw. Erstellung der Dienstleistung, Bedarf an Ressourcen, Organisations- und Rechtsform.
Umsetzung - Abschluss von Verträgen, Sicherstellen der Finanzierung, Schaffung der technischen und personellen Voraussetzungen, Detailplanung von Werbemaßnahmen und Eröffnungsphase
Festigung - Detailbeobachtung von Störungen, Planabweichungen und Reibungsverlusten zum raschen „Nachjustieren".

Geschäftsidee: Entwicklung
Mögliche Quellen für eine Geschäftsidee können sein
- Übernahme einer vorhandenen Idee (Fremdkonzept);
- Fallstudien;
- Entwicklung durch Anwendung von Kreativitätstechniken;
- Marktanalyse.

2.1 Geschäftsidee: Konzept

Eigenkonzept - *2014 Herbst Aufg.1a*
Selbst entwickelte Geschäftsidee einschließlich der Grundkonzeption, z.B. für Produktgestaltung, Vertriebsform und Organisation. – **Vorteil**: Originalität; Entscheidungsfreiheit.

Fremdkonzept
Übernahme eines fertigen Konzeptes, insbes. hinsichtlich Produktgestaltung, Kommunikation und Vertrieb. – **Vorteil**: bei bereits realisierten Konzepten geringeres Fehler-Risiko.
Besondere Form: Franchising – siehe Kap.1.1.

Fallstudie („case study")
Anwendungsorientierte Analyse einer Problemstellung, hier z.B. die Frage nach der Tragfähigkeit einer bestimmten Geschäftsidee durch Studium dazu verfügbarer Daten einschließlich der Gewinnung von Informationen und Einschätzungen durch Interviews von Personen mit einschlägiger praktischer Erfahrung.

Kreativitätstechniken und Moderation
Führung 2014 Herbst Aufg.2a
Brainstorming
Bekannteste Technik, die schöpferische Diskussion durch Vermeiden von Denk- und Sprech-Hemmungen ermöglichen soll. - Durchführung:
1. Vorbereitung (Auswahl der max. 15 Beteiligten nach erforderlichen Kenntnissen; Bestimmen des Moderators; organisatorische Voraussetzungen für ungestörten Verlauf);
2. Durchführung (max. 30 Minuten freier Austausch von Ideen ohne Kritik und Killerphrasen mit konstruktivem Aufgreifen und Weiterspinnen ohne Urheberansprüche);

3. Auswertung (Abklopfen der gesammelten Ideen auf verwertbare oder weiter zu prüfende).

Brainwriting
Variante des Brainstorming, bei der die (meist max. 6) Teilnehmer ihre (möglichst 3) Vorschläge in Stichworten auf ein Formular schreiben, das sie (nach ca. 5 Minuten) im Uhrzeigersinn weitergeben, so dass jeder alle Vorschläge der anderen sieht. Wegen der genannten zahlenmäßigen Vorgaben auch „6-3-5-Methode" genannt.

Mind Mapping
Visualisierung von Strukturen in einem meist baumförmigen Diagramm, das durch die flexible Sammlung und Zuordnung von Stichworten und Ideen auch die Darstellung komplexer Zusammenhänge ermöglicht.

Metaplan-Methode
Verwendung von Pinnwänden und (farbigen) Karten zur optischen Darstellung und Strukturierung von Vorschlägen, Ideen und Zusammenhängen, die in Gruppenarbeit entstehen.

Moderation
Gestaltung eines kreativen Lösungsprozesses in einer Gruppe durch einen an der Kommunikation Beteiligten, der auf Einhaltung von Kommunikationsregeln und Zielorientierung achtet und zwischen Positionen, Thesen und Vorschlägen vermittelt. Bei **geteilter Moderation** Wechselspiel zwischen zwei Moderatoren, teilweise zur Belebung der Diskussion durch forcierte gegensätzliche Positionen, teilweise zur Arbeitsteilung zwischen inhaltlicher Beteiligung und Steuerung einerseits und Koordination und Zusammenfassung andererseits.

Aufgaben des Moderators:
- Teilnehmer und sich selbst vorstellen;
- Klärung von Thema und Zielsetzung;
- Vermittlung von Verhaltensregeln, eventuellen Zeitvorgaben;
- Festlegung und Kontrolle des Ablaufs;
- Aufgreifen und Sortieren von Ideen;
- Strukturierung nach gemeinsamen Merkmalen;
- Gewichtung und Bewertung der aufgekommenen Ideen.

Anforderungen an den Moderator:
- fachliche Kompetenz für die Strukturierung des Themas und der Beiträge;
- methodische Kompetenz im Einsatz der technischen Mittel;
- natürliche Autorität;
- kommunikative Kompetenz.

Marktanalyse

Gegenstand der Untersuchung können bzw. sollten sein:
- Marktpotential (*siehe unten* - Definition und Abgrenzung der Zielgruppe; Ermittlung des Potentials in dieser Zielgruppe);
– Konsumverhalten (Ermittlung von Neigung und Kaufkraft der Zielgruppe);
– Konkurrenzsituation (vorhandene Anbieter; bestehende Aktivitäten; vermutete Marktanteile; vorhandene Verkaufsflächen);
– Standort (Analyse geeigneter Lagen; Ermittlung eventuell vorhandener Planungen und andere sich abzeichnende Änderungen).

Marktpotential

Maximal möglicher Umsatz insgesamt auf einem Markt, Aufnahmefähigkeit des Marktes; in Abgrenzung zu **Marktvolumen** = tatsächlich erzielter Gesamtumsatz aller Anbieter.

2. Geschäftsidee und Businessplan

Marktsegmentierung
Unterteilung des Marktes nach unterschiedlichen Zielgruppen, die auch mit unterschiedlichen Kombinationen der Marketing-Instrumente angesprochen werden; darauf aufbauend entweder **differenzierte** Marktbearbeitung (= unterschiedliche Bearbeitung der Segmente) oder **konzentrierte** Marktbearbeitung (= Bearbeitung nur eines Segments, Teilmarktes).

Konkurrenzanalyse
Untersuchung nach Sortiment, Zielgruppe, Preisniveau, Kommunikationspolitik, Gestaltung, Personalausstattung, Personalniveau, Serviceangeboten, Standort.

Benchmarking
Im Wortsinne Bezug von Unternehmensdaten auf Vergleichsgrößen als Kriterien zur Beurteilung; im engeren Sinne Orientierung der eigenen Werte an denen des (Branchen-)Besten mit dem Ziel, diesen mindestens zu erreichen.

2.2 Geschäftsidee: Bestandteile

Sortiment – *Thema in „Handelsmarketing", Kap. 3.4*
Gesamtheit der (normalerweise fremdbezogenen) Artikel, die den Kunden angeboten werden, im weiteren Sinne inklusive der zugehörigen Dienstleistungen und Serviceangebote.
Ziele (zu berücksichtigen bei Sortimentsänderungen):
Befriedigung der Erwartungen der Kunden; hohe Umschlagshäufigkeit der Produkte; kompetentes Erscheinungsbild; Unverwechselbarkeit gegenüber Wettbewerbern.
Aufgaben: Festlegung von **Sortimentsbreite** (= Anzahl verschiedener Warengruppen) und **Sortimentstiefe** (= Angebotsanzahl innerhalb einzelner Warengruppen).
Sortimentsarten: Unterscheidung nach
- Bedeutung für Umsatz und/oder Image in **Kernsortiment** (Hauptumsatzträger; Imageträger) und **Randsortiment** (Sortimentsergänzung);
- Verkaufsform in Bedienungsware und Selbstbedienungsware
- Verwendung nach Verbrauch oder Gebrauch.

Kundennutzen
Darlegung, wodurch welche Bedürfnisse der Zielgruppe befriedigt werden sollen. Dabei sind neben dem **„Grundnutzen"**, der in der Kernfunktion des Angebots liegt, auch eventuelle **Zusatznutzen** (Befriedigung darüberhinausgehender ästhetischer, psychischer oder sozialer Bedürfnisse) zu berücksichtigen. - *s. auch Handelsmarketing, Kap. 3.3*

2. Geschäftsidee und Businessplan

Standortwahl
2012 Früh Aufg.2a+b | 2013 Früh Aufg.2b | 2014 Früh Aufg.3d | 2016 Früh Aufg.3a | 2016 Herbst Aufg.3a
Mögliche **Kriterien** (Gewichtung je nach Geschäftsidee): Passantenfrequenz; Parkmöglichkeiten; Erreichbarkeit mit Verkehrsmitteln; Image des Umfeldes; Agglomerationseffekte; Erweiterungsmöglichkeit; Anlieferungsmöglichkeit; Kosten.
Agglomerationseffekt ist die (positive oder negative) Auswirkung einer Ansammlung von Handels- und/oder Dienstleistungsbetrieben auf die Attraktivität eines Standorts.

Online-Handel
2016 Herbst Aufg.3c | 2015 Herbst Aufg.8
Vorteile: Zusätzliche Kundengruppen; erweiterter Einzugsbereich; ständige Erreichbarkeit; Unabhängigkeit vom Standort.
Probleme: Datensicherheit; Aktualität des Angebots (Verbindung mit Warenwirtschafts-System); Aufwand in Buchhaltung und Logistik; Remissionen.

Innovation
Entwicklung und Einführung einer komplett neuen Idee als Produkt- oder Dienstleistungsangebot.

Im Rahmenplan werden zu diesem Kapitel noch die Stichworte „Arbitrage" und „Routine" genannt. Der Zusammenhang mit Bestandteilen einer Geschäftsidee war bisher nicht nachvollziehbar.

2.3 Businessplan qualitativ

Qualitative Bestandteile eines Businessplans
2013 Früh Aufg.1b | 2013 Herbst Aufg.6a | 2014 Herbst Aufg.4d | 2015 Herbst Aufg.1 | <u>2016 Herbst Aufg.6</u>
Geschäftsidee (Sortiment; Dienstleistung – *s. Kap. 2.2*);
Unternehmensziele;
Marketingkonzeption;
Standortwahl *(s. Kap. 2.2)*;
Analyse externer Bedingungen (SWOT-Analyse);
Organisation *(s. Kap. 3.2)*;
Rechtsform *(s. Kap. 1.1)*.

Unternehmensziel/Unternehmensstrategie
2012 Herbst Aufg.7a | 2015 Herbst Aufg.4a
Ziel = Angabe eines angestrebten Zustands, Erfolgs; **Strategie** = grundsätzliche Methode, um das Ziel zu erreichen.
Quantitative Ziele = unmittelbar in Zahlen auszudrücken.
Qualitative Ziele = auf Merkmale bezogen, nur auf Umweg in Zahlen auszudrücken. – *s. auch Kap.5.2*
Zielformulierung: SMART =
Spezifisch (präzise; klar abgegrenzt)
Messbar (quantitative Kriterien auch bei qualitativen Zielen für Soll-Ist-Vergleich, Kontrolle der Zielerreichung)
Attraktiv (auch: akzeptiert; anspruchsvoll)
Realistisch (erreichbar aber „sportlich")
Terminiert (Festlegung eines Zeitrahmens bzw. Zeitpunkts)

Zielbeziehungen
Verhältnis zwischen verschiedenen Zielen:
Zielkonkurrenz = Ziele widersprechen sich; Maßnahmen zur Erreichung des einen Ziels erschweren das Erreichen des anderen;

2. Geschäftsidee und Businessplan

Zielneutralität = zwischen den Zielen bestehen keine Abhängigkeiten oder Wechselwirkungen;
Zielharmonie (auch: Zielkomplementarität) = Ziele ergänzen sich.

Zielkonflikte *(2015 Herbst Aufg.4b)*
können entstehen zwischen den verschiedenen Aspekten des gleichen Ziels:
- **Sachziel** (was soll erreicht werden)
- **Terminziel** (wann soll es erreicht werden)
- **Kostenziel** (mit welchen Ressourcen soll es erreicht werden)

Strategische Aufgaben
2012 Früh Aufg.4
Frühe Erkennung von und Anpassung an Veränderungen.
Faktoren für Veränderungen können sein:
- steigende Kundenansprüche;
- technische Veränderungen;
- rechtliche Neuregelungen;
- Wandel auf angrenzenden Märkten;
- Änderungen in der Konkurrenzstruktur;
- demografischer Wandel.

Planungshorizont - *2014 Herbst Aufg.5b*
strategisch = langfristige grundlegende Ziele (was soll erreicht werden?), die von der Geschäftsführung bzw. dem top management vorgegeben werden; Zeitraum z.T > 5 Jahre. Beispiele: Marktposition; Produktentwicklung; neue Märkte.
taktisch = mittelfristige Teilziele (in welchen Etappen soll es erreicht werden?), die vom Middle Management aus den langfristigen Zielen abgeleitet werden; Zeitraum z.T. ca. 2 – 5 Jahre. Beispiele: Marktforschung, Testmarkt; Werbeplan.

Marketingkonzeption
Umfasst die Strategie und speziell für die Eröffnungsphase auch taktische Maßnahmen auf den Marketingfeldern der Produkt-/ Sortiments-Politik, Preispolitik, Distributionspolitik (Vertriebskonzept) und Kommunikationspolitik, insbes. Werbeplan.

Strategische Planung: Instrumente
Produktlebenszyklus
Unterteilung der „Lebensgeschichte" eines Produkts in verschiedene Phasen, die nach verschiedenen **Kriterien** voneinander abgegrenzt werden. Als Kriterium verwendet werden u.a. Umsatz, Rate des Umsatzwachstums, Marktanteil, Marktwachstum, Deckungsbeitrag oder Gewinn.
Phasen sind in den meisten Modellen:
- Einführung (Verlust; hohes Umsatzwachstum)
- Wachstum (Erreichen der Gewinnzone; gleichbleibendes Umsatzwachstum)
- Reife (sinkende Gewinnrate; Abschwächung des Umsatzwachstums durch Annäherung an die Sättigungsgrenze)
- Sättigung (weiter sinkende Gewinne; sinkender Umsatz)
- Degeneration (Gewinn gegen Null, evtl. Verlust; Entscheidung über Elimination)

Portfolioanalyse
Darstellung der Produkte bzw. Produktgruppen in einem Koordinatensystem aus Relativem Marktanteil (= Verhältnis zum Marktanteil des stärksten Konkurrenten; Abszisse) und Marktwachstum (Ordinate). Festlegung der Skala in Abhängigkeit von Extremwerten. Nach Halbierung beider Reihen ergibt sich eine Vier-Felder-Matrix.

2. Geschäftsidee und Businessplan

("Norm"-)Strategien für die vier Felder:
Question Marks (Fragezeichen; Einführungs- oder Wachstumsphase): entweder investieren, um den Marktanteil zu erhöhen, oder zurückziehen
Stars (Sterne; Wachstumsphase): investieren, um Position zu entwickeln bzw. zu verteidigen
Cash Cows (Milchkühe; Reife- oder Sättigungsphase): nur Erhaltungsinvestitionen; Gewinn abschöpfen zur Finanzierung der anderen
Dogs (arme Hunde; Sättigungs- oder Degenerationsphase): entweder eliminieren oder bei positivem Deckungsbeitrag oder Synergieeffekten mit anderen Produkten oder aus Imagegründen am Leben halten.

SWOT-Analyse
Kunstwort aus **S**trengths, **W**eaknesses, **O**pportunities, **T**hreats. Zusammenfassende Betrachtung interner Fähigkeiten (Stärken und Schwächen) und externer Einflussfaktoren (Chancen und Risiken) zur Beurteilung vor allem von Expansionsplänen. – *s. auch Kap. 5.3*

2.4 Businessplan quantitativ

2012 Früh Aufg.2c | 2012 Herbst Aufg.7b | 2013 Früh Aufg.1b | 2013 Herbst Aufg.6a | 2015 Früh Aufg.5a | 2015 Herbst Aufg.1 | 2016 Herbst Aufg.6

Kapitalbedarfsplan
Feststellung der Höhe erforderlicher Investitionen als Grundlage für die Planung der Finanzierung.

Investitionsplan
Aufstellung aller für die Verwirklichung der Geschäftsidee erforderlichen Anschaffungen einschließlich des Grads der Notwendigkeit, den Anforderungen an die wesentlichen Merkmale und eventuell des Zeitpunkts.

Finanzierungsplan
2014 Früh Aufg.1a | 2014 Herbst Aufg.4c
Aufstellung, wie die erforderlichen Mittel für die notwendigen Investitionen beschafft werden sollen; berücksichtigt neben Eigenkapital auch Fremdkapital (z.B. Bankdarlehen) und öffentliche Mittel aus staatlichen Förderprogrammen. **Förderprogramme** ermöglichen eine besondere Form der Fremdfinanzierung, bei der vor allem von der zu 80% dem Bund gehörenden KfW-Bankengruppe über die Hausbank des Darlehensnehmers Existenzgründer und mittelständische Unternehmer unterstützt werden. Vorteile u.a.: zinsgünstig, lange Laufzeiten, weniger Sicherheiten erforderlich.

Finanzierung - *siehe Kap.5*
Beschaffung finanzieller Mittel, insbesondere für Investitionen. - **Innenfinanzierung:** selbst erwirtschaftete Mittel aus einbehaltenen Gewinnen (**Selbstfinanzierung**), Abschreibungen oder Auflösung von Rückstellungen.

Außenfinanzierung: Mittel aus externen Quellen entweder als **Fremdfinanzierung** durch Aufnahme von Darlehen (Kreditfinanzierung; Fördermittel) oder als **Eigenfinanzierung** durch Einlagen neuer Gesellschafter oder Erhöhung der Einlagen der Gesellschafter.

Planbilanz

Die in einer Bilanz übliche Gegenüberstellung von **Aktiva** (Vermögen; Auskunft über Mittelverwendung) und **Passiva** (Kapital; Auskunft über Mittelherkunft), jedoch mit Plan- statt mit Ist-Werten. Sie erfüllt damit für die Kontrolle der Entwicklung den Zweck, die Sollvorgaben für den Vergleich mit den Ist-Werten zu liefern.

Ertragsplan

Längerfristige Vorschau auf zu erwartende Überschüsse auf Grundlage einer strukturierten Gegenüberstellung von Umsatzerlösen und Kosten. – Schema:
Umsatzerlöse – Wareneinsatz = **Rohertrag 1**;
Rohertrag1 – Personalkosten = **Rohertrag 2**;
Rohertrag 2 – Sachgemeinkosten = **Betriebsergebnis**.

Liquiditätsplan - *s. auch Kap. 5.4.3*
2012 Herbst Aufg.7c | 2014 Früh Aufg.1c
Voraussetzung für Existenzsicherung. - Kurzfristige Liquidität zur Begleichung der aktuellen Verbindlichkeiten; langfristige Liquidität, um auch bei schlechterem Geschäftsgang oder unvorhergesehenen Ereignissen seinen Zahlungsverpflichtungen nachkommen zu können.
Liquiditätsverbesserung durch kurze Zahlungsziele, Ausnutzen von Skonto, Verkauf offener Forderungen.

2.5 Unternehmensübernahme

Vor- und Nachteile Betriebsübernahme
2013 Herbst Aufg.6b | 2016 Früh Aufg.3b | 2016 Früh Aufg.1
Vorteile:
- Kundenstamm vorhanden;
- Geschäftsausstattung übernehmbar;
- Erfahrungswerte liegen vor.

Nachteile / Risiken:
- Übernahme des Personals (§613a BGB) evtl. problematisch;
- vorhandenes Image konträr zu neuen Ideen;
- Fixierung von Kunden und/oder Personal auf alten Inhaber;
- Lage und Ausstattung evtl. nicht zeitgemäß;
- Übernahme auch von Haftungsrisiken.

Formen der Übernahme
Übergabe (z.B. bei Familien-Nachfolge) - *2014 Herbst Aufg.4a*
Kauf – Übertragung des Eigentums gegen einen Kaufpreis; formell kein Unterschied zum Verkauf an Dritten.
Pacht – keine Änderung der Eigentumsverhältnisse; Überlassung der Nutzung und der Erträge gegen Pachtzahlungen.
Schenkung – unentgeltliche Übertragung des Eigentums.

Management-buy-out = Kauf des Unternehmens durch eigene Führungskräfte. - **Management-buy-in** = Kauf des Unternehmens durch externe Führungskräfte. - **Leverage-buy-out** = durch Fremdmittel finanzierter Kauf.

Asset-Deal
Sonderform des Unternehmenskaufs, bei dem nicht das gesamte Vermögen erworben, sondern jedes Wirtschaftsgut einzeln übertragen wird. Es können also auch Vermögensteile von der Übernahme ausgenommen werden.

Share-Deal
Sonderform des Unternehmenskaufs, bei dem die Anteile des Verkäufers (also nicht zwangsläufig 100%) an der Gesellschaft erworben werden.

Rechtsaspekte
Im neuen Rahmenplan nicht mehr zusammenhängend enthalten; deshalb hier eingeschoben; im Lehrbuch Collier u.a. zusätzliches Kap. 1.8
Arbeitsrecht *(teilweise im Fach „Führung..."*)
Bei **Betriebsübergang** *(2012 Früh Aufg3b | 2012 Herbst Aufg.8c)* liegt kein Kündigungsgrund vor; der neue Inhaber tritt in den Arbeitsvertrag ein.

Insolvenzverfahren
Versuch, die Zahlungsfähigkeit eines Unternehmens wiederherzustellen und die Forderungen der Gläubiger zu befriedigen. Insolvenzgericht ist das Amtsgericht des Geschäftssitzes/Wohnorts; schriftlicher Antrag erforderlich.
Insolvenzgründe
Zahlungsunfähigkeit, drohende Zahlungsunfähigkeit, bei juristischen Personen auch Überschuldung. - Eröffnung erfolgt, wenn Antrag, Insolvenzgrund und Deckung der Verfahrenskosten vorliegen; natürliche Person kann Stundung der Verfahrenskosten beantragen. Antragstellungspflicht des Geschäftsführers einer GmbH innerhalb von 3 Wochen.
Insolvenzmasse = gesamtes Vermögen des Schuldners aus der gesamten Zeit des Insolvenzverfahrens, kein Verfügungsrecht des Schuldners mehr. Restschuldbefreiung für natürliche Personen auf Antrag möglich
Insolvenzquote:
Insolvenzmasse (Geldbetrag) wird am Ende des Verfahrens gleichmäßig im Verhältnis zur Höhe der Forderungen auf alle Gläubiger mit festgestellten Forderungen verteilt.

Prokura
Ausgenommen von der Handlungsvollmacht des Prokuristen sind:
– Unterschreiben von Bilanzen;
– Unterschreiben von Steuererklärungen;
– Anmeldung ins Handelsregister;
– seinerseits Erteilung einer Prokura;
– Anmeldung einer Insolvenz.

Handlungsvollmacht auch ohne Prokura möglich; erstreckt sich „auf alle Geschäfte und Rechtshandlungen, die der Betrieb eines derartigen Handelsgewerbes oder die Vornahme derartiger Geschäfte gewöhnlich mit sich bringt" (§ 54 HGB).

2.6 Unternehmensbewertung

Kriterien
2012 Früh Aufg3d | 2013 Früh Aufg.2a | 2015 Herbst Aufg.2a | 2016 Früh Aufg.3c | <u>2017 Früh Aufg.2</u>
Jahresumsätze und deren Entwicklung
Rentabilität
Liquidität
Warenbestand
Personalbestand und –struktur
Standortqualität
Infrastruktur
Marktposition und –situation
Image
Auftragsbestand.
Eine nach diesen und evtl. weiteren Kriterien durchgeführte Risikoprüfung wird auch als **„due diligence"** bezeichnet. – *siehe auch unten „Goodwill"*

Bewertungsmethoden
2012 Früh Aufg.3c | 2013 Früh Aufg.2c | 2014 Herbst Aufg.4b | 2015 Herbst Aufg.2b | 2016 Herbst Aufg.1a | <u>2015 Herbst Aufg.9a</u>
Ertragswertmethode
Basis: Ertragskraft des Unternehmens, berechnet aus erwartetem Betriebsergebnis
Substanzwertmethode
Basis: Werte von Betriebsausstattung und Warenbestand etc., ermittelt als Summe von Anlage- und Umlaufvermögen.
Vergleichswertverfahren *(2015 Früh Aufg.8a)*
Orientierung am Preis vergleichbarer Betriebe.

„Goodwill"
2015 Früh Aufg.8b | 2017 Früh Aufg.2
Über den rein materiellen Wert hinausgehender Geschäftswert nach qualitativen Kriterien wie z.B. Marktposition, Sortimentsstruktur, Kundenstruktur, Personalstruktur, Ansehen, Kontakte.

3. Unternehmensorganisation

Organisation bezeichnet im betrieblichen Zusammenhang ein System von möglichst dauerhaften, zugleich aber flexiblen Regelungen, die auf möglichst wirtschaftliche Weise eine effektive Durchführung der Aufgaben sichern sollen.
Anforderungen:
- Zweckmäßigkeit (ergebnisorientiert)
- Wirtschaftlichkeit (sparsam)
- Übersichtlichkeit (knapp und präzise)
- Dauerhaftigkeit (verlässlich; länger gültig)
- Flexibilität (anpassungsfähig)

Grundbegriffe:
Organisation legt Strukturen und Prozesse eindeutig fest: Aufbauorganisation regelt die Strukturen, Ablauforganisation regelt die Prozesse.
Disposition bedeutet die kurzfristige Anpassung an konkrete Verhältnisse innerhalb der Organisation.
Improvisation ist die kurzfristige Lösung unvorhergesehener Probleme unabhängig von Organisation.
Das **Substitutionsprinzip** besagt, dass Einzelfallregelungen möglichst durch generelle Regelungen zu ersetzen sind. Daraus folgt: je älter und größer ein Unternehmen ist, desto größer wird der Anteil bestehender genereller Regelungen.

Mittel zur Dokumentation von Festlegungen, Regelungen, Abläufen
Qualitätsmanagement-Systeme
Organisationshandbuch - Betriebsordnung
Stellenbeschreibungen
Arbeitsanweisungen
Führungsanweisungen

Organisationshandbuch *(2015 Herbst Aufg.3)*
Zusammenfassung aller für den Aufbau des Unternehmens und den Ablauf der Prozesse relevanten Dokumente und Informationen, vom allgemeinen Leitbild bis hin zu einzelnen Arbeitsanweisungen. Vor allem im Qualitätsmanagement kommt dem O. zentrale Bedeutung bei der Sicherung gleichbleibender Abläufe und Vermeidung von Fehlern zu.

3. Unternehmensorganisation

3.1 Aufgabenverteilung

Formen der Aufgabenteilung:
Mengenteilung
Jeder alle Tätigkeiten; Aufteilung nach Volumen.
Artteilung: Jeder einen Teilabschnitt des Gesamtprozesses; Aufteilung nach Tätigkeiten
Vor- und Nachteile der Artteilung:
- Höhere Spezialisierung
- Größerer Koordinationsaufwand
- Entfremdung von der Tätigkeit durch Verlust des Gefühls für den Zusammenhang.

Zentralisierung
Zusammenfassung von Aufgaben nach Tätigkeit oder Objekt oder erforderlicher Entscheidungsgewalt.
Vorteile:
Höhere Spezialisierung; Rationalisierungspotential; besserer Überblick der Geschäftsführung; einheitliche Entscheidungen; klarer Entscheidungsprozess.
Nachteile:
Geringere Flexibilität; größerer Zeitbedarf; höherer Kommunikationsaufwand; geringere Detailkenntnisse; Demotivation dezentraler Entscheidungsträger.

Outsourcing
Auslagerung / Fremdvergabe von Aufgaben oder auch ganzen Betriebsteilen. Mögliche **Vorteile**: Kostenersparnis; höheres Know-how des Dienstleisters; Wegfall von Kapazitätsproblemen. - Mögliche **Nachteile**: höherer Koordinationsaufwand; steigendes Fehlerrisiko; größerer Zeitbedarf; geringere Flexibilität; Abhängigkeit.

3.2 Aufbauorganisation

Gegenstand der Aufbauorganisation ist die Regelung von Hierarchien und Funktionen:
- Aufgaben nach Zuständigkeitsbereichen;
- Entscheidungs- und Anweisungsbefugnisse;
- Über- und Unterstellung (Hierarchie);
- Zusammenarbeit, Vertretung;
- Stellenbeschreibung

Grundlage für die Organisation des Aufbaus ist die Bildung von Stellen. Mittel der Stellenbildung ist die Aufgabenanalyse.

Aufgabenanalyse
2013 Früh Aufg.7b | 2016 Herbst Aufg.5a
Die Aufgabenanalyse ermittelt alle tatsächlich ausgeübten bzw. erforderlichen Verrichtungen und Tätigkeiten. Dabei erfasst sie zu jeder Tätigkeit eine Reihe von Merkmalen, die für die Zuordnung der Tätigkeiten zu Stellen wichtig sein könnten.
Merkmale:
Objekt (auf welche Produkt- oder Kundengruppe bezieht sich die Tätigkeit)
Hilfsmittel (was ist zur Ausführung der Tätigkeit erforderlich)
Ort (wo ist die Tätigkeit auszuüben)
Rang (mehr ausführend oder anordnend; zur Erledigung erforderliche Stellung in der Hierarchie)
Phase (wann in einer Abfolge von Tätigkeiten)
Zweck (direkter oder indirekter Bezug zur Hauptaufgabe)

3. Unternehmensorganisation

3.2.1 Aufgabensynthese

Stellenbildung
2016 Herbst Aufg.5a
Aufgabensynthese = Zusammenfassung von Teilaufgaben nach den bei der Analyse festgestellten Merkmalen zu Stellen. Orientierung des Umfangs der Aufgaben an dem, was ein durchschnittlicher Stelleninhaber zu leisten vermag. - Die Stellenbildung sollte prinzipiell **sachbezogen** erfolgen. Eine **personenbezogene** Organisation stellt ab auf die speziellen Möglichkeiten einer bestimmten Person.
Dauerhaftigkeit: setzt gleichbleibende Tätigkeiten voraus; zugleich Flexibilität gemäß betrieblichen Erfordernissen.
Abgrenzung der Stellen durch klare Zuordnung von Aufgaben, Kompetenz und Verantwortung
Merkmale (entsprechend der Analyse):
Verrichtung / Tätigkeit
Objekt
Hilfsmittel
Ort
Rang (in Hierarchie)
Phase
Zweckbeziehung

Stellen: Kompetenzen (=Befugnisse)
1. Ausführungskompetenz
2. Verfügungskompetenz
3. Antragskompetenz
4. Entscheidungskompetenz
5. Anordnungs- (=Weisungs-) kompetenz
6. Mitsprachekompetenz
7. Stellvertretungskompetenz

Stellenbeschreibung
2016 Früh Aufg.2
Verbindliche schriftliche Festlegung der Merkmale der Stelle und ihrer Eingliederung in die Gesamtorganisation des Betriebes, unabhängig vom jeweiligen Stelleninhaber.
Inhalt:
- Bezeichnung;
- Ziel als allg. Handlungsanweisung;
- grundlegende Aufgabenstellungen;
- hierarchische Einordnung;
- Über-/Unter-Stellung – Zusammenarbeit – Stellvertretung;
- Anforderungen an Stelleninhaber;
- Entscheidungsbefugnisse.

Zweck bzw. Vorteil von Stellenbeschreibungen kann sein: Grundlage für Eingruppierungen; Vermeidung sowohl von Kompetenzüberschreitung als auch von Drückebergerei; Transparenz der Zuständigkeiten; Grundlage für Personalbeurteilung; Basis für Personalentwicklung.

Instanzen (= Leitungsstellen)
2015 Früh Aufg.1a
Übergeordnete Stellen mit Entscheidungs- und Weisungskompetenz. – Aufgaben:
- Zielsetzung und Planung;
- Entscheidungen;
- Organisation und Disposition;
- Mitarbeiterführung und -kontrolle;
- Information;
- ggf. Repräsentation.

Kontrollspanne (Leitungskapazität) = Anzahl der nachgeordneten Stellen, die von einer Instanz angeleitet und geführt werden kann.

3. Unternehmensorganisation

Dienstweg *(2015 Früh Aufg.1a)*
Durch die Über- und Unterstellung in der Aufbauorganisation (siehe unten „Liniensysteme) vorgegebene Abfolge für Informationen und Entscheidungen. Je mehr Hierarchie-Ebenen es gibt, desto länger der Dienstweg, desto geringer die Flexibilität.

3.2.2. Organisationsstruktur

Lean-Management
„schlanke" Aufbauorganisation durch weniger Hierarchiestufen, Dezentralisation von Aufgaben, Kundenorientierung aller Bereiche.

Organisationsformen - Gliederungsprinzipien
2012 Früh Aufg.5a | 2015 Früh Aufg.2
- nach Tätigkeitsbereichen = **funktionale** Gliederung;
- nach Gleichartigkeit der „Objekte" (Kundengruppen; Produktgruppen; Regionen) = **objektbezogene** Gliederung.
Die Benennung erfolgt normalerweise nach dem Prinzip, das auf der 2. Hierarchie-Ebene, also der 1. unterhalb der Geschäftsführung angewendet wird.
Bei Gliederung nach Objekten mit ein oder zwei verbleibenden zentralen Funktionsbereichen: Spartenorganisation.
Bei gleichzeitiger Anwendung beider Prinzipien: Matrixorganisation (s.u.).

Liniensysteme
2012 Früh Aufg.5c | 2015 Früh Aufg.1b | 2015 Herbst Aufg.1 | 2018 Herbst Aufg.1a
Einliniensystem
Für jede Stelle gibt es nur einen disziplinarischen und fachlichen Vorgesetzten („Einheitlichkeit der Unterstellung").

Vorteile: Klare Weisungsbefugnisse und Zuständigkeiten; Transparenz für Mitarbeiter
Nachteile: Bei vielen Stufen Schwerfälligkeit; Informationsverlust durch lange Kommunikationswege; Problem der „Kontrollspanne" für obere Stufen.

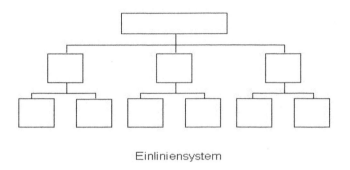

Einliniensystem

Stabliniensystem
2012 Früh Aufg.5b | 2014 Herbst Aufg.5d | 2017 Früh Aufg.3
Integration von Stellen mit bes. Fachkompetenz
Zuordnung dieser Stellen als „Stab" zu Führungsstellen mit beratender und unterstützender Aufgabe.

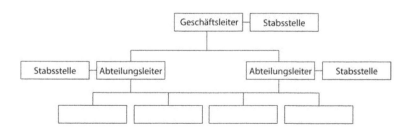

Stabliniensystem

3. Unternehmensorganisation

Vorteile: Entlastung oberer Instanzen; bessere Fundierung von Entscheidungen
Nachteile: unklare Kompetenzverteilung zwischen Stab und Linie; inoffizielle Macht der Experten; Interessenkollisionen zwischen Linie und Stab; zusätzliche Kosten.
Hinweis: Die Vor- und Nachteile des Ein-Linien-Systems bleiben erhalten, gelten also ebenfalls! - **Beispiel** *könnte ein Key-account-Manager als Stabsstelle der Verkaufsleitung sein; die 2016 Herbst Aufg.5 gestellte Frage nach key-account zielte aber mehr auf Stellenmerkmale und gehört in den Handlungsbereich Handelsmarketing*

Mehrliniensystem
Anweisungen durch jeweils sachlich zuständige Stelle.

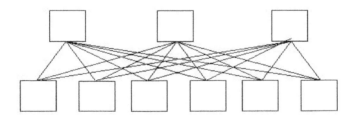

Mehrliniensystem

Vorteile: Wegfall bzw. Kürzung des Instanzenweges; kompetentere Entscheidungen; schnellerer Informationsfluss.
Nachteile: Gefahr von Kompetenzüberschneidungen; Interessenkonflikte zwischen beteiligten Führungskräften; Überforderung der mehrfach unterstellten Mitarbeiter; Loyalitätskonflikte.

Spartenorganisation
2018 Früh Aufg.6
Gliederung des Unternehmens nach Objekten (Produktgruppen; Kundengruppen; Märkten) in wirtschaftlich weitgehend selbständige Geschäftsbereiche (Sparten; divisions), wobei meist einige funktionale Zentralbereiche (EDV; Einkauf) erhalten bleiben oder auch als mit ihren Dienstleistungen selbständig agierende Einheiten geführt werden, die ihre Leistungen an die anderen Sparten verrechnen.

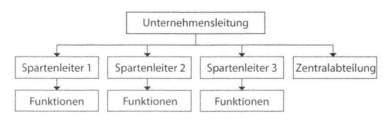

Spartenorganisation

Matrixorganisation
2012 Früh Aufg.5c | 2018 Früh Aufg.6
Gleichzeitige Strukturierung des Unternehmens nach funktionaler Gliederung und nach Objekten (s.o.) Meist disziplinarische Zuordnung in der funktionalen Linie; fachliche Zuordnung (auch) nach Objekt.
Vorteile: Flexibilität; kompetentere Entscheidungen; größere Markt- / Kundennähe; Entlastung der Führung.
Nachteile: Gefahr von Kompetenzüberschneidungen; Interessenkonflikte zwischen beteiligten Führungskräften; Überforderung der mehrfach unterstellten Mitarbeiter; Loyalitätskonflikte.

3. Unternehmensorganisation

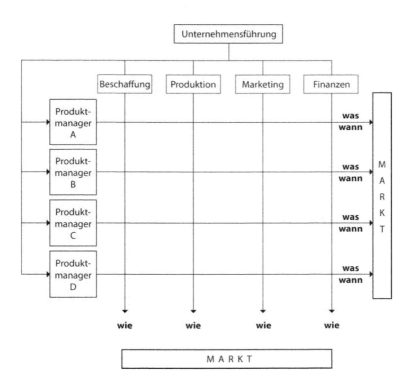

Cost-Center: Geschäftsbereich oder Unternehmenseinheit mit eigener Kostenverantwortung.

Profit-Center - *2017 Früh Aufg.3*
Geschäftsbereich oder organisatorische Unternehmenseinheit mit eigener Ergebnisverantwortung; bedeutet hohes Maß an Selbständigkeit bzw. setzt dies voraus.

3.2.3 Entscheidungssystem

Managementaufgaben
2014 Früh Aufg.4 | 2016 Früh Aufg.1
Analysieren, Entscheiden, Ziele setzen, Planen, Durchführen und Kontrollieren

Management
1. Management als Gesamtheit der Tätigkeiten zur Lenkung und Steuerung eines Unternehmens;
2. Management als der Personenkreis, der diese Tätigkeiten ausübt; nach Hierarchie-Ebene unterschieden in Top-, Middle- und Lower-Management. Idealtypisch werden diesen Ebenen absteigend die folgenden Aufgaben und Entscheidungen zugeordnet:
- Top-M. - strategische,
- Middle-M. – taktische
- Lower-M. - operative.

Entscheidungsprinzipien
Direktorialprinzip (Singularinstanz) – ein „Chef" (z.B. alleiniger geschäftsführender Gesellschafter) entscheidet allein.
Kollegialprinzip (Pluralinstanz) – mehrere Entscheidungsträger (z.B. die Vorstandsmitglieder einer AG) entscheiden gemeinsam; Varianten:
- Abstimmungskollegialität = Mehrheitsentscheidung;
- Primatkollegialität = bei Stimmengleichheit entscheidet die Stimme des Sprechers oder Vorsitzenden;
- Kassationskollegialität = Einstimmigkeit erforderlich (z.B. bei der OHG bei Grundsatzentscheidungen).

3. Unternehmensorganisation

3.3 Ablauforganisation

Gegenstand der Ablauforganisation ist die Regelung von Zusammenwirken
- verschiedener Menschen
- erforderlicher Sachmittel
- im zeitlichen Ablauf.

Prozesse
2016 Herbst Aufg.7
Einfache Ablauffolge: Ende – Anfang – Beziehungen zwischen den Tätigkeiten; jede Tätigkeit setzt auf die vorangegangene auf und schließt sich zeitlich und sachlogisch an sie an („**Prozesskette**").
Komplexe Ablauffolge: zeitliche Überlappung oder Gleichzeitigkeit von mindestens zwei Vorgängen, die auch unterschiedliche Dauer und mehrere Vorläufertätigkeiten haben können („Prozessnetzwerk")".

3.3.1 Erhebungsmethoden
Untersuchungsablauf
Analyse des Ist-Zustandes
Auswertung des Ergebnisses
Verbesserungsvorschläge
Implementierung
Erfolgskontrolle

Informationsbeschaffung
2016 Herbst Aufg.5c
Fragebogen - Vorteile: geringere Kosten; Zeit zum Nachdenken für Befragte; keine Beeinflussung durch Interviewer; hohe Anonymität. - Nachteile: keine Hilfe bei Missverständnissen;

einfache Gestaltung des Fragebogens erforderlich; keine Kontrolle, wer tatsächlich den Fragebogen ausgefüllt hat; häufig geringe Rücklaufquote; Aufwand bei der Daten-Erfassung (entfällt bei Durchführung per mail).
Interview - Erläuterung von Fragestellung möglich; direkter Rücklauf; Beeinflussung durch Interviewer; zeitaufwendig.

Beobachtung - Vorteile: unabhängig von Auskunftsbereitschaft; unabhängig von Ausdrucksvermögen; Ermittlung auch unbewusster Sachverhalte. - Nachteile: Nicht auf alle Sachverhalte anwendbar; Fehlinterpretationen möglich; Situation nicht wiederholbar.

Beobachtung: Methoden
Zeitstudie (Ermittlung des normalen Zeitbedarfs für einzelne Verrichtungen)
Mengenstudien (Häufigkeit des Vorkommens bestimmter Tätigkeiten); können durchgeführt werden:
- im Multimomentverfahren, bei dem in bestimmten zeitlichen Abständen Situationen erfasst und auf die dabei beobachtbaren Verrichtungen ausgewertet werden,
- mit Frequenzstudien, bei denen über einen bestimmten Zeitraum die Situation kontinuierlich beobachtet und numerisch erfasst wird.

3.3.2 Erhebungsergebnisse

Methoden der grafischen Veranschaulichung
Flussdiagramm
Darstellung der logischen Folge eines Ablaufs, incl. Verzweigungen in Abhängigkeit von Antwort auf Ja/Nein-Fragen, z.B. „angelieferte Ware einwandfrei", oder für die Gesprächsführung bei einem Interview.

3. Unternehmensorganisation

Balkendiagramm („Gantt-Diagramm")
Visualisierung der Zeitdauer einfacher Vorgänge durch die Länge der Balken, z.B. Urlaubszeiten der Mitarbeiter einer Abteilung.

Netzplantechnik
2016 Herbst Aufg.7
Visualisierung eines kompletten Projektablaufs durch Darstellung aller Tätigkeiten (als Kreis oder Rechteck) und ihrer Verbindung. Für jede Tätigkeit muss mindestens angegeben sein:
- laufende Nummer der Tätigkeit, normalerweise vergeben nach zeitlicher Folge der Starttermine, zur eindeutigen Identifikation, eventuell auch zum Auffinden in einer Legende der Erklärungen;
- Frühester Starttermin, der sich aus Vorgängertätigkeiten oder auch der Verfügbarkeit von Ressourcen ergibt;
- spätester Starttermin, der sich aus Zeitbedarf für die Tätigkeit und dem Starttermin für nachfolgende Tätigkeiten ergibt;
- Zeitdauer der Tätigkeit.
Bei gleichzeitigen Tätigkeiten ergibt sich für die von kürzerer Dauer ein Zeitpuffer. Die Abfolge der Tätigkeiten ohne Zeitpuffer ergibt den kritischen Pfad: jede Verschiebung verursacht auch eine Verschiebung des Endtermins.
Vorteile eines Netzplans:
Gesamtübersicht; Darstellung der wechselseitigen Abhängigkeiten; Hervorhebung zeitkritischer Ablauffolgen; rasche Aktualisierbarkeit.
Nachteile:
hoher Erstellungsaufwand; setzt eine bereits vor dem Start erstellte vollständige Vorgangsliste einschließlich exakter und realistischer Zeitschätzungen voraus.

3.3.3 Maßnahmen

Fallbezogene Umsetzung der mit den unter 3.3.1 beschriebenen Methoden gewonnenen und mit den unter 3.3.2 genannten Verfahren dargestellten Erkenntnisse, z.B. auf die Organisation des Geld-, Daten- und Warenflusses. Mittel können sein:
- Arbeitsanweisungen;
- Bedienungs-/ Gebrauchsanweisungen;
- Checklisten.

Organisation Warenfluss
Organisationsprinzipien: Kurze Wege; FiFo = First in – first out; zuerst eingelagerte Ware wird zuerst entnommen.
Warenwirtschaftssystem
Computergestützte Erfassung, Steuerung und Analyse aller Elemente in einem geschlossenen Regelkreis.

Organisation Geldfluss
2013 Früh Aufg.3
Zahlungsarten:
EC-Karte: bei Zahlung mit PIN-Eingabe nach Prüfung auf eventuelle Sperrung Bestätigung der Zahlung als Zahlungsgarantie; höhere Gebühren als bei Zahlung mit Unterschrift = Einzugsermächtigung.
Kreditkarte: Unterschrift durch Kunden mit Prüfungspflicht des Zahlungsempfängers; Zahlungsgarantie durch Kreditkartenunternehmen; Provision in vereinbarten % vom Umsatz.

3. Unternehmensorganisation

3.4 Rahmenbedingungen der Information und Kommunikation

Die Rahmenbedingungen werden gegeben durch das Leitbild des Unternehmens und die daraus abgeleiteten Führungsgrundsätze. Die Umsetzung des Leitbilds zu einer „Corporate Identity" beinhaltet auch Regeln zu „Corporate Behaviour" und „Corporate Communication". Dieser gesamte Themenkomplex fehlt im neuen Rahmenplan. Es wird lediglich hier bei den „Hinweisen zur Vermittlung" das Unternehmensleitbild genannt. Das Lehrbuch nach neuem Rahmenplan von Collier u.a. hat deshalb ein Kap. 4 „Die Management-Aufgaben im Unternehmen" eingefügt. Da diese Zusammenfassung sich aber in der Gliederung strikt an den Rahmenplan hält, wird das Thema an dieser Stelle integriert.

Unternehmensleitbild
2014 Herbst Aufg.5a | 2016 Früh Aufg.7
Rahmenbedingungen
- Gesellschaft
- Politik
- Recht
- Wirtschaft; Markt
- Technologie
- Kultur

Bereiche der Unternehmenspolitik:
- Produktpolitik
- Kontrahierungs- (Preis-)politik
- Distributionspolitik
- Kommunikationspolitik
(zusammen = Instrumente des Marketing)
- Finanzpolitik
- Personalpolitik

Orientierung an Interessen der Anteilseigner („**shareholder**") und aller anderen am Unternehmen Interessierten (Mitarbeiter, Kunden, Lieferanten, öffentliche Stellen; „**stakeholder**")

Corporate Governance
2018 Herbst Aufg.4
Verhaltensregeln für Mitarbeiter, besonders Führungskräfte, abgeleitet aus ethisch begründeten Grundregeln; entstanden u.a. zum Unterbinden von Korruption. – *s. auch Kap.6.1*

Leitbild – Inhalt:
- Vision; allgemeines Ziel;
- Selbsteinstufung in den Rahmenbedingungen;
- grundlegende Werte des Unternehmens;
- generelle Strategie;
- Identität, Bedeutung der Mitarbeiter;
- Potential des Unternehmens.
Leitbild – Funktionen und Beispiele:
Integration (Basis für Gemeinsamkeits-Gefühl)
Entscheidung (Handlungsnormen)
Orientierung (Wertvorstellungen)
Koordinierung (Übereinstimmung der Instanzen)

Corporate Identity
Stilisierung des Unternehmens zu einer eigenen „Persönlichkeit" mit einem erkennbaren Charakter und typischen Profil durch ein klares Selbstbild. Enthält einheitliche Regelungen zu
Corporate Design (Erscheinungsbild): Farbe; Schrift; Logo
Corporate Behaviour (Verhalten): Umgang mit Geschäftspartnern und Mitarbeitern im Einklang mit den Normen des Leitbildes.
Corporate Governance (Führungsgrundsätze; s.o.): Transparenz; Unbestechlichkeit

Corporate Communication (Kommunikation): Sprachstil, Ausdrucksweise.
Data Warehouse - *2013 Herbst Aufg.7d*
Zusammenführung der Daten aus verschiedenen unternehmensinternen Quellen in ein möglichst einheitliches Format. Liefert die Datenbasis für übergreifende Analysen und Entscheidungsvorbereitung. Zugleich können automatische periodische Auswertungen des Datenbestandes programmiert werden (**Data-Mining**), bei denen der Datenbestand nach statistischen Verfahren auf Strukturen und Zusammenhänge analysiert wird.
Intranet = Verbindung von Rechnern in einem Unternehmen nur zur internen Nutzung.
Extranet *(2013 Herbst Aufg.7c)* = Zugriff auch für externe (Kunden, Lieferanten).

Informationsspeicherung: Formate

proprietäre Formate = Spezialprogramme, deren Format bzw. Code nicht offengelegt ist; zum Datenaustausch mit anderen Programmen spezielle Konvertierungssoftware erforderlich.
Standardisierte Formate = als Open Source Software auf Grundlage einer übergeordneten Normierung entwickelte Programme.

Informationsspeicherung: Kundendaten

2013 Herbst Aufg.7a
Name – Adresse – Alter – Beruf – Titel – Geschlecht - Familienstand – Familiengröße – Einkommen – Kauffrequenz – Durchschnittsumsatz.

Datenschutz - *2013 Herbst Aufg.7b*

Auf die Wahrung des Rechts auf informationelle Selbstbestimmung zielendes System von Regeln für Erhebung, Speicherung und Verarbeitung personenbezogener Daten.

Rechtsgrundlage: Bundesdatenschutzgesetz.
Prinzip: Speicherung und Verarbeitung personenbezogener Daten nur mit Einwilligung des Betroffenen oder soweit durch ein Vertragsverhältnis notwendig oder wenn gesetzlich legitimiert.
Datensparsamkeit: Erhebung von Daten nur im erforderlichen Umfang, also so weit wie für die Erfüllung der Aufgabe notwendig.
Zweckbindung: Speicherung und Verarbeitung nur für die angegebenen Aufgaben.
Vorgänge Begriffe:
Speichern = Erfassen, Aufnehmen oder Aufbewahren personenbezogener Daten auf einem Datenträger zum Zweck ihrer weiteren Verarbeitung oder Nutzung.
Verändern = inhaltliches Umgestalten gespeicherter personenbezogener Daten.
Übermitteln = Bekanntgeben gespeicherter oder durch Datenverarbeitung gewonnener personenbezogener Daten an einen Dritten.
Sperren = Kennzeichen gespeicherter personenbezogener Daten zur Einschränkung weiterer Verarbeitung oder Nutzung.
Löschen = endgültiges Unkenntlichmachen gespeicherter personenbezogener Daten.
Anonymisieren = Veränderung personenbezogener Daten in der Weise, dass die Informationen keiner Person mehr zugeordnet werden können.
Pseudonymisieren = Ersetzen von Namen durch andere, um die Identifikation auszuschließen.

Datensicherheit
Gesamtheit der technischen und organisatorischen Maßnahmen zur Verhinderung von Verlust oder Manipulation von oder unbefugtem Zugang zu Daten.

3. Unternehmensorganisation

Risiken: Menschen; Technik; Umwelteinflüsse.
Datensicherheit-**Maßnahmen**
- sorgfältige Auswahl der IT Mitarbeiter;
- Verpflichtung der Mitarbeiter auf Sicherheitsrichtlinien;
- Schulungen der Mitarbeiter zu Sicherheitsfragen;
- Regelung der Zugangsberechtigungen (Benutzernamen, Passwort, Rechte);
- Sicherung des Zutritts zu IT-Räumen;
- Schutz der Netze vor Datendiebstahl, Missbrauch, Sabotage (Firewall; Proxy-Server);
- Backup-Verfahren.

Ordnungskriterien: Kommunikation; Sammeln und Weitergabe von Informationen; Ablage von Informationen.
Dokumentenmanagement: Klassifikation nach Inhalt, Zugriffshäufigkeit, Standort.

3.5 Kooperationen

Im alten Rahmenplan in Handelsmarketing:
2013 Herbst Aufg.1 | 2014 Früh Aufg.1 | 2015 Früh Aufg.5a |
2015 Herbst Aufg.1 | 2016 Herbst Aufg.6 | 2017 Früh Aufg.1a
Vorteile: Zusätzliche Kundengruppen; erweiterter Einzugsbereich; ständige Erreichbarkeit; Unabhängigkeit vom Standort.
Probleme: Datensicherheit; Aktualität des Angebots (Verbindung mit Warenwirtschafts-System); Aufwand in Buchhaltung und Logistik; Remissionen.
Zusammenarbeit von Unternehmen, die je nach Handelsstufe als horizontale, vertikale oder laterale (heterogene) Kooperation unterschieden werden kann.

Horizontale Kooperationen: Zusammenarbeit von Unternehmen gleicher Handelsstufe; z. B. als Einkaufsgenossenschaft, um eine stärkere Marktstellung gegenüber Lieferanten zu erreichen; als ERFA-Gruppe, um durch regelmäßigen Austausch von Erfahrungen neue Ideen zu bekommen.
Vertikale Kooperationen
2018 Früh Aufg.2
Zusammenarbeit von Unternehmen unterschiedlicher Handelsstufen, z.B. zwischen Hersteller und Einzelhändler als Vertragshändler oder in einem Franchise System; zwischen Großhändler und Einzelhändler als Rack Jobbing.
Laterale (Diagonale) Kooperationen: Zusammenarbeit zwischen Unternehmen verschiedener Handelsstufen oder Branchen, z.B. im Bereich der Logistik oder im Marketing für gemeinsame Standortinteressen.

Ziele von Kooperationen
Verbesserung von Einkaufsbedingungen durch größere Marktmacht, z.B. in Folge horizontaler Kooperation Einkaufs-

genossenschaften.

Optimierung des Kosten-Nutzen-Verhältnisses von Werbeaufwendungen durch Gemeinschaftswerbung bei gleichen Zielgruppen.
Größeres Gewicht bei der Vertretung und Wahrnehmung gemeinsamer Interessen, z.B. beim Standort-Marketing. Schaffung und Herstellung bzw. Einkauf gemeinsamer Handelsmarken.

Erfolgsfaktoren für Kooperationen
2016 Herbst Aufg.6c | 2017 Früh Aufg.1a
Verfolgen gemeinsamer Ziele, die auch nur gemeinsam erreicht werden können. Frühzeitige und objektive Offenlegung der Konflikte zwischen Wahrung der Selbständigkeit der Beteiligten und Aufgabe der Selbständigkeit im Bereich der Kooperation. Gute Organisation des Informationsflusses; regelmäßiger Erfahrungsaustausch; effiziente Regelung der Entscheidungswege.

Fusion - *2017 Früh Aufg.1b*
Als Zusammenschluss (Verschmelzung) von bisher selbstständigen Unternehmen unter Aufgabe der rechtlichen und wirtschaftlichen Selbstständigkeit keine Kooperation, sondern eine Form der Konzentration.
Vorteile können in der Stärkung der Marktposition und der Nutzung von Synergie-Effekten liegen; als Nachteile drohen Verlust der Identifikation bei Mitarbeitern, evtl. Abwanderung von Kunden und Verringerung der Flexibilität.

Kosten- und Leistungsrechnung (KLR)

Bereiche des Rechnungswesens
Finanzbuchhaltung (FIBU): Buchführung, Bilanz, Gewinn-und Verlustrechnung
Kosten-und Leistungsrechnung (KLR): Kostenartenrechnung, Kostenstellenrechnung, Kostenträgerrechnung (Kalkulation)
Statistik: betriebswirtschaftliche Statistik, Vergleichsrechnungen intern, Vergleichsrechnungen extern
Planungsrechnung: Prognoserechnung, Budgetrechnung.

4.1. Kostenrechnung: Systeme

Kostenartenrechnung: Erfassung und Einteilung aller angefallenen Kosten; Fragestellung „Welche Kosten?"
Kostenstellenrechnung: Zuordnung von (Gemein-)Kosten zu Abteilungen etc.; Fragestellung: „Wo sind die Kosten entstanden?"
Kostenträgerrechnung: Zuordnung von Kosten zu betrieblichen Erzeugnissen; Fragestellung: „Wer hat die Kosten zu tragen?"
Zusammenhang der Teilbereiche *2013 Früh Aufg.4*
Die Kostenartenrechnung teilt Kosten auf in Einzelkosten und Gemeinkosten. Letztere gehen ein in die Kostenstellenrechnung und von dort als Kalkulationssätze in die Kostenträgerrechnung, die daraus und den Einzelkosten die Selbstkosten ermittelt.

4. Kosten- und Leistungsrechnung (KLR)

Aufwand und Kosten
Auszahlung, Ausgaben, Aufwand, Kosten – *s.o. Kap.7.2*
Kosten = in der KLR die zur Erstellung der betrieblichen Leistung verbrauchten Güter und Dienstleistungen.
Aufwand für Kosten in gleicher Höhe = **Zweckaufwand** (= Grundkosten der KLR; z.B. Löhne, Rohstoffe)
Aufwand ohne Kosten = nicht zur betrieblichen Leistungserstellung angefallener, **neutraler Aufwand**.
Anderskosten = Differenz zwischen Aufwand und Kosten (z.B. kalkulatorische Abschreibungen über bilanzielle Abschreibung hinaus, kalkulatorische Wagnisse)
Zusatzkosten = Kosten ohne gegenüberstehenden Aufwand (z.B. kalkulatorischer Unternehmerlohn, kalkulatorische Miete).
Anderskosten + Zusatzkosten = **kalkulatorische Kosten,** da sie für die Zwecke der KLR (v.a. Preisfestsetzung auf Basis der Ermittlung der Selbstkosten) kalkuliert werden müssen.

Ertrag und Leistung
Einzahlung, Einnahme, Ertrag - *s.o. Kap.7.2*
Leistung = in der KLR durch den Faktoreinsatz (Kosten) erzielte betriebliche Wertschöpfung. Ertrag für Leistungen in gleicher Höhe = **Zweckertrag** =Grundleistungen der KLR)
Ertrag ohne Leistungen = nicht durch betriebliche Leistungserstellung entstandener, **neutraler Ertrag**.
Andersleistungen = Differenz zwischen Erträgen und Leistungen (z.B. kalkulatorisch andere Bewertung von Lagerbeständen fertiger Erzeugnisse)
Zusatzleistungen = Leistungen ohne gegenüberstehenden Ertrag (z.B. ohne Berechnung abgegebene Erzeugnisse
Kalkulatorische Abschreibungen
Kosten, die die tatsächliche Wertminderung der Anlagen erfassen und in der Selbstkosten- und Betriebsergebnisrechnung verrechnet werden.

Kalkulatorische Zinsen
Kosten für die Nutzung des betriebsnotwendigen Kapitals. Ihre Verrechnung ermöglicht eine gleichmäßige Belastung der Abrechnungsperioden mit Zinskosten.
Kalkulatorische Wagnisse
An Stelle der tatsächlich eingetretenen Wagnisverluste werden in der Kosten-und Leistungsrechnung kalkulatorische Wagniszuschläge für die betreffenden Einzelrisiken ermittelt und verrechnet.
kalkulatorischer Unternehmerlohn
Bei Personengesellschaften wird unabhängig vom Unternehmungsgewinn für die Arbeitskraft mitarbeitender Gesellschafter ein Unternehmerlohn angesetzt und in die Preise einkalkuliert.

4.1.1 Vollkostenrechnung

Kostenarten – Gliederung
Nach der Art des Verbrauchs in:
- **Materialkosten** (Roh-, Hilfs- und Betriebsstoffe)
- **Personalkosten** (Löhne und Gehälter)
- **Abschreibungen** (auf Anlagen; Forderungen)
- **Dienstleistungskosten** (Transport- und Versicherungskosten; Rechts- und Beratungskosten)
- **Zwangsabgaben** (Steuern, Zölle, Gebühren).

Nach der Zurechnung zu Kostenträgern in
- **Einzelkosten** können direkt den Kostenträgern zugerechnet werden (Material)
- Sondereinzelkosten (z.B. Modelle)
- **Gemeinkosten** können nicht direkt den Kostenträgern zugerechnet werden.

Nach Verhältnis zur Ausbringungsmenge in **variable** und **fixe** Kosten *(siehe Anwendung 3.5 Deckungsbeitragsrechnung)*

4. Kosten- und Leistungsrechnung (KLR)

Materialkosten – Abgrenzungen
Rohstoffe: Einzelkosten; werden Produktbestandteil
Hilfsstoffe: Gemeinkosten; werden Produktbestandteil
Betriebsstoffe: Gemeinkosten; werden kein Produktbestandteil.

Kostenstellenrechnung
2014 Früh Aufg.5
Zuordnung von Gemeinkosten zu Abteilungen, Produktionsgruppen etc. nach der Frage „Wo sind die Kosten entstanden?"
Abgrenzung der Kostenstellen
funktional: Zusammenfassung gleichartiger Tätigkeiten, Aufgaben; **räumlich**: Zusammenfassung nach örtlicher Lage; **organisatorisch**: in Übereinstimmung mit den Elementen der Aufbauorganisation.
Gliederung der Kostenstellen
Hauptkostenstellen: unmittelbar an Leistungserstellung beteiligt; Verrechnung der Kosten mithilfe von Zuschlagsätzen direkt auf Kostenträger. - **Hilfskostenstellen**: Stellen Leistungen anderen Kostenstellen zur Verfügung, indirekte Weitergabe der Kosten.

Betriebsabrechnungsbogen - *2014 Herbst Aufg.6*
Bindeglied zwischen Kostenarten – und Kostenträgerrechnung für Gemeinkosten.
Unterscheidung der Gemeinkosten:
Kostenstelleneinzelkosten können auf Basis von Belegen den Kostenstellen direkt zugeordnet werden. – **Kostenstellengemeinkosten** werden über Verteilungsschlüssel aufgeteilt.
Primärkostenrechnung: Kostenstelleneinzelkosten (z. B. Material, Löhne) werden den Kostenstellen zugerechnet. – Kostenstellengemeinkosten (z. B. Gebäudekosten, Versicherungsprämien) werden aufgeteilt über Mengen-oder Wertschlüssel.

Mengenschlüssel: Raumfläche in Quadratmetern, Anzahl der Mitarbeiter; **Wertschlüssel**: Fertigungslöhne, Fertigungsmaterialkosten, Herstellkosten.

Sekundärkostenrechnung: innerbetriebliche Leistungszurechnung von Kostenstellen des allgemeinen Bereichs (Kantine, Rechenzentrum) oder Fertigungshilfskostenstellen (z.B. Instandhaltung).

Zuschlagsätze

prozentualer Aufschlag auf eine Bezugsgröße zur verursachungsgerechten Zurechnung der Gemeinkosten auf Kostenträger. — **Bezugsgrößen:**
Materialgemeinkostenzuschlagssatz = Einzelkosten Fertigungsmaterial.
Fertigungsgemeinkostenzuschlagsatz: Fertigungslöhne (Fertigungsgemeinkosten)
Verwaltungsgemeinkostenzuschlagsatz: Herstellkosten der Produktion
Vertriebsgemeinkostenzuschlagsatz: Herstellkosten des Umsatzes.

Berechnungsschema
1 Material-Einzelkosten + Material-Gemeinkosten = **Materialkosten**
2 Fertigungslöhne + Fertigungsgemeinkosten + Sondereinzelkosten der Fertigung = **Fertigungskosten**
Summe aus 1 + 2 = **Herstellkosten**, Bezugsgröße für Verwaltungsgemeinkostenzuschlagsatz; ergibt **Verwaltungskosten**.
Herstellkosten der Produktion + Saldo der Bestandsveränderungen an unfertigen und fertigen Erzeugnissen + Sondereinzelkosten des Vertriebs = Herstellkosten des Umsatzes, Bezugsgröße für Vertriebsgemeinkostenzuschlagsatz; ergibt **Vertriebskosten**.
Herstell-K. + Verwaltungs-K. + Vertriebs-K = **Selbstkosten**

4. Kosten- und Leistungsrechnung (KLR)

Beispiel:

Art	Leistung	In €	
Ek	Material	24,-	Material-K.
Gk	Material 12%	2,88	26,88 €
Ek	Löhne	4,20	Fertigungs-K.
Gk	Fertigung 250%	10,50	14,82
Ek	Sonderkosten	0,12	
	Herstellkosten:	26,88 + 14,82 = 41,70	
Gk	Verwaltung 10%	4,17	Verw.-+Vertr.-Gk
Gk	Vertrieb 20%	8,34	12,51 €

Die Summe von Herstellkosten + Verwaltungs- und Vertriebs-Gemeinkosten (41,70 + 12,51 = 54,21 €) ergibt die Selbstkosten.

Kostenträgerrechnung ist die Zuordnung von Kosten zu betrieblichen Erzeugnissen etc. nach der Frage „Wer hat die Kosten zu tragen?"
Kostenträgerzeitrechnung ist eine kurzfristige Erfolgsrechnung durch Verknüpfung von Kosten- und Leistungsrechnung.
Aufgaben:
- Ermittlung des Betriebsergebnisses
- Laufende Wirtschaftlichkeitskontrolle
- Ermittlung der Ergebnisbeiträge einzelner Kostenträger
- Überprüfung von Ergebniserwartungen und Entscheidungen

Kostenträgerblatt zur Ermittlung des Betriebsergebnisses
Herstellkosten der abgesetzten Erzeugnisse
+ Verwaltungsgemeinkosten
+ Vertriebsgemeinkosten
+ Sondereinzelkosten des Vertriebs
= Selbstkosten (Sk) der abgesetzten Erzeugnisse

Bruttoerlöse - Erlösschmälerungen = Nettoerlöse
Nettoerlöse - Sk = Betriebsergebnis.

Kostenträgerstückrechnung: Ermittlung der Herstell- und Selbstkosten eines Produktes durch ein Kalkulationsschema.
Aufgaben: Bestimmung der Preisuntergrenze; Ableitung der Preisobergrenzen; Ermittlung interner Verrechnungspreise; Bewertung der Lagerbestände.

Kalkulationsverfahren
Zuschlagskalkulation – Maschinenstundensatzkalkulation – Divisionskalkulation – Äquivalenzziffernkalkulation.

Zuschlagskalkulation
Die Kostenträgergemeinkosten werden indirekt über prozentuale Zuschlagssätze den Kostenträgern zugerechnet. - Unterschied zu Divisions- und Äquivalenzziffernkalkulation: Differenzierung zwischen Kostenträgereinzelkosten und Kostenträgergemeinkosten; setzt Differenzierung in der Kostenartenrechnung voraus. Die Kostenträgereinzelkosten dienen zugleich als Zuschlagsbasis für die Kostenträgergemeinkosten.

Zuschlagskalkulation: summarisch
Verzicht auf Kostenstellenrechnung; die Kostenträgergemeinkosten werden lediglich insgesamt für das ganze Unternehmen (kleinere Betriebe mit geringen Gemeinkosten) erfasst.

Zuschlagskalkulation: differenziert
Kostenträgergemeinkosten werden mit verschiedenen Zuschlagssätzen getrennt nach den Kostenbereichen Material, Fertigung, Verwaltung und Vertrieb verrechnet.

Divisionskalkulation
Als **einstufige** D. vereinfachtes Verfahren: die Division aller angefallenen Kosten durch die Bezugsgröße / Ausbringungsmenge ergibt Kosten je Stück (**Stückselbstkosten**)
Die **zweistufige** D. berücksichtigt nicht nur die produzierte Menge, sondern durch Einbeziehung der Bestandsveränderungen an fertigen Erzeugnissen auch die abgesetzte Menge.

4. Kosten- und Leistungsrechnung (KLR)

Handelskalkulation
2012 Früh Aufg.6 | 2013 Herbst Aufg.9 + 10 | 2014 Herbst Aufg.7 | 2015 Herbst Aufg.5 | 2016 Früh Aufg.6b | 2016 Herbst Aufg.6 | 2016 Früh Aufg.3 | 2016 Herbst Aufg.9 | 2017 Früh Aufg.2 | 2018 Früh Aufg.3 | 2018 Herbst Aufg.2
Besteht aus Bezugskalkulation, Selbstkostenkalkulation und Angebotskalkulation.

Bezugskalkulation:
Netto-Einkaufspreis − Lieferantenrabatt = Zieleinkaufspreis − Skonto = Bareinkaufspreis + Bezugskosten = Einstandspreis.

Selbstkostenkalkulation:
Einstandspreis + Handlungskosten (Aufschlag in %) = Selbstkostenpreis *(Achtung: in der IHK-Formelsammlung in der Prüfung auf der Seite vor Bezugskalkulation!)*

Angebotskalkulation
Selbstkostenpreis + Gewinnaufschlag in % = Barverkaufspreis + Kundenskonto + Provisionen = Zielverkaufspreis + Kundenrabatt = Verkaufspreis.

Kalkulationsfaktor ist das Verhältnis von Verkaufspreis zu Einstandspreis; **Handelsspanne** *(2016 Früh Aufg.4)* ist die Differenz zwischen Verkaufs- und Einstandspreis in % des Verkaufspreises.

Schreibweisen in der IHK-Formelsammlung:
K = Gesamtkosten; k = Stückkosten; x = Menge; p = Stückpreis; U = Umsatz. - Suffix $_f$ = fixe Kosten; Suffix $_v$ = variable Kosten. Also: Gesamtkosten = Fixkosten + variable Kosten als Formel: $K = K_f + K_v$. - Gesamte variable Kosten $K_v = k_v \, x$

4.1.2 Teilkostenrechnung

Vergleich von Vollkosten-und Teilkostenrechnung
Vollkostenrechnung = alle Kosten (variable und fixe) werden auf die Kostenträger verrechnet.
Fixe Kosten = gleichbleibend, unabhängig von der Ausbringungsmenge, z.b. Abschreibungen; **variable** Kosten = mit der Ausbringungsmenge wachsend, z.B. Materialkosten.

2012 Früh Aufg.7
Probleme der Vollkostenrechnung: die Aufschlüsselung der Gemeinkosten ist nicht immer verursachungsgerecht; keine Unterscheidung zwischen beschäftigungsbedingten und beschäftigungsneutralen Kosten; keine Berücksichtigung von Fixkostendegression und Fixkostenremanenz.
Fixkostendegression: Sinken der Fixkosten pro Stück mit steigender Ausbringungsmenge.
Fixkostenremanenz: gleichbleibende Höhe des Fixkostensockels auch bei sinkender Kapazitätsauslastung.

Teilkostenrechnung = Aufschlüsselung nur eines Teils der Kosten, setzt Aufteilung in fixe und variable Bestandteile in der Kostenartenrechnung voraus. Produktkalkulation erfolgt ohne Fixkosten; ergibt variable Selbstkosten als kurzfristige Preisuntergrenze. Das übersteigende Ergebnis trägt zur Deckung der Fixkosten bei (Deckungsbeitragsrechnung).

Proportionale Kosten = Kosten, die bei steigender Stückzahl in einem festen Verhältnis zur Stückzahl („linear") ansteigen; bedeutet gleichbleibende variable Stückkosten pro Einheit unabhängig von der Ausbringungsmenge. Wird als Normalfall bei den variablen Kosten angenommen.

4. Kosten- und Leistungsrechnung (KLR)

Deckungsbeitragsrechnung (DBR)
2015 Herbst Aufg.9 | 2017 Früh Aufg.2c
Der die variablen Kosten übersteigende Teil der Erlöse zur Deckung der Fixkosten. Die darüberhinausgehenden Erlöse liefern den Gewinn.
Einstufige DBR: Umsatz − variable Kosten = Deckungsbeitrag (DB); Summe aller Deckungsbeiträge − Fixkosten = Betriebsergebnis. − Im Formelschreibweise: $U = x\,p$; $DB = x\,p - x\,k_v$. Deckungsbeitrag pro Stück $(db) = p - k_v$

Break-even-Analyse
2012 Früh Aufg.7b | 2012 Herbst Aufg.5 | 2015 Früh Aufg.6 | 2016 Früh Aufg.9 | 2016 Herbst Aufg.8
Ermittlung der **"Gewinnschwelle"** (auch „Nutzenschwelle", „kritische Menge" genannt) als der Stückzahl, ab der Gewinn erzielt wird. Das ist die Ausbringungsmenge, ab der die Summe der Stückdeckungsbeiträge die Fixkosten deckt oder anders ausgedrückt die Menge, ab der der Umsatz die Gesamtkosten übersteigt.
In Formelschreibweise, wenn $p\,x = K_f + k_v\,x$.

Die häufig gestellte einfache Frage nach der Break-even-Menge bei gegebenen Daten für Fixkosten, Stückpreis und variablen Kosten lässt sich am einfachsten berechnen durch Division der Fixkosten durch die Differenz zwischen Stückpreis und variablen Stückkosten; anders ausgedrückt: Fixkosten geteilt durch Stückdeckungsbeitrag.

2018 Früh Aufg.1
Anwendung der Break-even-Berechnung auf Problemstzellung aus Beschaffung und Logistik

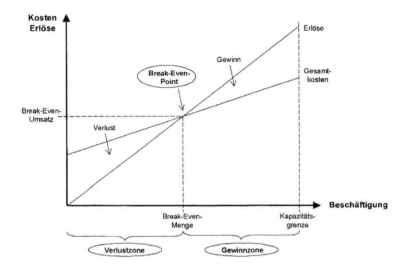

Beispiel: Ein Unternehmen verkauft das Produkt A zum Stückpreis von 4,50 €. Die Materialkosten pro Stück betragen 1,20 €, die Lohnkosten pro Stück 0,80 €. Bei welcher Menge sind die Fixkosten von 150.000 € gedeckt? Variable Kosten pro Stück = 1,20 + 0,80 = 2 €. Preis 4,50 € => 2,50 € Deckungsbeitrag pro Stück. 150.000 / 2,50 € = 60.000. – Ist nach dem Break-even-Umsatz gefragt, muss nur diese Menge mit dem Stückpreis multipliziert werden, also 60.000 mal 4,50 = 270.000 €

4. Kosten- und Leistungsrechnung (KLR)

4.2 Kostenrechnung: Ergebnisse

Anwendungen der Teilkostenrechnung
Preisuntergrenze: kurzfristige Preisuntergrenze gegeben durch die variablen Kosten; langfristige Preisuntergrenze gegeben durch die Vollkosten.

Make-or-Buy: Entscheidung zwischen Eigenerstellung oder Fremdbezug durch Vergleich der Bezugskosten mit den eigenen variablen Kosten.

4.3 Controlling

Aufgaben
2013 Herbst Aufg.4a | 2014 Früh Aufg.7
Planung: Festlegung der Sollwerte für eine festgesetzte Periode;
Information: Daten werden an die Verantwortlichen weitergegeben, aufbereitet und zur Früherkennung von Störungen mit Abweichungstoleranzen versehen.
Steuerung: Beeinflussung der Eingangsdaten, um eine Veränderung der Entwicklung zu erreichen;
Kontrolle: Vergleich der Soll-/Planwerte mit den Istwerten und Analyse der Ursachen;
Koordination: Zusammenführung der Teilpläne zur Gesamtplanung sowie Koordination der einzelnen Abteilungen und Führungskräfte für betriebliche Entscheidungen.
Berichtswesen – Frage:
Wer soll was wem wann wie berichten?
Berichterstatter - Berichtsinhalt – Berichtsempfänger (Adressaten) - Berichtstermin – Berichtsart.

4. Kosten- und Leistungsrechnung (KLR)

4.3.1 Management-Regelkreis

Managementregelkreis
Abfolge von Aufgaben der Unternehmensführung, insbesondere bei wichtigen Änderungen; unterschiedliche Definitionen der einzelnen Schritte. Allen gemeinsam ist die Rückkopplung zum Anfang des Prozesses (daher Regel-KREIS).
Beispiel für eine ausführliche Darstellung (gefragt wird meist nach fünf Phasen):
1. Grobziel – Vision, Leitbild eines erstrebenswerten Zustands
2. Ist-Analyse – Untersuchung der Machbarkeit und der Ausgangslage
3. Zieldefinition – Formulierung des Ziels (SMART-Methode)
4. Strategie – Erarbeitung und Festlegung des generellen Wegs zum Ziel
5. Planung – Umsetzung der Strategie in Teilabschnitte mit jeweils zugehörigen taktischen Maßnahmen
6. Umsetzung – Abarbeitung der erforderlichen operativen Schritte
7. Soll-Ist-Vergleich – Analyse der Übereinstimmung von angestrebtem und erreichtem Zustand
8. Rückkopplung – Schlussfolgerungen aus Soll-Ist-Vergleich; evtl. neue Zielformulierungen.

PDCA-Zyklus
Durch stete Rückkopplung und zyklischen Charakter gekennzeichnete Methode für einen Prozess kontinuierlicher Verbesserung; sie kann damit dazu beitragen, Erstarrung und Festhalten an nicht mehr effektiven Regelungen zu verhindern.
Plan einer Verbesserung;
Durchführung;
Check = Erfolgskontrolle;
ACT! = Fixierung und Auswertung für einen neuen Plan.

Operative Planung: Werkzeuge
Gegenstromplanung = Verbindung von deduktiver („top down") und induktiver Planung („bottom up"). **„top down"** = Zielvorgabe von oben zur schrittweisen Konkretisierung durch nachgeordnete Instanzen; **„bottom up"** = Sammlung von Vorschlägen, Maßnahmen und ähnlichem zur schrittweisen Zusammenfassung und Verallgemeinerung durch übergeordnete Instanzen.
Probleme
top down: fehlende Detailkenntnisse; Zeitdruck
bottom up: fehlender Gesamtüberblick
Gegenstromverfahren: zeitaufwendig
Kontrolle – Schritte:
- Fixierung quantitativer Soll-Zustände;
- Feststellung der Ist-Werte;
- Soll-Ist-Vergleich;
- Analyse der Abweichungen;
- Festlegung von Maßnahmen.

4.3.2 Controlling: Instrumente

Steuerungsinstrumente im Controlling

ABC-Analyse
Sortierung eines Datenbestandes (Kunden; Lieferanten; Warengruppen) absteigend nach quantitativer Bedeutung (Umsatz; Deckungsbeitrag; Volumen) zur anschließenden Bildung von Gruppen, wobei etwa die größten **A** 20% ca. 80% des Volumens ausmachen (Pareto-Prinzip), die nächsten **B** 30% ca. 15% und die restlichen **C** 50% die restlichen 5% beisteuern.

Wertanalyse
Untersuchung der Funktionen bzw. Bestandteile von Produkten oder Prozessen mit dem Ziel, sie nach ihrer Bedeutung für das angestrebte Ergebnis oder für die Kundenzufriedenheit einzuteilen in unverzichtbare Hauptfunktionen, weniger wichtige Nebenfunktionen und verzichtbare Funktionen. Daraus können dann z.B. Maßnahmen abgeleitet werden, durch Reduktion weniger wichtiger Funktionen Produktionskosten im Rahmen von „target pricing" zu reduzieren oder den Zeitbedarf von Prozessen zu verkürzen.

Portfolioanalyse
In der Version der **Boston Consulting Group** Darstellung der Produkte bzw. Produktgruppen eines Unternehmens in einem Koordinatensystem aus relativem Marktanteil (Abszisse) und Marktwachstum (Ordinate). Nach Halbierung beider Reihen ergibt sich eine Vier-Felder-Matrix.
Normstrategien für die verschiedenen Felder:
Question Marks (Fragezeichen; Einführungs- oder Wachstumsphase): entweder investieren, um den Marktanteil zu erhöhen, oder zurückziehen.

Stars (Sterne; Wachstumsphase): investieren, um Position zu entwickeln bzw. zu verteidigen.
Cash Cows (Milchkühe; Reife- oder Sättigungsphase): nur Erhaltungsinvestitionen; Gewinn abschöpfen zur Finanzierung der anderen.
Dogs (arme Hunde; Sättigungs- oder Degenerationsphase): entweder eliminieren oder bei positivem Deckungsbeitrag oder Synergieeffekten mit anderen Produkten oder aus Imagegründen am Leben halten. – *Thema in Handelsmarketing, Kap. 2.3*

Balanced Scorecard
Analyse von Unternehmensdaten zur Beurteilung der Leistungsfähigkeit und Entwicklung, wobei die Ergebnisse aus verschiedenen Blickwinkeln betrachtet werden. Enthalten sind stets die Finanzperspektive und die Kundenperspektive; meistens kommt die Prozessperspektiv hinzu. Weiter kommen je nach Gegenstand in Frage die Potentialperspektive und die Mitarbeiterperspektive.

Kontrolle durch Daten des **Rechnungswesen**s
Deckungsbeitragsrechnung: Analyse eines Produkts bzw. einer Produktgruppe, eines Leistungsangebots darauf, ob über die Deckung der zuzurechnenden variablen Kosten hinaus ein Beitrag zur Deckung der Fixkosten geliefert wird.
Break-even-Analyse: Ermittlung der Ausbringungsmenge, ab der die Summe der Stückdeckungsbeiträge die Fixkosten übersteigt und damit die Gewinnzone erreicht wird.
(siehe nächstes Kapitel)

4. Kosten- und Leistungsrechnung (KLR)

4.3.3 Controlling: Kennzahlen

Bereiche und Kennzahlen
2013 Herbst Aufg.4b | 2018 Herbst Aufg.3
Finanzen (vertikale Kennziffern)
Eigenkapitalquote = Eigenkapital / Gesamtkapital
Fremdkapitalquote = Fremdkapital / Gesamtkapital
Verschuldungskoeffizient = Fremdkapital / Eigenkapital
Anlagenintensität = Anlagevermögen / Gesamtvermögen
Umlaufintensität = Umlaufvermögen / Gesamtvermögen
- s. auch Kap. 5.4.1

Liquidität: Kennziffern für Liquidität 1., 2. und 3. Grades
- s. Kap. 5.4.3

Beschaffung
Klassifizierung der Produkte in Hebel-, Schlüssel- Engpass-Produkte; ABC-Analyse der Lieferanten; optimale Bestellmenge.

Lagerhaltung – *siehe „Beschaffung und Logistik", Kap. 6.3)*
Lagerbestand (Grobrechnung) = (Anfangsbestand + Endbestand) / 2
Lagerbestand (Feinrechnung) = (Anfangsbestand + Summe Monatsendbestände) / 13
Umschlagshäufigkeit = Wareneinsatz / Durchschnittlicher Lagerbestand; ***2016 Früh Aufg.4***
Lagerdauer = Durchschnitt Lagerbestand x 360 / Wareneinsatz
Reichweite = Lagerbestand / Bedarf pro Tag

Personal – *siehe Personalmanagement, Kap. 8.2*
Fehltage
Umsatz je Mitarbeiter

Jahresüberschuss
Bei Berechnung aus Bilanz-Vergleich: Veränderung des Eigenkapitals plus Privatentnahmen - eventueller neuer Einlagen. – In der GuV Saldo aller Erträge und Aufwendungen.

Benchmarking
Gewinnung von Bezugsgrößen zur Beurteilung eigener Daten und Entwicklungen; extern: Orientierung an Daten von Mitbewerbern, Marktführer, Branchenwerten; intern: Vergangenheitswerte, Potentialschätzung, Entwicklungslinie. Im Marketing wird Benchmarking in eingeengter Bedeutung gleich gesetzt mit der Orientierung am Branchenführer.

Kennziffern
Break-even
Ermittlung der Absatzmenge und damit auch des Umsatzes, bei dem die Erlöse die Gesamtkosten decken. Geringere Menge = Verlustzone; größere Menge = Gewinnzone.
Rentabilität - *2018 Früh Aufg.3b*
Betriebswirtschaftliche Kennziffern zur Beurteilung des Gewinns im Verhältnis zum eingesetzten Kapital. Berechnet werden sie als **Eigenkapital-R.** (Gewinn / Ek), **Gesamtkapital-R.** (Gewinn + Fremdkapitalzinsen / Gk), **Umsatzrentabilität** (Gewinn/ Umsatzerlöse).

Kennzahlen: Verwendung *2014 Herbst Aufg.4c*
Je nach Zeithorizont als Kennzahlen besonders geeignet für
- **zurückliegende Perioden:** Umsatzdaten; Daten des (Jahres)Abschlusses.
- **laufende Periode**: Lagerkennzahlen; Auftragseingang; Liquidität.
- **zukünftige Perioden:** Auftragsbestand bzw. Wert erhaltener Anfragen + erstellter Angebote; Trendanalysen; Branchenprognosen.

4. Kosten- und Leistungsrechnung (KLR)

4.3.4 Controlling: Analysen

Berichtsarten
Standardbericht: periodisch wiederkehrende Berichte in standardisierter, z.T. gesetzlich vorgeschriebener Form.
Abweichungsbericht: Information bei und über Abweichungen von einem definierten Entwicklungspfad.
Bedarfsbericht: auf Anforderung (der Geschäftsführung) oder sonst gegebenem Anlass erstellte Information zu einem abgegrenzten Thema.

Statistik
Wichtigste **Kennziffern** zu Zahlenreihen:
Mittelwerte:
Arithmetisches Mittel = Durchschnitt
Modus = häufigster Wert
Median = mittlerer Wert
Grenzwerte (Minima - Maxima)
Streuungsmaße (Standardabweichung, Varianz)

Gap-Analyse (= „Lücken-Analyse")
Untersuchung von Umfang und zeitlicher Entwicklung sich abzeichnender Differenzen zwischen angestrebten und voraussichtlich tatsächlich eintretenden Zuständen; langfristig z.B. zur Früherkennung erforderlicher Entwicklungen für neue Produkte, kurzfristig z.B. zur rechtzeitigen Erkennung von Differenzen zwischen der bei optimalem Einsatz aller Ressourcen möglichen und der tatsächlichen Entwicklung.

5. Finanzierung

Da im Rahmenplan das Thema Bilanz sowie generell der Jahresabschluss fehlt, wird es hier kurz behandelt als unverzichtbare Grundlage für das Verständnis des Themas Finanzierung.

Jahresabschluss
Bilanz: Darstellung der Vermögens- und Finanzlage; zeitpunktbezogen.
G & V: Gegenüberstellung von Aufwendungen und Erträgen; zeitraumbezogen.

Aufbau der Bilanz

Aktiva	Passiva
Anlagevermögen = Vermögensgegenstände, die dauerhaft zur Verfügung stehen	Eigenkapital = Kapital von Eigentümern; unbegrenzte Überlassungsdauer
Umlaufvermögen = Vermögensgegenstände, die schnell umgesetzt werden sollen	Fremdkapital = Kapital von Gläubigern mit begrenzter Überlassungsdauer
Mittelverwendung	Mittelherkunft

GuV Gliederung (§ 275 HGB)
Zugelassen und detailliert hinsichtlich des Aufbaus in § 275 HGB geregelt sind zwei verschiedene Verfahren.
Gesamtkostenverfahren: Gegenüberstellung des gesamten Aufwandes und der gesamten Leistungen.
Umsatzkostenverfahren: Gegenüberstellung des für die abgesetzten Produkte entstandenen Aufwands und des Umsatzes.

5.1 Finanzwirtschaftliche Ziele

Zielkonflikte

Aufgabe ist die Entscheidung für einen optimalen Kompromiss zwischen gegensätzlichen Zielen. Dieses „magische Viereck" der Finanzierung besteht aus den Zielen Rentabilität, Sicherheit, Unabhängigkeit und Liquidität. Beispiele für einen Zielkonflikt sind:

Liquidität / Rentabilität; liquide Mittel rentieren weniger oder gar nicht, rentable Mittel sind fest angelegt.

Unabhängigkeit / Rentabilität; eine hohe Eigenkapitalquote bedeutet zwar Unabhängigkeit, aber zur Rentabilität besteht ein Zielkonflikt insofern, als eine niedrigere Eigenkapitalquote eine höhere Eigenkapitalrentabilität bewirkt, wenn der Fremdkapitalzinssatz niedriger ist als die Gesamtkapitalrentabilität (Leverage-Effekt; *s. Kap. 5.4.4*).

5.2 Finanzplanung: Instrumente

Finanzierung / Investition
Finanzierung *(2016 Früh Aufg.8a+b)*
Beschaffung finanzieller Mittel aus
- selbst erwirtschafteten Mitteln (**Innenfinanzierung**) oder aus
- fremden Mitteln (Kreditfinanzierung, Beteiligungsfinanzierung; **Außenfinanzierung**).

Investition = Verwendung finanzieller Mittel zur Erhöhung der Aktiva als **Erweiterung** – (Erhöhung der Kapazitäten), **Rationalisierung** – (Kostenverringerung für gleichen Output) oder **Modernisierung**-Investition.

Kapitalbeschaffung ist erforderlich für:
- Unternehmensgründung;
- Kapazitätserweiterung
- Erweiterung der Geschäftstätigkeit
- Entwicklung neuer Unternehmensbereiche
- Ersatz von Anlagevermögen
- Ausgleich von Verlusten.

Nach **Verwendungsart** wird unterschieden in
– Sachinvestitionen (z.B. Anlagen);
– Finanzinvestitionen (z.B. Beteiligungen);
– immaterielle Investitionen (z.B. Personalentwicklung).

Nach **Motiv** wird unterschieden in:
Ersatz-I. (Wiederbeschaffung des gleichen Anlageguts),
Erweiterungs-I. (Erhöhung der Kapazitäten),
Rationalisierungs-I. (Kostenverringerung für gleichen Output),
Modernisierung-Investition
Gründungs-investition.

4. Kosten- und Leistungsrechnung (KLR)

Kriterien zur Beurteilung von Investitionen:
- Wirtschaftlichkeit
- Liquidität
- Steuerlast
- Absatzerwartungen
- Wettbewerbsfähigkeit
- Folgekosten

Kapitalbedarfsplanung
Gegenstand des Kapitalbedarfs *(s. auch Kap. 1.1)*
Investitionen, Markteinführungskosten, Gründungskosten, Fixkosten der Gründungsperiode. – Grundlage für den Finanzierungsplan.

Kapitalbedarfsrechnung
2016 Früh Aufg.8c
1. Bedarfsermittlung für Anlagevermögen = Aufwendungen für Grundstücke, Gebäude, Ausstattung, Maschinen incl. Anschaffungsnebenkosten.
2. Bedarfsermittlung für Umlaufvermögen; zu berücksichtigen u.a. Produktionszeiten, Fertigungskosten, Verwaltungs- und Vertriebsgemeinkosten.

5.3 Finanzierungsmöglichkeiten

Beschaffung von Eigenkapital: Kapital einlagern, Möglichkeiten der Beteiligungsfinanzierung.
Beschaffung von Fremdkapital: Kreditfinanzierung, Finanzierung durch Kreditinstitute, Kreditwürdigkeitsprüfung, Förderprogramme.

Kreditwürdigkeit *(2014 Früh Aufg.6 | 2016 Früh Aufg.4b | 2016 Herbst Aufg.1b)*
Prüfung der Voraussetzungen für eine zuverlässige Erfüllung der Pflichten (Tilgungs- und Zinszahlungen) aus dem Kreditvertrag. - Kriterien u.a.: Liquidität; Bestand an Betriebsvermögen; Anteil des Eigenkapitals; Marktstellung; Kundenstamm.

Fremdfinanzierung
Zuführung von Kapital, das nicht der bilanzierenden Gesellschaft sondern Dritten gehört in Form von Krediten, Verbindlichkeiten, Rückstellungen. Häufigste Form sind **Bankdarlehen** und **Kontokorrentkredite** durch Geschäftsbanken.

Bankdarlehen *2012 Herbst Aufg.4 | 2015 Früh Aufg.7 | 2015 Herbst Aufg.6b | 2015 Herbst Aufg.1a*
Annuitätendarlehen = Darlehen mit gleichbleibenden Rückzahlungsbeträgen, folglich steigendem Tilgungsanteil.
Tilgungs- (Abzahlungs-) darlehen = Darlehen mit gleichbleibenden Tilgungszahlungen, zu denen die jeweils auf die Restschuld berechneten, also sinkenden Zinsen dazukommen.
Förderprogramme *(2016 Früh Aufg.4c)* ermöglichen eine besondere Form der Fremdfinanzierung, bei der vor allem von der zu 80% dem Bund gehörenden KfW-Bankengruppe über die Hausbank des Darlehensnehmers Existenzgründer und mittelständische Unternehmer unterstützt werden.

4. Kosten- und Leistungsrechnung (KLR)

Eigenfinanzierung
Kapitalerhöhung durch erwirtschaftete Eigenmittel des Unternehmens oder durch Erhöhung der Einlagen der Gesellschafter oder durch zusätzliches Eigenkapital neuer Gesellschafter.
- **Eigenkapitalquote** = Anteil des Eigenkapitals am Gesamtkapital.

	Außenfinanzierung	Innenfinanzierung
Fremd	Kredite, Darlehen	Rückstellungen
Eigen	Einlagen	Gewinne

Mezzanines Kapital
Mischform der Finanzierung, bei der durch Kapitalgeber (private-equity-Gesellschaften) den Unternehmen für eine vereinbarte Laufzeit und Verzinsung Mittel zur Verfügung gestellt werden ohne Stimmrechte für diese Kapitalgeber. Unterschied zur Eigenfinanzierung ist v.a. der Verzicht auf Mitspracherechte, zur Fremdfinanzierung der Verzicht auf Sicherheiten und die Nachrangigkeit gegenüber anderen Gläubigern.

Sicherheiten = Absicherung von Krediten
2012 Herbst Aufg.4c | 2015 Früh Aufg.5b | 2015 Herbst Aufg.6 | 2016 Früh Aufg.4d | 2015 Herbst Aufg.1b
Sicherungsübereignung: Übertragung des Eigentums an Vermögensgegenständen des Schuldners, wobei –im Unterschied zur Verpfändung- der Schuldner Besitzer bleibt und die Sache weiter nutzen kann.
Grundschuld: Im Grundbuch eingetragene Belastung eines Grundstücks, das damit dem Kreditgeber als Begünstigtem für eine bestimmte Geldsumme haftet. Kann bei Fälligkeit der Forderung durch Zwangsvollstreckung realisiert werden. Die G. bleibt in der eingetragenen Höhe unabhängig vom Bestand der zugrundeliegenden Forderung bestehen.

Hypothek: Im Grundbuch eingetragene Belastung eines Grundstücks, wobei im Unterschied zur Grundschuld die H. an die Forderung gebunden ist; sie erlischt mit Wegfall der Forderung. Der Schuldner haftet für die Forderung auch über die H. hinaus mit seinem Vermögen.

Leasing
2012 Früh Aufg.8a | 2016 Herbst Aufg.4 | 2015 Herbst Aufg.1a
Nutzung von „gemieteten" Anlagen. Eine Leasinggesellschaft (**indirektes** L.) oder auch er Hersteller selbst (**direktes** L.) ist und bleibt wirtschaftlich und rechtlich Eigentümer der Anlagen. Der Leasingnehmer erhält für einen vereinbarten Zeitraum das Nutzungsrecht gegen Entgelt.
Vorteil: kein Kapital erforderlich; Leasingraten direkt voll steuerlicher Aufwand; zu Beginn geringerer Liquiditätsbedarf; Verbesserung von Bilanzkennzahlen (Deckungsgrad).
Nachteil: Summe der Kosten übersteigt Anschaffungskosten.

Factoring - *2012 Früh Aufg.8a+b | 2016 Herbst Aufg.4*
Vorfinanzierung von Forderungen. Das Factoring- Institut kauft Forderungen vor Fälligkeit gegen Auszahlung des Forderungsbetrages abzüglich Gebühren (Finanzierungsfunktion), übernimmt damit die Aufgaben der Debitorenbuchhaltung (Dienstleistungsfunktion) und auch das Ausfallrisiko (Delkrederefunktion).
Echtes Factoring: Übernahme aller drei Funktionen durch den Faktor.
Unechtes Factoring: Delkredererisiko entfällt.
Offenes Factoring: Klient informiert Debitor (Drittschuldner) über das Factoring, dieser zahlt nur noch mit befreiender Wirkung an den Faktor.
Stilles Factoring: Debitor (Drittschuldner) zahlt weiter an den Lieferanten/Klienten.

4. Kosten- und Leistungsrechnung (KLR)

Halboffenes Factoring: Klient zeigt durch Zahlungsvermerk die Zusammenarbeit mit dem Faktor an, verzichtet aber auf eine ausdrückliche Abtretungserklärung; Kunde kann weiter auch an den Lieferanten zahlen.

Vorteile des Factoring: ausbleibende Forderungsausfälle bei echtem Factoring; Kosteneinsparung der Debitorenbuchhaltung durch Dienstleistungsfunktion; Entlastung der Bilanz (Bilanzverkürzung); Liquiditätsvorteil.
Nachteile des Factoring: Verringerung der Rentabilität durch anfallende Kosten für Factoring-Gebühren Imageverlust bei offenem Factoring; Aufwendungen für Sollzinsen, Vermittlungsprovision und Bearbeitungsgebühr.

5.4 Finanzwirtschaftliche Analysen

Geldpolitik
Funktionen des Geldes: allgemeines Tauschmittel; gesetzliches Zahlungsmittel; Recheneinheit; Wertmesser; Wertaufbewahrungsmittel; Wertübertragungsmittel. – Bestimmung des **Geldwertes** durch Gütermenge, die mit einer gegebenen Geldmenge erworben werden kann (Kaufkraft); Preisniveau ist vereinfacht das Verhältnis von Geldmenge zu Gütermenge. Steigendes Preisniveau = sinkender Geldwert = Inflation; sinkendes Preisniveau = steigender Geldwert = Deflation.

Europäische Zentralbank (EZB)
2015 Herbst Aufg.1c
Prinzipiell unabhängig von Regierungen; Hauptziele: Stabilität des Euro, selbst gesetztes Ziel: Max. 2 % Inflationsrate.
Weitere Aufgaben: Steuerung der Buchgeldversorgung der Geschäftsbanken; Mitwirkung bei Kontrolle des Geschäftsbankensektors; Organisation der Versorgung mit Bargeld; Durchführung des Devisenhandels mit anderen Währungsräumen; Beratung der Regierungen des EURO-Raums.
Instrumente der EZB - Prinzip: Beeinflussung der Liquidität der Geschäftsbanken bzw. der Kosten für die Beschaffung von Liquidität. Darüber Einfluss auf die Gestaltung von Kredit-und Spar-Zinsen des Bankensektors, somit auf die Nachfrage nach Krediten und damit die Geldschöpfung.
Mindestreservesatz: Zwangseinlagen der Geschäftsbanken bei der EZB, ab Bestehen des Euro bis Anf. 2013 1% der Einlagen; seither stetig reduziert. Wirkung: Erhöhung des Mindestreservesatzes würde die Liquidität der Geschäftsbanken und damit den Spielraum für Kreditvergabe reduzieren.
Offenmarktpolitik: Maßnahmen der EZB, die durch ihr Handeln als Teilnehmer auf dem Kapital Markt umgesetzt werden.

4. Kosten- und Leistungsrechnung (KLR)

„**Klassische**" Offenmarktpolitik: An-und Verkauf von Papieren durch die Zentralbank. Wirkung: Ankauf erhöht Liquidität der Geschäftsbanken, Verkauf bindet Liquidität der Geschäftsbanken. **Kreditgeschäfte**: langfristige mit 3 Monaten Laufzeit zur Basisversorgung des Bankensektors; kurzfristige mit wöchentlicher Vergabe als Hauptrefinanzierungsinstrument. Vor allem der dafür erhobene Zinssatz wird als **Leitzins** bezeichnet. Wirkung: Zinserhöhung verteuert Liquiditätsbeschaffung der Geschäftsbanken, kann damit zu höheren Kreditzinsen und folglich geringerer Kreditnachfrage führen.

Fazilitäten: kurzfristige Kreditvergabe an Geschäftsbanken (Spitzenrefinanzierungsfazilität) bzw. Anlage von Überschüssen durch die Geschäftsbanken bei der Zentralbank (Einlagefazilität).

Bilanz

Die durch doppelte Buchführung zwangsläufig immer ausgeglichene auf einen Stichtag bezogene Gegenüberstellung von Aktiva (= Vermögen; Auskunft über Mittelverwendung) und Passiva (= Kapital; Auskunft über Mittelherkunft).

Eine vollständige Bilanz enthält neben der Angabe des bilanzierenden Unternehmens auch die Angabe des Stichtags. Die Positionen sind auf der Aktiva-Seite in Anlage- und Umlaufvermögen, auf der Passiva-Seite in Eigen- und Fremdkapital unterteilt. Innerhalb dieser Kategorien folgt die Reihenfolge der Einzelpositionen der Zeitdauer von lang- zu kurzfristig. Da normalerweise auf der Passiv-Seite weniger Positionen aufzuführen sind und dadurch eine Lücke gegenüber der Aktiv-Seite entsteht, wird der Tradition der handschriftlichen Aufstellung folgend dieser Raum durch einen „Buchhalternase" genannten Strich gegen nachträgliche Zusätze geschützt.

Bilanzkennzahlen
Verhältniszahlen der Bilanz, die für die Bilanzanalyse eingesetzt werden. Zu unterscheiden sind vertikale und horizontale Kennzahlen. Vertikale Kennzahlen „bleiben" auf der gleichen Bilanzseite. Sie setzen z.B auf der Aktivseite die Vermögens- und Kapitalpositionen ins Verhältnis (Vermögensstruktur; Anlagenintensität), auf der Passivseite die Finanzierungsstruktur und so den Verschuldungsgrad. Horizontale Kennzahlen setzen Aktiv- und Passiv-Positionen (Vermögens- und Kapitalpositionen) ins Verhältnis und ermöglichen damit Aussagen zur Liquidität und fristgerechten Finanzierung.

Goldene Bilanzregel - *2016 Früh Aufg.4*
Deckung des Anlagevermögens durch Eigenkapital (Anlagendeckung I) bzw. zusätzlich auch durch langfristiges Fremdkapital (Anlagendeckung II).

Goldene Finanzregel
Deckung von Anlagevermögen und langfristig gebundenem Umlaufvermögen durch Eigenkapital und mittel- bis langfristiges Fremdkapital.

Liquidität *2014 Früh Aufg.1c*
Fähigkeit, Zahlungsverpflichtungen rechtzeitig vollständig erfüllen zu können. Optimal (gleich Rentabilität maximal) ist die Liquidität, die genau ausreicht, im richtigen Moment Zahlung bereit zu sein. Überliquidität = mehr Zahlungsmittel als benötigt, damit Verlust an Verzinsung; unter Liquidität = eingeschränkte Zahlungsfähigkeit, damit Folgekosten.
Statische Liquiditätskennzahlen
Verhältniszahlen verschiedener Teile des Umlaufvermögens zu kurzfristigen Verbindlichkeiten (kurzfristigem Fremdkapital).
Liquidität 1 = bare Liquidität: „flüssige Mittel" (Bankguthaben; Kassenbestand)

4. Kosten- und Leistungsrechnung (KLR)

Liquidität 2 = Liquidität auf kurze Sicht: „flüssige Mittel" + kurzfristige Forderungen
Liquidität 3 = Liquidität auf mittlere Sicht: Umlaufvermögen.

Langfristige Liquiditätsanalyse
Betrachtung verschiedener Deckungsgrade zur Analyse auf Einhaltung von Finanzierungsregeln.
Deckungsgrad A = Eigenkapital/Anlagevermögen; sollte >1 sein (goldene Bilanzregel im engeren Sinne).
Deckungsgrad B = Eigenkapital plus langfristiges Fremdkapital/Anlagevermögen; sollte >1 sein (goldene Bilanzregel im weiteren Sinne). –s. auch Kap. 3.2

Dynamischer Liquiditätsplan
Gegenüberstellung geplanter bzw. erwarteter Einnahmen und Ausgaben im Zeitverlauf, meist monatlich.

Cash-Flow
Indikator für die Selbstfinanzierung eines Unternehmens; Jahresüberschuss + Abschreibungen + Veränderung langfristiger Rückstellungen

Rentabilität
2012 Herbst Aufg.2 | 2016 Früh Aufg.6a | 2016 Herbst Aufg.8 | 2016 Früh Aufg.4 | 2016 Herbst Aufg.9
Eigenkapital-R. = Jahresergebnis / Eigenkapital
Gesamtkapital-R. = (Jahresergebnis + Fremdkapital-Zinsen) / Gesamtkapital
Umsatz-R. = Jahresergebnis / Umsatz

Leverage-Effekt: Erhöhung der Rentabilität des Eigenkapitals durch Einsatz von Fremdkapital; Voraussetzung für diesen Effekt ist, dass die Gesamtkapital-Rentabilität höher ist als der Zinssatz für das Fremdkapital.

Return-on-investment (ROI)
2016 Früh Aufg.4
Umsatzrentabilität x Kapitalumschlag. Da Umsatzrentabilität = Gewinn / Umsatz und Kapitalumschlag = Umsatz /Kapital ist, bringt der (üblicherweise in % ausgedrückte) Wert das Verhältnis von Umsatz zu eingesetztem Kapital zum Ausdruck.

Skontierung
2016 Herbst Aufg.6
Vergleich des bei Ausnutzung des Skontos gesparten Betrags mit den Zinskosten der (Fremd-)Finanzierung des nach Abzug von Skonto zu zahlenden Betrags für die Zeitdifferenz zwischen dem Zahlungstermin bei Skontierung und der Fälligkeit (nach 30 Tagen) ohne Skontierung.

Forderungsmanagement
Organisation und Verwaltung der durch das Einräumen von Zahlungszielen entstehenden Kredite an Kunden mit dem Ziel, Forderungsausfälle zu minimieren und die Liquidität sicherzustellen. – s. auch Factoring, Kap.5.3.

Umfinanzierung
Abänderung einer bestehenden Finanzierung, z.B. durch Verlängerung der Laufzeit (Prolongation), Umwandlung kurzfristiger Verbindlichkeiten in langfristige (Konsolidierung).

6. Risikomanagement

6.1 Risikomanagement in der betrieblichen Organisation

Corporate Governance
Verhaltensregeln für Mitarbeiter, besonders Führungskräfte, abgeleitet aus ethisch begründeten Grundregeln; entstanden u.a. zum Unterbinden von Korruption. Im Deutschen Corporate Governance Kodex (DCGK) wird die Einhaltung der gesetzlichen Bestimmungen und unternehmensinternen Richtlinien („Compliance") als Verantwortung des Vorstands definiert.

Risikofelder
2015 Herbst Aufg.8b | 2016 Herbst Aufg.10 | 2018 Früh Aufg.7
Interne Risiken, z. B. Unternehmensstruktur, Unternehmensprozesse, Arbeitsanweisungen, Personal, Produkte / Sortiment; Anlagen.
Externe Risiken, z. B. rechtliche Änderungen, technische Neuerungen, wirtschaftliche Entwicklung, Bewertungsplattformen.

Risikobewertung - FMEA - *2014 Früh Aufg.2*
Abk. für Fehler-Möglichkeits- und Einfluss-Analyse; sie untersucht mögliche Fehlerquellen mit dem Ziel der frühzeitigen Erkennung und Vermeidung. Um Risiken zu minimieren wird eine „Risikoprioritätszahl" (RPZ) ermittelt aus der Kombination von Eintrittswahrscheinlichkeit des Fehlers, Bedeutung des Fehlers gemessen an seiner Wirkung, Entdeckungswahrscheinlichkeit als Chance, das Auftreten zu bemerken. Dabei besagt die „Zehnerregel", dass sich bei Nichtentdeckung eines

Fehlers die dadurch entstehenden Kosten von Stufe zu Stufe verzehnfachen.

Ishikawa-Diagramm
Standardisierte Ermittlung der Ursachen für Entwicklungen, Abweichungen, Fehler. Reihenfolge: Menschen – Maschinen – Material – Methoden – Milieu – Messung – Management; deshalb auch **7-M-Methode** genannt. Nach der grafischen Darstellung des Prüfvorgangs als Richtungspfeil der Wirkung, auf den jeweils die möglichen Ursachen einwirken, auch als **Fischgrät-Diagramm** bezeichnet. Die **Fehlerbaumanalyse** unterscheidet sich davon im wesentlichen nur durch die Art der (senkrechten) Darstellung.

Risikomanagement - Qualitätsmanagement
Qualität - *2014 Herbst Aufg.2*
Beschaffenheit eines Gutes im Hinblick auf den bei diesem Gut erwarteten Grund- und evtl. auch Zusatznutzen. In diesem Sinne bedeutet „hohe Qualität" die perfekte Erfüllung der Kundenansprüche.
Ziele - *2013 Früh Aufg.9*
Sicherung gleichbleibender Qualität
- Einhaltung von Regeln und Normen in Prozessen
- transparente Abgrenzung von Zuständigkeiten
- Erfüllung der Voraussetzungen für die Teilnahme an Ausschreibungen
- Ersetzen von Zweitparteien-Audits *(siehe unten)*
- positiver Imageeffekt
- Sicherung von Informationen und Wissen

Anforderungen
Basisanforderungen: als selbstverständlich erwartete Leistungen und Fähigkeiten, die erfüllt werden müssen.

6. Risikomanagement

Leistungsanforderungen: explizit geforderte Leistungen und Fähigkeiten, die erfüllt werden sollten.
Begeisterungsanforderungen: unerwartete überraschende Leistungen und Fähigkeiten, die erfüllt werden könnten.

Qualitätsmanagement: Anforderungen
Normen ISO 9000 ff. Anforderungen niedergelegt in den Normen ISO 9000 ff. Im Mittelpunkt steht **Prozessvalidierung** = Prüfung eines Prozesses auf hinreichende Zuverlässigkeit zur dauerhaften Erfüllung der Anforderungen. Orientierung auf Prozesse bedeutet Betrachtung und Analyse zusammenhängender Tätigkeiten über Grenzen funktionaler Zuständigkeiten hinweg.

Prozesse - *2015 Herbst Aufg.8* | *2015 Herbst Aufg.8*
Wiederkehrende Abläufe von Handlungen und Aufgaben zum Erreichen eines bestimmten Ergebnisses *(siehe Kap. 6.4 Ablauforganisation)*

Maßnahmen zur Qualitätssicherung:
- Dokumentation von Ablauf und Zugriff;
- regelmäßige und ausreichende Kontrollen;
- Analyse von Abweichungen;
- Information und Schulung der Mitarbeiter.

Dokumentation muss enthalten:
- Qualitätspolitik und –ziele;
- QM-Handbuch;
- QM-Verfahren;
- Dokumente zur Sicherstellung der Planung, Durchführung und Lenkung der Prozesse,
- laufende Aufzeichnungen des QM.
Das **QM-Handbuch** muss stets aktualisiert werden incl. der Dokumentation von Änderungen mit dem Zeitpunkt.

KVP = Kontinuierlicher **V**erbesserungs-**P**rozess
2013 Herbst Aufg.8 | 2016 Früh Aufg.2
Weiterentwicklung bzw. Adaption von KaiZen. Ziel ist eine permanente (nicht nur schubweise) Optimierung aller Prozesse durch Verbesserung der Qualität, Effizienzsteigerung des Prozesses selbst und höhere Motivation und Qualifikation der Mitarbeiter.
Prozesse: z.B. Personal, Beschaffung, Logistik, Finanzierung, Information, Marketing

Auditierung und Zertifizierung eines QM-Systems
Audit („Anhörung") - Definition
Normierte (DIN ISO 19011), also standardisierte systematische Vorgehensweise zur Bewertung von Abläufen und Strukturen durch Ist-Analysen und/oder Soll-Ist-Vergleiche. Im Fokus steht der exakt dokumentierte Nachweis einer genauen Einhaltung vorgegebener Methoden und Kriterien. Ziel ist allgemein, eine sichere Basis zur Leistungsverbesserung bzw. Stabilisierung des Leistungsniveaus zu erhalten.

Auditierung und Zertifizierung - Ziele *(2014 Früh Aufg.8b)*
Qualitätsverbesserung der Resultate des betrieblichen Leistungsprozesses; Sicherstellen eines gleichmäßig optimierten Ablaufs der Prozesse; - stetige zuverlässige Erfüllung von Kundenanforderungen; - stetige zuverlässige Einhaltung der aus einer Zertifizierung folgenden formalen Anforderungen.

Audit - Arten nach Durchführenden
Erstparteien-Audit = vom Unternehmen selbst oder in seinem Namen durchgeführt (intern);
Zweitparteien-Audit = von Partnern (Kunden, Lieferanten) auf Grund vertraglicher Vereinbarung durchgeführt (extern);

6. Risikomanagement

Drittparteien-Audit = von unabhängigen Organisationen im Auftrag des Unternehmens durchgeführt (extern) – meist zur Erlangung einer Zertifizierung.

Audit - Arten nach Objekt *(2015 Früh Aufg.3b)*
Gegenstand von Auditierung können vor allem sein:
- die Gestaltung von Abläufen (Prozess-A.);
- die Organisation von Zuständigkeiten und Aufbau eines Unternehmens (System-A.);
- das Umweltmanagement (Umwelt-A.);
- das Konzept zur Sicherung der Einhaltung der Datenschutzrichtlinien (Datenschutz-Audit).

Zertifizierung: Ablauf *(2014 Früh Aufg.8a)*
1. Prüfen bzw. Schaffen der Voraussetzungen durch Erstparteien-Audit;
2. Auswahl einer zugelassenen Zertifizierungsgesellschaft;
3. Einreichen der Dokumente;
4. Überprüfung der Dokumente durch Auditor;
5. Überprüfung der Unternehmenswirklichkeit gemäß den dokumentierten Anforderungen;
6. Erarbeitung des Auditberichts mit Empfehlung
7. ggf. Ausstellen des Zertifikats

Auditoren – Anforderungen (ISO 19011)
2015 Früh Aufg.3a
- Diskretion, Wahrung der Vertraulichkeit;
- wahrheitsgemäße und exakte Berichterstattung;
- Sorgfalt und Qualifikation;
- Unabhängigkeit und Objektivität;
- nachvollziehbare und rationale Vorgehensweise.

Audit: Management-Aufgaben
- Benennung eines Beauftragten
- Interne Kommunikation der Bedeutung
- Festlegung der grundsätzlichen Orientierung
- Verankerung der erforderlichen Maßnahmen
- Festlegung quantifizierter Ziele
- Durchführung der Bewertungen
- Bereitstellung der Ressourcen

Total-Quality-Management (TQM)
2017 Früh Aufg.5
Weiterentwicklung von KVP (*siehe oben*) mit Vorrang für das Ziel der Produktqualität. Voraussetzung für TQM ist die ständige Verbesserung der Unternehmensprozesse durch ein funktionierendes QM-System. Dazu gehören regelmäßige Audits und Qualitätszirkel unter Einbeziehung auch der Lieferanten (*siehe auch oben Zweitparteien-Audit*).
Die Realisierung von TQM über einen längeren Zeitraum ist ihrerseits Voraussetzung für eine Auszeichnung durch die European Foundation for Quality Management (EFQM).

Wechselwirkungen mit anderen Managementsystemen
Komponenten der Managementsysteme
- Führung: Wahrnehmung der Verantwortung; Motivation der Mitarbeiter; Delegation von Aufgaben; Kontrolle
- prozessübergreifende Maßnahmen: Audits, Dokumentation
- prozessbegleitende Maßnahmen: flankierende Tätigkeiten zur Absicherung oder Unterstützung des Prozesses wie Prüfung von Verträgen.

Datenschutzmanagement
Sicherung der Integrität, Vertraulichkeit, Verfügbarkeit, Authentizität der Daten des Unternehmens. Vorrangiges Ziel: Schutz personenbezogener Daten.

6. Risikomanagement

Sicherheitsmanagement
Gegenstand kann sein der Arbeitsschutz, aber auch generell der Bereich bestimmter technischer Systeme, die mit besonderen Sicherheitsrisiken verbunden sind. Teilweise ist die Bestellung von Mitarbeitern zu **Beauftragten** für den entsprechenden Gefahrenbereich vorgeschrieben:
- Sicherheitsbeauftragte;
- Gefahrgutbeauftragte;
- Gefahrenstoffbeauftragte;
- Immissionsschutzbeauftragte.

Umweltmanagement
2013 Herbst Aufg.3a
Gründe / Anlässe für Umweltschutz:
Gesetzliche Auflagen
Kosteneinsparung
Werbeeffekt, Image

Strategien - *2012 Früh Aufg.9c | 2014 Herbst Aufg.8*
Effizienzstrategie: auf die Schonung von Ressourcen ausgerichtet.
Substitutionsstrategie: auf den Austausch umweltbelastender Prozesse und Produkte durch umweltfreundlichere ausgerichtet.
Die nach alter PO 2014 Herbst im Zusammenhang mit „integrierten Management-Systemen" gefragte „Suffizienzstrategie" gehört als gesamtgesellschaftlich angestrebte langfristige Änderung des Lebensstils in Richtung Konsumverzicht und Genügsamkeit sicher NICHT zu dem, was Management im Handel beeinflussen kann oder gar anstrebt...

Nachhaltigkeit
2012 Herbst Aufg.3 | 2015 Herbst Aufg.7a | 2016 Herbst Aufg.2a

Das vor allem in der Forstwirtschaft seit langem geltende Prinzip des Substanzerhalts, nach dem folglich der Verbrauch so begrenzt wird, dass Regeneration auf mindestens gleichem Niveau nicht gefährdet wird (**ökologische N.**) - Im übertragenen Sinne auch gebraucht als
– ökonomische N. = Orientierung auch des erwerbswirtschaftlichen Handelns an dauerhaftem Erfolg;
– soziale N. = Orientierung von politischen Entscheidungen an der Einbeziehung aller Mitglieder der Gesellschaft.

6.2 Abfallpolitik

Prinzipien Umweltrecht (Kreislaufwirtschaftsgesetz)
2012 Früh Aufg.9a | 2013 Herbst Aufg.3b | 2013 Früh Aufg.8 | 2015 Herbst Aufg.7b
Vorsorgeprinzip: Einsatz von Maßnahmen zur Vorbeugung gegen das Auftreten von Umweltschäden.
Verursacherprinzip: Kosten für die Beseitigung von Umweltschäden sind von dem zu tragen, der für den Schaden verantwortlich zu machen ist.
Gemeinlastprinzip: Wenn das Verursacherprinzip nicht greift (Verursacher nicht feststellbar; nicht mehr rechtlich existent), muss die Allgemeinheit die Kosten der Beseitigung von Umweltschäden tragen.
Kooperationsprinzip: Mitwirkung aller Betroffenen (öffentliche Hand, Unternehmen, Einwohner) bei Entscheidungen und Maßnahmen zum Schutz der Umwelt.

Abfallvermeidung / Abfallverminderung
2016 Früh Aufg.7 | 2016 Herbst Aufg.2b+c
Materialsparende, insbesondere Materialabfall minimierende Konstruktion der Produkte und Planung des Herstellungsprozesses; Optimierung von Beschaffung und Lagerhaltung; Einsatz von Mehrwegsystemen. Vorrang vor Abfallbehandlung.

Abfallbehandlung
„**Recycling**" = Sammlung und ggf. Aufbereitung entstandener Abfälle in einer Weise, die eine Rückführung in den industriellen Produktionsprozess ermöglicht; entweder zur **Wiederverwendung** im ursprünglichen Verwendungszweck oder zur **Weiterverwendung** in einem (meist untergeordneten) Zweck.

Abfallbeseitigung
- Verbrennung („thermische Verwertung");
- Ablagerung (Mülldeponien);
- Einleitung (von Flüssigkeiten in Kläranlegen und Gewässer);
- Emission (Ausstoß von Rauch und Abgasen).

Emission
Aus Sicht des Unternehmens alles, was auf die Umwelt einwirkt (Dämpfe, Schadstoffe, Lärm).
Immission - *2012 Früh Aufg.9a*
Aus Sicht der Umwelt alle auf sie einwirkenden Emissionen.

Umweltauditgesetz als Umsetzung der EMAS regelt:
- Umweltbetriebsprüfung;
- Anforderungen an Gutachter und deren Zulassung;
- Registrierung im EMAS-Register;
- Erteilung von Fachkenntnisbescheinigungen;
- Aufsicht über Gutachter.

Umwelterklärung
Genaue Bezeichnung des Unternehmens – Aufstellung aller umweltrelevanten Tätigkeiten – Daten über Verbrauchswerte und Emissionen – Bezeichnung der Verantwortlichen.

Teil B – Führung und Personalmanagement

Dieses Fach wird in der 1.Teilprüfung zusammen mit Unternehmensführung geprüft. Die Fragen werden aus einer betrieblichen Situationsbeschreibung abgeleitet. Die Bearbeitungszeit von vier Stunden steht für beide Fächer zusammen zur Verfügung, wird aber von den meisten Teilnehmern zu mindestens 60% für Unternehmensführung benötigt. Verwendet werden darf eine Gesetzessammlung; die IHK-Formelsammlung für Fachwirte wird zur Verfügung gestellt, aber in diesem Fach eher nicht benötigt.

Der Rahmenstoffplan enthält für dieses Fach auch Themen, die nach alter Prüfungsordnung in dem Wahlfach „Mitarbeiterführung und Qualifizierung" angesiedelt waren. Dadurch wurde dieses Fach aufgewertet.

1. Führungsmethoden

1.1 Ziele der Personalführung

Leitbilder – *siehe auch Unternehmensführung, Kap.3.4*
Zusammenfassende Darstellung der internen Grundsätze und externen Ziele eines Unternehmens. Mögliche Inhalte:
- Vision, allgemeines Ziel;
- Selbsteinstufung in den Rahmenbedingungen;
- grundlegende Werte des Unternehmens;
- generelle Strategie;
- Identität, Bedeutung der Mitarbeiter;
- Potential des Unternehmens.

Als **Rahmenbedingungen** sind u.a. zu berücksichtigen: Gesellschaft, Politik, Rechtsverhältnisse, Wirtschaftsordnung, Marktdaten sowie die Orientierung an den Interessen der Stakeholder.

Funktionen:
Integration (Basis für Gemeinsamkeits-Gefühl);
Entscheidung (Handlungsnormen);
Orientierung (Wertvorstellungen);
Koordinierung (Übereinstimmung der Instanzen).

Aufgabenfelder des Personalmanagements:
Personal- Planung | -Führung | -Controlling | -Marketing | -Auswahl | -Beschaffung | -Entwicklung | -Entlohnung | -Verwaltung | - Freisetzung.

Aufgabe generell - *2016 Herbst Aufg.1a*
Steuerung des Einsatzes des betrieblichen Produktionsfaktors Arbeit zur Erreichung der Unternehmensziele durch leistungsfördernde Gestaltung der objektiven und Förderung der subjektiven Arbeitsbedingungen.

1. Führungsmethoden

Aufbauorganisation Personalbereich
2011 Herbst Aufg.2
Mögliche Gliederung des Personalbereichs auf der 2. Ebene funktional *(siehe auch Fach Unternehmensführung: Organisation)* in die Aufgabenbereiche:
Personalbeschaffung (interne und externe Auswahl)
Personalmarketing (u.a. Stellenausschreibungen; Organisation und Durchführung von Beurteilungen; Personalentwicklungsmaßnahmen)
Personalbetreuung (Verwaltung Personalakten; Sachbearbeitung; Formulare und Anträge)
Personalentlohnung (Organisation und Abwicklung von Lohn- und Gehaltsabrechnung).
Bei größerer Mitarbeiterzahl dritte Organisations-Ebene mit funktionaler Gliederung nach den genannten Unterpunkten.

Beteiligte *(2013 Herbst Aufg.3)*
- Geschäftsführung;
- Personal Management
– Führungskräfte
– Betriebsrat

Einflussfaktoren intern:
Unternehmenskultur; Leitbild des Unternehmens; Regelungen zur Corporate Identity, hier v.a. Corporate Behaviour.

Gestaltung der internen Einflussfaktoren
- Erarbeiten von Führungsleitlinien *(s.Kap.1.1.3)*;
- Verbindliche Regelungen für den Einsatz von Führungsstilen;
- Gestaltung einer systematischen Mitarbeiterbeurteilung;
- Gestaltung der Regeln der Corporate Communication;
- Mitgestaltung des Informationsmanagements, hier: der Mitarbeiter-Information.

Einflussfaktoren extern:
Gesellschaftsordnung
Politische Ordnung
Rechtsordnung
Wirtschaftsordnung
Ziele *(2012 Herbst Aufg.2 | 2016 Früh Aufg.6)*
Wirtschaftliche = Beschaffung von Mitarbeitern für das Unternehmen in genau der Quantität und Qualität, die den betrieblichen Anforderungen entspricht, nach dem ökonomischen Prinzip, also mit dem geringstmöglichen Aufwand.
Soziale = leistungsgerechte Entlohnung; effektive Arbeitszeitregelungen; Einhaltung der Schutzvorschriften.

1.2 Kompetenzen

Identifikation (Identifizierung)
Gefühl der Übereinstimmung und Zusammengehörigkeit durch Übernahme von Motiven und Wertvorstellungen und die daraus resultierende emotionale Bindung an das Unternehmen.

Mögliche **Ursachen** für mangelnde Identifikation:
- lückenhafter Informationsfluss;
- keine Einflussmöglichkeit;
- Gefühl der Vernachlässigung durch Vorgesetzte;
- Eindruck einer ungerechten Behandlung;
- Reaktion auf Überforderung.

1. Führungsmethoden

Motivation
2014 Früh Aufg.1 -s. auch Kap.3.2.2
Maßnahmen:
- Verbesserung der internen Kommunikation / Information;
- Möglichkeiten für Mitarbeiter zur Stellungnahme;
- Mitwirkung der Mitarbeiter durch Vorschlagswesen;
- Angebote für Fortbildung;
- Einführung einer Umsatzbeteiligung;
- Prämien bei Zielerreichung;
- Durchführung von Gemeinschaftsveranstaltungen, Events.

Zielkonflikte
2014 Herbst Aufg.4a
Diskrepanz zwischen den (von der Führung zu vertretenden) Unternehmenszielen und den (von der Personalführung zu beachtenden) Zielen der Mitarbeiter; z.B. Erreichen eines Gewinn-Ziels durch stärkere Belastung der Mitarbeiter.

Führungskompetenzen
2016 Herbst Aufg.1b
- Fachkompetenz
- Methodenkompetenz
- Sozialkompetenz
- Persönlichkeitskompetenz

Anforderungen an Führungskräfte:
- Führungsautorität
- Konfliktlösungsfähigkeit
- Delegationsfähigkeit
- Kommunikationsfähigkeit
- Teamfähigkeit
- Empathie
- Lernfähigkeit
- Anpassungsfähigkeit

Anforderungen an Mitarbeiter
2017 Herbst Aufg.9a
Persönliche Professionalisierung
Kommunikationsbereitschaft und -Fähigkeit
Identifikation mit dem Unternehmensleitbild
Fähigkeit zur Reflexion eigenen Handelns

Autorität
Allgemein das Ansehen einer Person in einer sozialen Gruppe und der daraus entspringende ihr entgegengebrachte Respekt. Unterschieden werden kann nach formaler und persönlicher Autorität. Die formale ist unabhängig von der Person mit einer bestimmten Stellung in einer Hierarchie verbunden; die persönliche (auch: „natürliche") beruht auf den Eigenschaften eines Menschen.

1. Führungsmethoden

1.3 Führungsgrundsätze

2015 Herbst Aufg.3 | 2017 Früh Aufg.7
Aus dem Leitbild des Unternehmens abgeleitete Prinzipien, die als generelle Richtlinien für das Verhalten von Führungskräften die Zusammenarbeit zwischen Führungskräften und deren Umgang mit Mitarbeitern regeln.

Grundsätze der Zusammenarbeit - Beispiele:
Wahl des Führungsstils;
Information der Mitarbeiter;
Stil im Umgang;
Möglichkeiten für Mitarbeiter zu Stellungnahme bzw. Mitwirkung;
Vorbildfunktion der Vorgesetzten;
Transparenz: Verhalten und Entscheidungen nach sachlich nachvollziehbaren einheitlichen Kriterien.

Führungsaufgaben
Delegation
Information
Motivation *(s.o. Kap.1.2)*
Kontrolle

Delegation
Übertragen von Aufgaben / Zuständigkeiten / Verantwortung an nachgeordnete Instanzen; als Führungsprinzip Bestandteil der Management-by-Techniken *(s. nächstes Kap.)*. Dabei hat die delegierende Führungskraft folgende Fragen zu klären:
- Ist der Mitarbeiter fachlich ausreichend qualifiziert?
- Ist vorab eine Schulung oder sonstige Qualifizierungsmaßnahme erforderlich?

- Hat der Mitarbeiter noch ausreichend zeitliche Reserven oder muss er von anderen Aufgaben befreit werden?
- Ist der Mitarbeiter belastbar genug, um die mit der Aufgabe verbundene Verantwortung zu übernehmen?
- Müssen andere Stellen über die Delegation informiert werden?
- Rechtfertigt die Aufgabe eine damit verbundene Leistungszulage?
- Welche Informationen braucht der Mitarbeiter im Vorhinein?
- Ist die Aufgabe bisher von jemand anderem erledigt worden, der eine Dokumentation über die Tätigkeit erstellen sollte?
- Muss der Mitarbeiter in zusätzliche Informationswege eingebunden werden?
- Hat der Mitarbeiter alle erforderlichen technischen Voraussetzungen und Hilfsmittel für die Erfüllung der Aufgabe?
- Braucht der Mitarbeiter zusätzliche formale Kompetenzen?

Motivation - *2014 Früh Aufg.1*
Gesamtheit der Beweggründe („Motive") für ein bestimmtes Verhalten.
Intrinsisch: um der Tätigkeit selbst willen, aus Freude an der Tätigkeit, Spaß an der Sache
Extrinsisch: um daran geknüpfter Effekte willen wie Prämien, Lob, Ausbleiben von Sanktionen.

Möglichkeiten und Grenzen der Motivationsförderung
Motivation auf Basis der **Bedürfnispyramide** nach Maslow:
1. Existenzbedürfnisse (physiologische Bedürfnisse)
2. Sicherheitsbedürfnisse
3. soziale Bedürfnisse
4. Persönliche Bedürfnisse
5. Selbstverwirklichung

1. Führungsmethoden

Defizit-Bedürfnisse: Stufen 1 – 3; ihre Befriedigung ist Voraussetzung für die weiter gehenden Bedürfnisse; sie verlieren bei Befriedigung ihre motivierende Wirkung.
Wachstumsbedürfnisse: Stufen 4+5; unbegrenzt steigerungsfähig, motivieren auch bei Erfüllung weiter. Basis der „intrinsischen Motivation".

Einzelne Problemfelder
Integration
2014 Herbst Aufg.1b
Einbindung von Mitarbeitern mit unterschiedlichen Muttersprachen und kulturell bedingt verschiedenen Wertesystemen zur Vorbeugung gegen Missverständnisse und Spannungen. Mögliche Maßnahmen:
- gemeinsame Veranstaltungen;
- Forcieren von Zusammenarbeit in Projektgruppen;
- Organisation von Freizeitaktivitäten;
- Seminare und Vorträge zum Verbessern der Kenntnisse über verschiedene Kulturkreise;
- Schaffen von Verantwortlichkeiten für diese Maßnahmen („Integrationsbeauftragten"). – *siehe auch Kap.3.1 „Diversity Management"*

Mobbing *(2012 Früh Aufg.3)*
Gegen einzelne Mitarbeiter gerichtete länger andauernde und untereinander abgestimmte Verhaltensweisen von Kollegen, evtl. auch Vorgesetzten, die herabsetzenden, diskriminierenden und feindseligen Charakter haben, damit den „Gemobbten" psychisch zermürben und in seinen Persönlichkeitsrechten verletzen. –*siehe auch Kap. 10.*

Feedback
2011 Früh Aufg.2 | 2013 Herbst Aufg.4
„Rückmeldung" von Vorgesetzten an Mitarbeiter als bewusste Reaktion auf deren Verhalten. – Auch hier gelten die **Grundsätze** für Mitarbeitergespräche:
- Vertraulichkeit („Vier-Augen-Gespräch");
- störungsfreie Umgebung;
- sachliches Verhalten;
- respektvoller Umgang;
- aktives Zuhören;
- Gelegenheit zu Stellungnahmen;
- zielorientierte Führung;
- Anstreben einer einvernehmlichen Vereinbarung.

Kontrolle
Überprüfen von Leistung und/oder Verhalten von Mitarbeitern auf Übereinstimmung mit Anforderungen, Vereinbarungen oder Zielen; Durchführung: offen – angemessen - sachlich - konstruktiv.

Kommunikationsregeln - *Siehe Kap. 11.2*

Mitarbeiter-Partizipation
2015 Früh Aufg.3 | 2018 Herbst Aufg.5
Einbeziehung der Mitarbeiter, insbesondere durch Möglichkeiten der Beteiligung an der Vorbereitung von organisatorischen Regelungen.
Ziele unter anderem:
- Praxisorientierung der Organisation;
- Motivation der Mitarbeiter;
- Verringern von Widerständen gegen Veränderungen.

1.4 Führungsmethoden

2009 Früh Aufg.1 | 2009 Herbst Aufg.1 | 2015 Früh Aufg.2c
Führungsstile: autoritär; kooperativ; laissez-faire; situativ.

Autoritärer Führungsstil
Kennzeichen: Entscheidungen durch den Vorgesetzten ohne Rücksprache und ohne Begründung.
Vorteile: klare Regelung des Informationsflusses; einheitliche Anweisungen; klare Zuständigkeit und Verantwortung.
Nachteile: fehlende Teilhabe der Mitarbeiter; rückläufige Motivation der Mitarbeiter; evtl. Überforderung des Vorgesetzten; Gefahr von Fehlentscheidungen.
Anwendung: geeignet in Funktionsbereichen ohne hohe Anforderungen an Flexibilität und Kreativität wie z.B. Durchführung von Buchungen, Eingabe von Daten; bei unmotivierten und/oder unqualifizierten Mitarbeitern.
Patriarchalischer Führungsstil ist eine spezielle Ausprägung des autoritären Führungsstils, bei der die besondere Rolle eines charismatischen Chefs hinzukommt, der als fürsorglich wahrgenommen wird.

Kooperativer Führungsstil
Kennzeichen: Entscheidungen durch den Vorgesetzten nach Rücksprache mit den betroffenen Mitarbeitern, argumentative Information über Entscheidungen, um Einhaltung aus Überzeugung zu erreichen.
Vorteile: Berücksichtigung aller Aspekte und Erfahrungen; Motivation der Mitarbeiter; qualifizierte Umsetzung.
Nachteile: Zeitbedarf; evtl. Verunsicherung der Mitarbeiter über Autorität des Vorgesetzten.

Anwendung: geeignet in Funktionsbereichen mit höheren Ansprüchen an Flexibilität und Kreativität; bei motivierbaren und kompetenten Mitarbeitern. Partizipativer, integrativer, informativer Führungsstil und ähnliche mehr bezeichnen unterschiedliche Schwerpunkte innerhalb des kooperativen Führungsstils.

„Laissez-faire"
Genau genommen gar kein „Führungs"-Stil sondern das Ausbleiben von Führung durch den Vorgesetzten. Einziger Vorteil: kreative und engagierte Mitarbeiter können sich ungestört entfalten.

Situativer Führungsstil
Kennzeichen: je nach Situation, der zu entscheidenden Frage, dem betroffenen Funktionsbereich und dem Niveau der beteiligten Mitarbeiter ein an diese Umstände angepasstes mehr autoritäres oder mehr kooperatives Vorgehen.

Mehrdimensionaler Führungsstil
Kombination aus zwei oder mehr Verhaltensaspekten; z.B. nach **Blake / Mouton** Kombination aus Personen- und Sachorientierung, jeweils auf einer Skala von 1 – 9. Dementsprechend bedeuten die Extreme: 1.9 = reine Orientierung an den persönlichen Interessen der Mitarbeiter; 9.1 = reine Sachorientierung ohne Rücksichtnahme auf persönliche Faktoren; 1.1 Minimum an Aufwand; 9.9 = hohe Sachorientierung verbunden mit Engagement und persönlicher Identifikation.

1. Führungsmethoden

Führungstechniken
2010 Herbst Aufg.1 a | 2012 Herbst Aufg.1 | 2015 Früh Aufg.2 | 2016 Früh Aufg.5

Management-Techniken (auch: Management-Methoden; Führungstechniken –nicht verwechseln mit Führungsstil!)

Allen Methoden gemeinsam ist das Ziel, Führungsebenen zu entlasten und auf die wesentlichen Führungsaufgaben zu fokussieren, indem nachgeordneten Instanzen mehr Aufgaben und Verantwortung übertragen werden (**Management by delegation**).

Resultierende Probleme und Aufgaben: Gefahr der Überforderung der nachgeordneten Instanzen; Problem der Organisation einer wirksamen Kontrolle.

Management by...
Objectives (MbO) = Führen durch Zielvereinbarungen.

Exception (MbE) = Eingreifen der Führung bei Abweichung von einem vordefinierten Entwicklungspfad.

Results (MbR) = Führen durch Orientierung auf ein vereinbartes / festgesetztes Ergebnis.

Decision Rules = Führen anhand definierter Entscheidungsregeln (damit nur bedingt eine Methode zur stärkeren Einbindung nachgeordneter Instanzen).

Systems = weitgehende Selbstregulierung der einzelnen Systeme im Unternehmen auf Basis EDV-gestützter Verknüpfungen und Rückkopplungen; Achtung: damit KEINE Methode zur stärkeren Einbindung nachgeordneter Instanzen!

Zielformulierung („SMART"-Formel)
2010 Herbst Aufg.1b | 2015 Früh Aufg.2b
Spezifisch (präzise; klar abgegrenzt)
Messbar (quantitative Kriterien auch bei qualitativen Zielen für Soll-Ist-Vergleich, Kontrolle der Zielerreichung)
Attraktiv (auch: akzeptiert; anspruchsvoll)
Realistisch (erreichbar aber „sportlich")
Terminiert (Festlegung eines Zeitrahmens bzw. Zeitpunkts).
Andere Auslegungen, Erweiterung zu **SMARTER**:
S = signifikant; simple
M = motivierend; meaningful; manageable
A = achievable (=erreichbar)
R = resourced
T = trackable
E = ecological; ethical
R = reaching.
In der Beantwortung von Klausurfragen ist besonders darauf zu achten, den Anforderungen „M" und „T" zu entsprechen, da die anderen für einen Korrektor nur begrenzt beurteilt werden können.

2. Zeit- und Selbstmanagement

2010 Früh Aufg.3
Effektive und systematische Planung und Verwendung der zur Verfügung stehenden Zeit zur erfolgreichen Bewältigung der zu erfüllenden Aufgaben. Setzt die rasche und zutreffende Auswahl dessen, was „wichtig" und „dringend" ist voraus *(siehe unten „Eisenhower-Methode")* und sichert durch Einsatz geeigneter Instrumente das Vermeiden von „Zeitfressern".

2.1 Aufgabenprioritäten

Unterscheidung zwischen Dringendem und Wichtigem

Eisenhower-Methode
2013 Früh Aufg.1b
Unterteilung der Aufgaben nach Wichtigkeit und Dringlichkeit in hoch und niedrig:
Beides hoch – sofort erledigen
Wichtigkeit hoch, Dringlichkeit niedrig – terminieren
Dringlichkeit hoch, Wichtigkeit niedrig – delegieren
Beides niedrig – verschieben

2.2 Zeitmanagement

Instrumente des Zeitmanagements
2013 Früh Aufg.1b

Pareto-Prinzip (auch: 80/20-Regel) *-2014 Herbst Aufg.1a*
Generell die Erkenntnis, dass ca. 80% aller Ereignisse aus 20% der Ursachen entspringen. Hier: 80% der Aufgaben werden in 20% der Arbeitszeit erledigt. Folgerung: Wege suchen, die 20% der Aufgaben mit 80% des Zeitbedarfs zu reduzieren.

ABC-Analyse
Erweiterung des Pareto-Prinzips auf drei Kategorien, z.B. A-, B- und C-Kunden. Mit unterschiedlichen Prozentsätzen verbunden, z.B.: 20% der Kunden bringen 80% Umsatz, 30% weitere 15% und die restlichen 50% nur noch 5%. Oder: am Ergebnis gemessen bringen 15% der Arbeit 65 % des Ergebnisses (Kat. A), 20% weitere 20% (Kat. B) und die restlichen 65% nur 15% (Kat. C).
Folgerung:
A = sehr wichtig; erledigen
B = wichtig; zur Not delegieren und kontrollieren
C = unwichtig; delegieren, reduzieren.

ALPEN-Methode - *2011 Herbst Aufg.2*
Planung der Tagesaktivitäten in den Schritten:
A ktivitäten auflisten
L änge zeitlich abschätzen
P ufferzeiten einplanen
E ntscheidungen treffen
N achkontrollieren

2.3 Zeitplansysteme

Tagesplanung schriftlich
2014 Herbst Aufg.1b
Vorteile einer schriftl. Tagesplanung sind u.a.:
Nachvollziehbarkeit auch im Nachhinein;
bessere Kontrolle noch offener Punkte;
Übersichtlichkeit;
höhere Verbindlichkeit;
Dokumentation der Aktivitäten, Archivierung.

2.4 Zeitdiebe und Zeitfresser

Zeitdiebe/Zeitfresser
2011 Früh Aufg.1 | 2012 Herbst Aufg.1 | 2013 Früh Aufg.1a
Unterbrechungen, z.B. durch ankommende Telefonate, unangemeldete Besucher, eintreffende mails. – Maßnahme: Zeitblöcke bilden.
Besprechungen in unnötiger Länge. – Maßnahme: Tagesordnung und Beschlussvorlagen vorbereiten; Zeitlimit festlegen.
Beschäftigung mit Unwichtigem. – Maßnahme: feste Prioritätensetzung nach Dringend / Wichtig; Unwichtiges sofort entfernen.
Verschieben von Aufgaben. – Abfolge planen und einhalten.
Suche nach Unterlagen. – Maßnahme: Ablage-/Wiedervorlage-System optimieren.

2.5 Leistungskurve
2.6 + 2.7 Stress - Work-Life-Balance

Bio-Rhythmus
Im Tagesverlauf schwankende Kurve der Leistungsfähigkeit. Zwar gibt es individuell verschiedene Ausprägungen v.a. im Hinblick auf den Tagesbeginn (z.b. „Lerchen" = Frühaufsteher, „Nachtigallen" = Abendaktive), insgesamt steigt aber die Leistungsfähigkeit bis zu einem Höhepunkt am späten Vormittag an, sinkt in der Mittagszeit ab und erreicht am späten Nachmittag einen zweiten Höhepunkt.

Stress
Anspannung als Reaktion auf besonders belastende Situationen, die in einem als bewältigbar eingeschätzten und überschaubaren Bereich auch leistungsfördernd wirken kann, darüber hinaus jedoch Blockaden und Krankheiten auslösen kann.

Stressbewältigung
Entspannung durch Selbstkonditionierung (z.B. autogenes Training; Selbstgespräche), um die auslösende Situation als beherrschbar einschätzen und damit bewältigen zu können.

Work-Life-Balance
Gleichgewicht zwischen „Arbeitswelt" und „Privatleben", um ausreichende auch emotionale Erholung für den Erhalt bzw. die Wiedergewinnung der Leistungsfähigkeit zu erreichen. Für das Personalmanagement folgt daraus die Aufgabe, die Arbeitsbedingungen und insbesondere die Arbeitszeiten so zu organisieren, dass ausreichend lange ungestörte Zeitspannen für Freizeit bleiben.

3. Personalmarketing - Personalauswahl

3.1 Ziele und Konzepte

2009 Herbst Aufg.4 | 2010 Herbst Aufg.4 | 2011 Früh Aufg.4 | 2011 Herbst Aufg.4 | 2015 Herbst Aufg.5

Ziele
2018 Herbst Aufg.7b
Intern: Identifikation der Mitarbeiter mit dem Unternehmen; Erhöhung von Motivation und Leistungsbereitschaft; Reduzierung von Fehlzeiten; Verringerung der Fluktuation; kontinuierliche Qualifizierung und Weiterentwicklung der Mitarbeiter.
Extern: Positives Image als Arbeitgeber; verbesserte Voraussetzungen für Bewerbungen auf Stellenausschreibungen.

Employer-Branding
2015 Früh Aufg.4 | 2015 Herbst Aufg.4 | 2017 Herbst Aufg.7
Anwendung der Methoden und Ziele der Markenpolitik auf die Positionierung als Arbeitgeber. Als **Personalmarketing** auf die langfristige Sicherung der Deckung des Personalbedarfs gerichtet.
Mittel: **intern** attraktive Entlohnung; zusätzliche Leistungsanreize und Prämien; Sozialleistungen; Arbeitszeitgestaltung (Berücksichtigung der „**work-life-balance**"; *siehe oben*); Möglichkeiten zur beruflichen und persönlichen Weiterentwicklung und Qualifizierung. –

Extern: Stellenausschreibungen; Tag der offenen Tür; Präsentation auf Berufsmessen; Kooperation mit Hochschulen; Nutzen sozialer Netzwerke.

Teilzeitarbeit - Vorteile:
Flexiblere Einsatzmöglichkeiten für Unternehmen; vergleichsweise höhere Produktivität; bessere Vereinbarkeit von Beruf und Familie; größeres Potenzial an Bewerbungen. – *zu den rechtlichen Aspekten s. Kap. 6.1*

Diversity Management
2018 Früh Aufg.5
Im Personalmanagement der bewusst positive Umgang mit der Verschiedenartigkeit der Mitarbeiter, gleichgültig ob die Unterschiede in Geschlecht, sexueller Orientierung, religiöser Überzeugung, kultureller Identität etc. bestehen.
Ziel ist eine gerade durch die Unterschiede geförderte Atmosphäre gegenseitigen Respekts, idealerweise gegenseitiger Anregung im gemeinsamen Interesse an produktiver Tätigkeit für das Unternehmen.

3. Personalmarketing - Personalauswahl

3.2 Personalbeschaffung

2014 Früh Aufg.3b | 2015 Herbst Aufg.5c

Interne Personalbeschaffung
2014 Früh Aufg.2a
Wege: interne Ausschreibung, Personalentwicklung, Versetzung, Beförderung.
Vorteile: geringere Kosten; schnellere Besetzung; Fähigkeiten der Bewerber bekannt; keine Einarbeitung in die Abläufe; Motivation der Belegschaft durch Aufstiegschancen.
Nachteile: Zurücksetzung nicht berücksichtigter interner Bewerber; Ersatzbedarf für bisherige Stelle des Beförderten; Autoritätsprobleme des Mitarbeiters als Vorgesetzter.

Externe Personalbeschaffung
Wege: Stellenausschreibung über externe Medien; Stellenangebot in eigenen Kommunikationsinstrumenten (Internetauftritt; Broschüren; Aushänge); Agentur für Arbeit; private Agenturen („Head-hunter"); Beteiligung an Informationsmessen von Hochschulen etc.
Vorteile: neue Sichtweisen; externe Erfahrungen und Kenntnisse; erwünschte Strukturveränderungen;
Nachteile: Zeit- und Kostenaufwand; Risiko eines Fehlgriffs; längere Einarbeitung.

3.3 Personalauswahl

Anforderungsprofil
2013 Herbst Aufg.4a+b | 2015 Herbst Aufg.6
Aus der generellen Stellenbeschreibung abgeleitete vertiefte Darstellung, welche fachlichen und persönlichen Kenntnisse und Fähigkeiten in welcher Ausprägung und Intensität und Gewichtung für ein bestimmtes Aufgabengebiet für erforderlich gehalten werden.

Auswählen und Einstellen von Mitarbeitern
2012 Früh Aufg.6 | 2012 Herbst Aufg.6 | 2013 Früh Aufg.5 | 2015 Früh Aufg.6
Ausschreibung
(Grundlage: Allg. Gleichbehandlungsgesetz – AGG; 2015 Früh Aufg.6a)
Verbot der Benachteiligung wegen:
- Rasse
- Herkunft
- Geschlecht
- Religion / Weltanschauung
- Behinderung
- Alter.

Bewerbungsunterlagen
2010 Früh Aufg.5 | 2011 Früh Aufg.6 | 2012 Herbst Aufg.7a
Bewertung nach
- Vollständigkeit: Anschreiben; Lebenslauf bzw. beruflicher Werdegang; Dokumente; Arbeitszeugnisse.
- Form: angemessener geeigneter Umschlag; korrekte Adressierung und Frankierung

3. Personalmarketing - Personalauswahl

- Anschreiben: korrekte Adressierung und Anrede; informativer vollständiger Briefkopf; Orthographie und Stil; Angaben zu Motivation der Bewerbung
- Lebenslauf: Übersichtlichkeit; zeitlich stimmig und lückenlos; Wechselhäufigkeit und durchschnittliche Beschäftigungsdauer; Arten der Tätigkeiten und Einsatzgebiete
- Dokumente: Übereinstimmung mit Lebenslauf; Noten und Bewertungen
- Arbeitszeugnisse: Übereinstimmung mit Lebenslauf; Vollständigkeit; Bewertungen und Angaben zum Grund des Ausscheidens; Lücken im Bewertungsschema

Umgang mit Bewerbungsunterlagen
2011 Herbst Aufg.4a
Die Unterlagen sind nach Abschluss des Einstellungsverfahrens unverzüglich zurückzusenden. Es dürfen keine Kopien angefertigt und zurückbehalten werden. Eine Weiterleitung der Unterlagen an Dritte ist nicht zulässig.

Bewertungsschema
Mögliche Beurteilungskriterien: Lebenserfahrung; Berufserfahrung; Führungserfahrung; Fachkenntnisse; Gehaltsniveau.

Bewerbungs- (Vorstellungs-)gespräche -
2015 Früh Aufg.6
Ablauf: Begrüßung; Vorstellung des Unternehmens; Selbstvorstellung des Bewerbers; ergänzende Fragen an den Bewerber; Fragen des Bewerbers; Information über weiteres Vorgehen, zeitlichen Rahmen; Verabschiedung.
Auswertung nach: Qualität der Vorbereitung auf das Gespräch, Kenntnissen über Unternehmen; Kommunikationsfähigkeit; Auftreten; Ausstrahlung; Belastbarkeit.
Unzulässige Fragen
2015 Früh Aufg.6c

Zulässigkeit abhängig von zu besetzender Stelle bzw. damit verbundenem berechtigten Interesse des Arbeitgebers (z.B. Frage nach Vorstrafen wegen Trunkenheit bei Tätigkeit mit Kfz-Nutzung). Unwahre Antworten auf zulässige Fragen berechtigen als arglistige Täuschung den Arbeitgeber zur Anfechtung des Arbeitsvertrages. – Normalerweise unzulässig sind Fragen nach persönlichen Verhältnissen und Lebensplanung (Heiratsabsichten; Familienplanung), Zugehörigkeit zu Parteien oder Vereinen, Vermögensverhältnissen, sexuellen Neigungen.

Kostenerstattung
2015 Früh Aufg.6b
Sofern nicht ausdrücklich ausgeschlossen müssen dem zum Vorstellungsgespräch eingeladenen Bewerber die ihm dadurch entstehenden (Reise-)Kosten erstattet werden

Praktikum
Zeitlich begrenzte, unentgeltliche oder mehr symbolisch entlohnte Mitarbeit in einem Unternehmen, um die Tätigkeiten, Arbeitsbedingungen und Anforderungen kennenzulernen. Für die Unternehmen besteht dabei die Möglichkeit, die Anpassungsfähigkeit und persönlichen Eigenschaften potentieller Arbeitnehmer zu erfahren.

Assessment-Center
2009 Früh Aufg.4 | 2011 Früh Aufg.5 | 2013 Herbst Aufg.4c
Gleichzeitige Beobachtung einer Gruppe von Mitarbeitern bzw. Bewerbern (max. 18) durch mehrere Personen zur Beurteilung des Potentials und der Kompetenzen in praxisbezogenen Situationen. Es kann über einen oder auch mehrere Tage gehen und sowohl berufsbezogene Aufgabenstellungen als auch verhaltensorientierte Übungen oder psychologische Testverfahren beinhalten.

3. Personalmarketing - Personalauswahl

Durchführung Schritte:
1. Klärung der Ziele;
2. Analyse der zu beobachtenden Eigenschaften und Fähigkeiten;
3. Auswahl der einzusetzenden Mittel und Übungen;
4. Auswahl und Schulung der Beobachter;
5. Organisation und Durchführung;
6. Evaluation und Controlling des AC.

Beispiele für **Übungen** im Rahmen eines AC:
- Rollenspiele
- Gruppendiskussionen
- Präsentationsaufgaben
- Übungsaufträge
- Selbst- und Fremd-Beurteilungen.

Vor- / Nachteile
Objektivere Beurteilung durch Mehrfachbewertung;
breitere Beurteilungsbasis durch Einsatz verschiedener Übungen;
geringere Gefahr von „Blendern" durch längere Beobachtungsdauer;
zeitaufwendig;
Gefahr von Diskrepanzen zwischen Anforderungen der Übungen und der zu besetzenden Stelle.

Probearbeitstag
Bewerber der engeren Auswahl erhalten die Möglichkeit, einen kompletten Arbeitstag im Unternehmen mitzuwirken.
Vorteil: Bewerber und Unternehmen können sich einen konkreten Eindruck verschaffen, ob die gegenseitigen Erwartungen und Vorstellungen zusammenpassen. Persönliche Eigenschaften des Bewerbers können besser beurteilt werden.

Rechtsgrundlagen von Arbeitsverhältnissen
Tarifvertrag: vorrangig, sofern vorhanden, kann auch vom Gesetz abweichen
Betriebsvereinbarung: Abweichung von Tarif nur bei Öffnungsklausel, allgemeinverbindlich für alle Arbeitnehmer des Betriebes
Arbeitsvertrag: Abweichungen gelten nur, wenn für Arbeitnehmer günstiger (Günstigkeitsprinzip)
Gesetz: wenn keine vertragliche oder tarifvertragliche Regelung.

Vertragsarten
2014 Früh Aufg.3a+b
Unbefristete Vollzeitbeschäftigung (Regelfall)
Berufsausbildungsverhältnis (Ausbildung im Vordergrund)
Praktikum (Erfahrungssammlung, meist unentgeltlich)
Arbeitnehmerüberlassung (Dreiecksverhältnis)
Teilzeitarbeitsverhältnis (weniger als übliche Wochenarbeitszeit)

Befristung *2014 Herbst Aufg.6*
Ohne sachlichen Grund max. zwei Jahre; in dieser Zeit max. dreimalige Verlängerung eines befristeten Arbeitsvertrages.
Ausnahmeregelung bei Neugründungen: in den ersten vier Jahren nach Gründung ist eine Befristung bis vier Jahre Dauer zulässig.
Zulässig ist eine Befristung auch bei Vorliegen eines sachlichen Grundes, wenn sie an diesen gebunden ist (z.B. Vertretung eines Mitarbeiters in dessen Elternzeit).

3. Personalmarketing - Personalauswahl

Rechte und Pflichten aus dem Arbeitsvertrag
Arbeitnehmer (AN):
- Pflicht zur Arbeitsleistung (in Person)
- Treuepflicht, § 242 BGB (Verschwiegenheitspflicht, Wahrnehmung berechtigter Interessen des Betriebes, keine unerlaubte Nebentätigkeit, Wettbewerbsverbot etc.)
- Haftung des AN (innerbetrieblicher Schadensausgleich)

Arbeitgeber (AG):
- Beschäftigungspflicht
- Entgeltzahlungspflicht (Hauptleistungspflicht)
- Entgeltzahlung ohne Arbeitsleistung (Feiertag; Urlaub; Krankheit, Berufsschulbesuch; Arbeitsausfall aus Risiko AG (Stromausfall); Annahmeverzug AG; unverschuldete Arbeitsverhinderung für kurze Zeit)
- Entgeltzahlung bei Krankheit (unverschuldet arbeitsunfähig krank)
- Fürsorgepflicht

Dienstvertrag
2014 Früh Aufg.3c
Dienstherr/**Arbeitgeber**: Verpflichtung zur Gewährung der vereinbarten Vergütung, § 611 Abs. 1 BGB
Arbeitnehmer: Verpflichtung zu Diensterbringung, § 611 Abs. 1 BGB (Leistung nicht Erfolg)
Beendigung durch Zeitablauf oder Kündigung.

Werkvertrag
2014 Früh Aufg.3c
Unternehmer: Verpflichtung zur Herstellung des Werkes, § 631 Abs. 1 BGB (Erfolg geschuldet)
Besteller: Verpflichtung, die Vergütung zu bezahlen, § 631 Abs. 1 BGB

3.4 Einstellen von Mitarbeitern

Phasen (bei neuen Stellen)
2017 Früh Aufg.10

Planung der Stelle
Unterrichtung des Betriebsrats (§ 92 BetrVG)
Beschaffungsweg festlegen (inner- oder außer-betrieblich)
Ausschreibung der Stelle
Planung des Auswahlverfahrens
Festlegung der Auswahlkriterien
Einsatz der Beurteilungs- bzw. Auswahlinstrumente
Entscheidung
Unterrichtung des Betriebsrats
Vertragsabschluss
Absage an andere Bewerber.

Arbeitsvertrag = Sonderform des Dienstleistungsvertrages, §611 BGB; unselbständige, weisungsabhängige Dienstleistung gegen Entgelt.

Arbeitsvertragsrecht
Formfrei, ABER: wesentliche Vertragsbedingungen müssen dem Arbeitnehmer schriftlich innerhalb eines Monats nach Beginn ausgehändigt werden lt. Nachweisgesetz.

Allgemeines Gleichbehandlungsgesetz (AGG)
2015 Früh Aufg.6b
Verbot der Diskriminierung wegen Rasse, Geschlecht, Religion, Behinderung, Alter, sexuelle Identität; bei Verstoß Schadensersatzanspruch, kein Einstellungsanspruch.

3. Personalmarketing - Personalauswahl

Rechtsgrundlagen *(siehe auch oben)*
Tarifvertrag: vorrangig, sofern vorhanden, kann auch vom Gesetz abweichen
Betriebsvereinbarung: Abweichung von Tarif nur bei Öffnungsklausel, allgemeinverbindlich für alle Arbeitnehmer des Betriebes
Arbeitsvertrag: Abweichungen gelten nur, wenn für Arbeitnehmer günstiger (Günstigkeitsprinzip)
Gesetz: wenn keine vertragliche oder tarifvertragliche Regelung besteht.

Vertragsarten
- unbefristete Vollzeitbeschäftigung (Regelfall)
- Berufsausbildungsverhältnis (Ausbildung im Vordergrund)
- Praktikum (Erfahrungssammlung, meist unentgeltlich)
- Arbeitnehmerüberlassung (Dreiecksverhältnis)
- Teilzeitarbeitsverhältnis Wochenarbeitszeit)
- befristete Arbeitsverhältnisse (Schriftform!, sachlicher Grund erforderlich, ohne Sachgrund nur wirksam, wenn vorher noch kein Vertrag und maximal 2 Jahre in max. 4 Teilen)

Betriebsverfassungsgesetz
regelt die Errichtung, Aufgaben und Rechte des Betriebsrates
Betriebsrat = Interessenvertretung der Arbeitnehmer
2016 Früh Aufg.8
Rechtliche Grundlagen: Betriebsverfassungsgesetz (BetrVG)
Voraussetzung (§ 1 BetrVG): 5 ständig wahlberechtigte Arbeitnehmer davon 3 wählbar
Aktives Wahlrecht (Wahlberechtigung, § 7 BetrVG): Arbeitnehmer ab 18 Jahre
Passives Wahlrecht (Wählbar, § 8 BetrVG): Arbeitnehmer ab 18. Jahre und mindestens 6 Monate im Betrieb. - Wahl alle 4 Jahre

Aufgaben des Betriebsrats
Allgemein, § 80 BetrVG: Überwachung und Einhaltung von Bestimmungen, Entgegennahme von Beschwerden der Arbeitnehmer, Verhandlungen mit dem Arbeitgeber, Beantragung von Maßnahmen für die Arbeitnehmer, Unterstützung schutzbedürftiger Arbeitnehmer, Abschluss Betriebsvereinbarungen.

Mitbestimmungsbereiche
Soziale Angelegenheiten, §§ 87 ff BetrVG
Arbeitsplatzgestaltung, §§ 90,91 BetrVG
Personelle Angelegenheiten, §§ 92 ff BetrVG
Wirtschaftliche Angelegenheiten, §§ 106 ff BetrVG

Mitwirkungsrechte des Betriebsrats *2011 Früh Aufg.3a*
Mitbestimmungsrecht = Arbeitgeber kann nur mit der Zustimmung des Betriebsrates Entscheidungen treffen (stärkster Eingriff), bei fehlender Einigung Ersetzung durch Entscheidung der Einigungsstelle.

Eingeschränkte Mitbestimmungsrechte = wie Mitbestimmungsrecht, ABER Betriebsrat darf Zustimmung nur ausnahmsweise verweigern (Widerspruchsrecht)
Mitwirkungsrecht = der Betriebsrat ist zu beteiligen, Einwendungen sind ohne Belang (Unterrichtung, Beratung, Vorschlag, Anhörung)

Kündigungsschutz
Kündigung nur aus wichtigem Grund, § 15 KSchG
Zustimmung Betriebsrat erforderlich, § 103 BetrVG von Wahlaufstellung bis ein Jahr nach Abberufung

3. Personalmarketing - Personalauswahl

Tarifvertrag *(s. auch Kap. 9)*
2011 Früh Aufg.7 | 2012 Früh Aufg.5 | 2015 Herbst Aufg.6
Vereinbarung zwischen dem für eine Branche zuständigen Arbeitgeberverband und der entsprechenden Arbeitnehmerorganisation (Gewerkschaft) über die Struktur der Vergütung (Gehaltsgruppen) und deren Höhe. Gültigkeit: nur für die Mitglieder der den Tarifvertrag vereinbarenden Organisationen.

Einführung von Mitarbeitern
2010 Herbst Aufg.4
Ziele
Schnelle Einsatzfähigkeit des neuen Mitarbeiters;
Frühzeitiges Erkennen von Qualifizierungsbedarf;
Rechtzeitiges Erkennen evtl. Fehlentscheidung bei Einstellung, Kündigung in Probezeit;
Integration in Belegschaft.

Checkliste Einführung
- Organisation von Arbeitsplatz, Unterlagen incl. Telefon, mail-Adresse, Zugangsdaten;
- Information von Kollegen, Personalabteilung, evtl. zusammen arbeitenden Abteilungen;
- Anlage Personalakte, Zeiterfassung etc.;
- Einarbeitungsplan incl. Termine für Zwischenbeurteilung
- persönlicher Empfang am ersten Arbeitstag;
- Betriebsbegehung;
- Information über betriebliche Einrichtungen
- Vorstellen der Ansprechpartner.

3.5 Controlling des Auswahlverfahrens

2009 Herbst Aufg.4 | 2013 Früh Aufg.6
Analyse des Verfahrens zur Stellenbesetzung anhand verschiedener Kennziffern:
Ausschreibungskosten;
Beschaffungswege;
Bewerberanzahl;
Vorstellungsquote;
Auswahlkriterien für Einladung zu Vorstellungsgesprächen;
Dauer, Kosten und Auswertung der Vorstellungsgespräche;
Dauer und Kosten des Verfahrens bis zur Einstellung;
„Treffer"-Quote (Absprung des ausgewählten Bewerbers; Trennung in Probezeit)

3.6 Beenden von Arbeitsverhältnissen

2013 Herbst Aufg.6 | 2014 Früh Aufg.7 | 2016 Herbst Aufg.1

Rechtsgrundlagen: *§§ 620 ff BGB; KSchG; Berufsbildungsgesetz; Betriebsverfassungsgesetz.*

Kündigungsschutz
Kündigung nur aus wichtigem Grund, § 15 KSchG
Zustimmung Betriebsrat erforderlich, § 103 BetrVG
von Wahlaufstellung bis ein Jahr nach Abberufung
Allg. Kündigungsschutz (KSchG): Kündigung nur möglich wegen Verhalten (Abmahnung erforderlich), Person (z.b. Dauererkrankung und negative Zukunftsprognose) oder betriebliche Gründe (Sozialauswahl über Alter, Unterhaltsverpflichtungen, Betriebszugehörigkeit und Schwerbehinderung).
Besonderer Kündigungsschutz: Betriebsrat, Auszubildendenvertreter, Datenschutzbeauftragter, Mutterschutz, Schwerbehinderte

Beendigung des Arbeitsverhältnisses
Tod des Arbeitnehmers
Befristung – Ende mit Zeitablauf/Zweckerreichung
Aufhebungsvertrag – einvernehmliche Vertragsbeendigung (Schriftform, § 623 BGB)
Ordentliche Kündigung – einseitige Vertragsbeendigung zum Ende der Kündigungsfrist (Schriftform, § 623 BGB), nicht bei befristeten Arbeitsverhältnissen
Kündigungsfristen (Zeit zwischen Zugang Kündigung und Beendigung Arbeitsverhältnis): § 622 BGB; gesetzliche Verlängerungen nur für Arbeitgeber; auch Zeiten vor 25. Lebensjahr zählen mit (Entscheidung EuGH zu Abs. 2 Satz 2), Anhörung Betriebsrat, § 102 BetrVG

Außerordentliche Kündigung, § 626 BGB – sofortige einseitige Vertragsbeendigung; nur innerhalb von 2 Wochen nach Vorfall, Unzumutbarkeit ordentliche Kündigungsfrist abzuwarten (Schriftform, § 623 BGB), Anhörung Betriebsrat, § 102 BetrVG.

Betriebsübergang ist kein Kündigungsgrund; der neue Inhaber tritt in den Arbeitsvertrag ein. – *2012 Früh Aufg3b | 2012 Herbst Aufg.8c*

Kündigungsschutz - *2016 Herbst Aufg.5*
Allgemeiner Kündigungsschutz (KSchG): regelmäßig mehr als 10 AN, Kündigung nur möglich wegen Verhalten AN (Abmahnung erforderlich), Person des AN (z.B. Dauererkrankung und negative Zukunftsprognose) oder betriebliche Gründe (Sozialauswahl über Alter, Unterhaltsverpflichtungen, Betriebszugehörigkeit und Schwerbehinderung)
Besonderer Kündigungsschutz: Betriebsrat, Auszubildendenvertreter, Datenschutzbeauftragter, Mutterschutz, Schwerbehinderte. – Kündigung Schwerbehinderter bedarf der Zustimmung des Integrationsamtes; Kündigung Schwangerer muss von der für den Arbeitsschutz zuständigen Landesbehörde für zulässig erklärt werden.

Abmahnung
2010 Früh Aufg.6 | 2016 Früh Aufg.6c
- Dokumentationsfunktion (vertragliches Verhalten und Fehlverhalten konkret darlegen);
- Warnfunktion (keine Duldung des Verhaltens)
- Androhungsfunktion (Beendigung des Arbeitsverhältnisses in Aussicht stellen).

4. Berufsausbildung

4.1.+4.2 Ausbildungsbedarf, Ausbildungsberufe

Ausbildungsbedarf
Teil der langfristigen Personalplanung; die quantitative Planung ergibt sich aus der erwarteten Geschäftsentwicklung und vor allem der absehbaren Veränderung des Personalbestands, insbesondere durch Renteneintritte. Die qualitative Planung der künftig erforderlichen Kompetenzen und daraus abgeleitet der anzubietenden Ausbildungsberufe ist abhängig von dem zu erwartenden bzw. angestrebten Wandel der Sortimentsstruktur.

Ausbildungsberufe - *2018 Herbst Aufg.6b*
Staatlich anerkannte Berufe, für die eine Ausbildungsordnung existiert, in der die zu vermittelnden Kenntnisse festgeschrieben sind. In der Regel ist eine dreijährige Ausbildungsdauer vorgeschrieben. – *Verkürzung siehe unten Kap.4.4*

Zuständige Stellen
2009 Herbst Aufg.2
Im BBiG (§ 71) getroffene Regelung, welche Einrichtungen für Aufgaben der Prüfung und Beratung im Zusammenhang mit der Berufsausbildung Ansprechpartner der Ausbildungsbetriebe sind. Vor allem sind dies:
- für kaufmännische und gewerbliche Berufe die Industrie- und Handelskammern;
- für Berufe der Handwerksordnung die Handwerkskammern;
- für Landwirtschaftsberufe die Landwirtschaftskammern;

- für verschiedene Berufe im Bereich der Selbständigen die entsprechenden Kammern (z.B. Rechtsanwaltskammern).

Aufgaben u.a.:
- Kontrolle der Ausbildungsverträge;
- Überwachung der Einhaltung der Voraussetzungen für eine ordnungsgemäße Ausbildung;
- Beratung der Ausbildungsbetriebe;
- Beratung der Auszubildenden.

4.3 Eignung des Betriebs

Voraussetzungen für Eignung des Betriebs
2010 Herbst Aufg.3a | 2012 Früh Aufg.1 | 2015 Herbst Aufg.5
Folgende Fragen sind zu klären:
- Welcher Abschluss in einem anerkannten Ausbildungsberuf soll angestrebt werden?
- Können alle Inhalte dieses Abschlusses vermittelt werden?
– Wenn nein: kann dies ausgeglichen werden (*siehe unten*)?
- Ist ein Ausbilder vorhanden, der über die erforderlichen Eignungen (*siehe unten*) verfügt?
- Sind in den erforderlichen Ausbildungsstationen ausreichend Fachkräfte zur Unterweisung vorhanden?

Rechtliche Rahmenbedingungen
Möglichkeiten, das partielle Fehlen von betriebsinternen Voraussetzungen für die Ausbildung auszugleichen:

4. Berufsausbildung

Verbundausbildung
2013 Früh Aufg.2
Möglichkeiten, das partielle Fehlen von betriebsinternen Voraussetzungen für die Durchführung der Ausbildung auszugleichen, durch Zusammenschluss bzw. Kooperation mit anderen Unternehmen nach § 10 Abs. 5 BBiG.

Überbetriebliche Ausbildung: Die fehlenden Inhalte werden in einem von der zuständigen Stelle anerkannten Lehrgang vermittelt. Überbetriebliche Ausbildung ergänzt die übliche Aufteilung des dualen Systems zwischen Ausbildungsbetrieben und Berufsschulen in der Weise, dass in mehrwöchigen Lehrgängen in Werkstätten z.B. bei Kammern und Innungen Kenntnisse vermittelt werden, die insbesondere kleinere Betriebe auf Grund ihrer Ausstattung nicht leisten können.

Außerbetriebliche Ausbildung = überwiegend öffentlich finanzierte Berufsausbildung, geregelt im Sozialgesetzbuch, zum Ausgleich von bestimmten Benachteiligungen Jugendlicher; kann im Zusammenwirken von speziellen, von der Agentur für Arbeit beauftragten Bildungsträgern für den theoretischen und Ausbildungsbetrieben für den praktischen Teil erfolgen. Eventuell auch Eingliederung entsprechender Einrichtungen („Lehrwerkstätten") innerhalb dieser Bildungsträger.

Ausbilder-Eignungsverordnung (AEVO)
Fragen bei Einführung betrieblicher Ausbildung:
Welche Berufe kommen für das jeweilige Unternehmen in Frage? Wie lange dauert die Ausbildung in der Regel? In welcher Berufsschule erfolgt der zu dieser Ausbildung gehörende Unterricht? Welche Anforderungen werden an die betriebliche Ausstattung gestellt? Gibt es spezielle Anforderungen an die fachliche Eignung des Ausbilders?

Anforderungen an Ausbilder
2015 Herbst Aufg.4b:
Persönliche Eignung; setzt „Unbescholtenheit" voraus. Keine Eignung z.b. bei früheren wiederholten oder schweren Verstößen gegen das BBiG und bei Verbot der Beschäftigung von Kindern und Jugendlichen.
Fachliche Eignung; Nachweis der erforderlichen Fertigkeiten, Kenntnisse und Fähigkeiten durch eine entsprechende Abschlussprüfung.
Pädagogische Eignung; nachgewiesene methodische Kompetenz zum Planen, Durchführen und Kontrollieren der Ausbildung. – Anforderungen in §3 Ausbilder-Eignungsverordnung.

Aufgaben von Ausbildern - Beispiele:
- Schaffen lernfördernder Bedingungen;
- Herstellen einer motivierenden Lernkultur;
- Organisation und Gestaltung der Probezeit;
- Entwicklung betrieblicher Übungsaufgaben;
- Auswahl und Einsatz geeigneter Methoden;
- individuelle Unterstützung bei Lernproblemen;
- Förderung auch der sozialen und persönlichen Entwicklung der Auszubildenden;
- Bewertung von Leistungen.

Ausbildungsbeauftragte
Fachkräfte, die unter der Verantwortung des Ausbilders in ihrem jeweiligen speziellen Fachbereich Fertigkeiten und Kenntnisse an die Auszubildenden vermitteln. Voraussetzung an die persönliche Eignung wie beim Ausbilder.

4. Berufsausbildung

4.4 Duales System

2018 Herbst Aufg.6c

Duales System
2011 Früh Aufg.4 | 2016 Herbst Aufg.2
Berufsausbildung in der Kombination aus schulischer, überwiegend theoretischer und betrieblicher, überwiegend praktischer Ausbildung.

Verkürzen der Ausbildungsdauer:
Die Ausbildungszeit kann bei berechtigtem Interesse auch in Form einer Teilzeitausbildung erfolgen(§ 8 BBiG). Verkürzungsmöglichkeit besteht bei einem höheren Bildungsabschluss. Die Verkürzung muss durch gemeinsamen Antrag von Ausbildendem und Auszubildendem bei der zuständigen Stelle beantragt werden.

Verlängern der Ausbildungsdauer *(2015 Herbst Aufg.4c)*:
Nur in begründeten Ausnahmefällen wie längerer Krankheit auf Antrag des Auszubildenden bei der zuständigen IHK möglich.

Betriebsübergang ist auch bei Ausbildungsverträgen kein Kündigungsgrund; der neue Inhaber tritt in den Arbeitsvertrag ein. – *2015 Herbst Aufg.4a*

4.5 Ausbildungspläne

Betriebliche Ausbildungspläne
Auf der Ausbildungsordnung beruhende Umsetzung des Ausbildungsrahmenplans in einen konkreten Zeitplan der innerbetrieblichen Ausbildungsstellen für die einzelnen Ausbildungsinhalte. – *Zu den innerbetrieblichen Beteiligten und den Möglichkeiten, wenn einzelne Inhalte im Ausbildungsbetrieb nicht vermittelt werden können, siehe Kap. 4.3.*

Einführungstag Ablaufplan
2009 Früh Aufg.4
- Persönlicher Empfang; lockere Begrüßung;
- Betriebsbegehung;
- Information über betriebliche Einrichtungen wie Kantine, Erste-Hilfe, Pausenräume, Freizeiteinrichtungen; Parkmöglichkeiten bzw. Haltestellen öffentl. Nahverkehr;
- Vorstellen der Ansprechpartner;
- Vorstellung der Jugendvertretung;
- Erläuterung des Ausbildungsplans;
- Erklären des Ausbildungsnachweises bzw. Berichtsheftes;
- Hinführung zur ersten Ausbildungsstation oder Erläuterung des Ablaufs einer Einführungswoche.

4.6 Durchführung der Ausbildung

Individuelle Förderung
2016 Früh Aufg.5a | 2016 Herbst Aufg.1b | 2017 Früh Aufg.9 | 2018 Früh Aufg.5
Lehrgespräche; Kooperationen mit anderen Unternehmen zum zeitweisen Austausch; Exkursionen; Messebesuche; Schulungen, Vorträge durch externe Spezialisten; Beteiligung an Projekten; Übertragung eigener angemessener Verantwortungsbereiche.
Bei Auszubildenden aus anderen Kulturkreisen besonderes Gewicht auf Entwicklung des Sprachverständnisses und soziale Integration; Angebot von Sprachkursen; Benennung von Paten.

Didaktische Methoden
2009 Herbst Aufg.5a | 2010 Früh Aufg.4a+b | 2010 Herbst Aufg.5 | 2012 Früh Aufg.6 | 2012 Herbst Aufg.4b
Unterweisung: Leittextmethode
Schriftliche Anleitung zum selbstständigen Lernen. Zu einer allgemeineren Leitfrage informieren sich die Auszubildenden selbst und planen konkrete Schritte. In Absprache mit dem Ausbilder erfolgt die Entscheidung für einen Lösungsvorschlag. Durchführung und Auswertung finden sowohl in Selbst- als auch Fremdkontrolle statt. Methode kommt nur in Betracht, wenn der Auszubildende bereits über Grundkenntnisse verfügt und entsprechend motiviert ist.
Modell der vollständigen Handlung
Anwendung der Leittextmethode auf einen vollständigen Handlungskreislauf zur Erfüllung einer komplexen Aufgabe:
1. Informieren;
2. Planen;
3. Entscheiden;

4. Durchführen;
5. Kontrollieren;
6. Bewerten;

Unterweisung: 4-Stufen-Methode
1.: Vorbereitung des Arbeitsplatzes und der Hilfsmittel, Vorbereitung des Auszubildenden und des Ausbilders, Lernziel und Thema werden dem Auszubildenden genannt
2:. Vorführung durch Ausbilder; erklärt die einzelnen Lernschritte; Bewertungskriterien werden genannt
3. Nachvollziehen durch den Auszubildenden, falls erforderlich wird vom Ausbilder korrigierend eingegriffen
4. Abschluss/Erfolgskontrolle - Zusammenfassung mit eigenen Worten bzw. eine nochmalige Durchführung durch den Auszubildenden werden vom Ausbilder gefordert, eventuelle Fertigkeits- und Kenntnislücken werden dabei geschlossen, der Bezug zur Praxis wird hergestellt und das Üben veranlasst sowie die Eintragung ins Ausbildungsnachweisheft.

Beispiele für die **Anwendung weiterer** nicht ausbildungsspezifischer **Lernformen** *(2013 Früh Aufg.5b):*
Planspiel; Kurzvortrag; Vorführung; Rollenspiel; Brainstorming; Diskussion; Mind-mapping; E-learning.

Kontrolle des Lernfortschritts
2013 Früh Aufg.7a | 2014 Früh Aufg.5
Ziele
- Soll-/Ist-Vergleich Ausbildungsplan mit Ausbildungsstand;
- Qualitätskontrolle der betrieblichen Ausbilder;
- frühzeitiges Erkennen von Schwächen des Auszubildenden.
Instrumente
- Ausbildungsnachweise;
- Noten bzw. Zeugnisse der Berufsschule;

4. Berufsausbildung

- Beobachtungen bzw. Gespräche mit Beauftragten über deren Beobachtungen;
- Beurteilungsgespräch mit Auszubildenden.

Prüfungen
2010 Früh Aufg.4c | 2013 Herbst Aufg.5
Zwischenprüfung; Beurteilung nach mindestens der Hälfte der Ausbildungsdauer, häufig zum Ende des 2. von 3 Ausbildungsjahren zur Kontrolle des erreichten Ausbildungsstandes, aber ohne direkte Auswirkung auf das Endergebnis.
Abschlussprüfung; theoretische und praktische Prüfung zum Ende der Ausbildung, mit deren erfolgreichem Ablegen am Tag der Bekanntgabe des Ergebnisses die Ausbildung endet. Bei einer „gestreckten" Abschlussprüfung wird ein Teil der Abschlussprüfung zeitlich vorgezogen.

Bindungsmaßnahmen
2016 Früh Aufg.5b
Zur Bindung Auszubildender an das Unternehmen über die Ausbildungsdauer hinaus kommen die verschiedenen berufsbegleitenden Fortbildungsmaßnahmen in Frage *(s. Kap. 10.1):*
- **Anpassung** an (gestiegene oder veränderte) berufliche Anforderungen;
- **Erhaltung** beruflicher Fertigkeiten;
- **Erweiterung** der Fähigkeiten und Kenntnisse;
- Befähigung für einen beruflichen **Aufstieg**.

5. Beurteilungssysteme

5.1 Ziele und Anlässe

2010 Früh Aufg.2 | 2012 Früh Aufg.1

Beurteilungsgegenstand
2011 Früh Aufg.3c | 2011 Herbst Aufg.3a | 2013 Früh Aufg.2b
Persönlichkeitsmerkmale:
- Aufnahmefähigkeit;
- Teamfähigkeit;
- kommunikative Kompetenz;
- emotionale Kompetenz;
- soziale Kompetenz.

Leistungsmerkmale
- Zielerreichung;
- Umsatz;
- Kundenzufriedenheit;
- Belastbarkeit;
- Arbeitsvorgänge.

Ziele
Einsatz der Mitarbeiter entsprechend ihren Fähigkeiten;
Voraussetzung für erfolgreichen Einsatz von Personalentwicklungsmaßnahmen;
Schaffung nachvollziehbarer operativer Grundlagen für die Entlohnung;
Motivation der Mitarbeiter durch Information über ihren Standort.

4. Berufsausbildung

Anlass und Form
2011 Früh Aufg.3b | 2014 Früh Aufg.6
Gründe für Einführung eines Beurteilungssystems:
- Ermittlung von Leistungsniveau der Mitarbeiter;
- Voraussetzung für Potentialanalyse;
- Basis für gezielte Personalentwicklung;
- Schaffung objektiver Voraussetzungen für Leistungszulagen;
- Material für Erstellung von (Zwischen-) Zeugnissen;
- Voraussetzung für gezielte Versetzungen zur Personalentwicklung.

Anlass für Mitarbeiterbeurteilung:
- Turnusmäßiges Beurteilungsgespräch;
- Ablauf einer Probezeit;
- Planung von Maßnahmen der Personalentwicklung;
- Abschluss einer Entwicklungsmaßnahme;
- Ausstellen eines (Zwischen-)Zeugnisses.

Zeugnis - *2014 Herbst Aufg.6d+e*
Vom Arbeitgeber zu erstellende Bescheinigung über Art und Dauer der Beschäftigung (**einfaches Zeugnis**). Bei einem qualifizierten Zeugnis werden darüber hinaus Qualifikation, Leistungen und Verhalten des Mitarbeiters bewertet. Der Arbeitnehmer hat bei Beendigung des Arbeitsverhältnisses Anspruch auf ein „wohlwollend formuliertes" qualifiziertes Zeugnis.

Zwischenzeugnis *2014 Früh Aufg.6a+c*
Zeugnis bei ungekündigter Stellung, auf das der Mitarbeiter Anspruch hat bei berechtigtem Interesse, z.B. Wechsel des Vorgesetzten, Änderungen im Tätigkeitsbereich, Vorlage bei einer Behörde. – Als **qualifiziertes** Zeugnis sollte es Aussagen enthalten über Kernaufgaben, zusätzliche Aufgaben, fachliche und persönliche Kompetenzen, Beurteilung von Arbeitsweise, Verhalten gegenüber Vorgesetzten, Kollegen und Kunden.

5.2 Beurteilungsverfahren

Beurteilungsrichtung *2012 Früh Aufg.1a*
- **Vorgesetztenbeurteilung**: Mitarbeiter beurteilen Vorgesetzte
- **Mitarbeiterbeurteilung**: Vorgesetzte beurteilen Mitarbeiter
- **Kollegenbeurteilung**: gegenseitige Beurteilung auf gleicher Hierarchie-Ebene
- **Selbstbeurteilung**: Mitarbeiter beurteilen sich selbst

Beurteilungskriterien
*2016 Früh Aufg.1 | **2016 Früh Aufg.6***
Qualität der Arbeit (Fehler-, Reklamationsquote);
Belastbarkeit (Reaktion in Stress-Situationen);
Zuverlässigkeit (pünktliche Erledigung; Einhalten von Zusagen);
Tempo der Arbeit;
Kollegialität und Teamfähigkeit, Verhalten gegenüber Vorgesetzten und Kunden.
Speziell bei Führungskräften kommen hinzu Fach-, Methoden- und Sozialkompetenz *(s. Kap. 1.1.1)*.

2009 Früh Aufg.3a
Bewertungssysteme / -kriterien:
- **freie Bewertung**: unstrukturiert erzählend oder teilstrukturiert durch Vorgabe von Fragestellungen, Verwendung von Beurteilungsformularen (siehe unten);
Gebundene Bewertungen:
- **Rangordnungsverfahren**: vergleichende Beurteilung einer begrenzten Zahl von Mitarbeitern nach gleichen Merkmalen zur Erstellung einer Rangliste; Auswertung insgesamt nach Platzierungssummen oder nach einzelnen Merkmalen möglich;

4. Berufsausbildung

- **Einstufungsverfahren**: Beurteilung verschiedener Merkmale oder Eigenschaften auf einer mehrstufigen Skala (*s.u.*).

Beurteilungsmaßstäbe
2013 Früh Aufg.2a
Beurteilungsformulare (Beurteilungsbögen)
Geschlossene (gebundene) Form: Fragen und Antwortmöglichkeiten vorgegeben; Vorteil: Vergleichbarkeit; Transparenz; Zeitersparnis.
Freie Form: weitgehende Freiheit in Reihenfolge und Methodik. Vorteil: Differenzierungen; Flexibilität.
Mischform: Kombination der Vorteile; Möglichkeit für Kommentare zu Bewertungen.

Bewertungsskala
- numerisch (z.B. nach Schulnoten);
- alphabetisch (z.B. A-B-C)
- nominal (in Worten; z.B. „gut – durchschnittlich – schlecht" oder den Noten entsprechend „sehr gut..." usw.)
- prozentual (nach dem anteiligen Grad der Erreichung eines theoretischen Optimums von 100%)

Beurteilungsfehler
2012 Früh Aufg.1b / 2013 Früh Aufg.2c
- **Übernahmefehler** = Wiederholung einer früheren Beurteilung unter Verkennung eingetretener Änderungen;
- **Halo-Effekt** = Rückschluss von bekannten Eigenschaften / Verhaltensweisen auf unbekannte;
- **Hierarchieeffekt** = tendentiell bessere Beurteilung bei höherer Stellung;
- **Primacy-Effekt** = stärkere Gewichtung der ersten Eindrücke;
- **Recency- (Nikolaus-)Effekt** = stärkere Gewichtung jüngerer Ereignisse;

- **Andorra-Phänomen** = Anpassung des Verhaltens an Erwartungen / Vorurteile der Umwelt, damit Selbsterfüllung der Beurteilung;
- **Pygmalion-Phänomen** = Anpassung des Verhaltens an Erwartungen, Vorurteile des Vorgesetzten;
- **Kontrastfehler** = unbewusste Verfälschung des Urteils durch Vergleich mit anderem Mitarbeiter oder eigenem Verhalten;
- **Projektions- (Ähnlichkeits-)fehler** = Übertragen von Eigenschaften oder Problemen auf den zu Beurteilenden;
- **Tendenzfehler** = entweder aus der persönlichen Einstellung des Beurteilenden oder Verwendung eines falschen Maßstabs resultierende Verzerrung in eine Richtung („Tendenz zur Milde" bzw. „Tendenz zur Strenge") oder („Tendenz zur Mitte") aus Unsicherheit Vermeiden eindeutiger Urteile.

Beurteilungsphasen
2011 Herbst Aufg.3b
1. Definition und Erläuterung der zu beurteilenden Merkmale und anzuwendenden Maßstäbe; Festlegung des Beobachtungszeitraums.
2. Sammeln von Beobachtungen.
3. Bewertung der Beobachtungen;
4. Erläuterung der Beurteilung im Beurteilungsgespräch.
5. Planung künftiger Personalentwicklungsmaßnahmen.
6. eventuell Zielvereinbarung mit Mitarbeitern.

Beurteilungsgespräche
2009 Früh Aufg.3b | 2016 Früh Aufg.6b
Gesprächsführung – Regeln:
Vertraulichkeit („Vier-Augen-Gespräch"); störungsfreie Umgebung; sachliches Verhalten; respektvoller Umgang; aktives Zuhören; Gelegenheit zu Stellungnahmen; zielorientierte Führung; Anstreben einer einvernehmlichen Vereinbarung.

Ablauf eines Mitarbeitergesprächs:
- Kontaktphase (Begrüßung, Gesprächseröffnung; evtl. Einstieg mit Gemeinsamkeiten am Rande des eigentlichen Themas);
- Orientierungsphase (Benennung des Themas und der generellen Zielsetzung des Gesprächs);
- Analysephase (Sichtung der Informationen; Auswertung zur Erarbeitung eines einvernehmlichen Ergebnisses);
- Lösungsphase (Einigung über weiteres auch zeitliches Vorgehen);
- Abschlussphase (Zusammenfassung, Ausblick).

Gesprächsführung / Kommunikationsregeln
s. Kap. 11.1 + 11.2

5.3 Fördermaßnahmen

Siehe Kap.7 + Kap. 10

6. Personalplanung

Personalplanung – Bereiche:
- Personalbeschaffung;
- Personaleinsatz;
- Personalentwicklung;
- Personalkosten;
- Personalabbau.

Ziele und Aufgaben der Personalplanung
2012 Früh Aufg.2
Aufgaben der Personalplanung:
Bedarf ermitteln;
Beschaffung vornehmen;
Einsatz planen;
Entwicklung planen;
Kosten ermitteln und einhalten;
Anpassung vornehmen.

Ziele der Personalplanung
Analog zu den allgemeinen Zielen der Beschaffung hier:
Personal in der richtigen Menge und Qualität am richtigen Ort zum richtigen Zeitpunkt zu geringsten Kosten.

Rahmenbedingungen: Demographischer Wandel
2014 Herbst Aufg.1a
Rückgang der Bewerbungen auf Ausbildungsplätze
Mangel an Fachkräften
Erhöhung des Altersdurchschnitts der Belegschaft (Ausscheiden von Mitarbeitern aus Altersgründen; Verlust von Erfahrung)

Vorteile der Personalplanung bzw. internen Personalentwicklung
- für Unternehmen:
geringere Abhängigkeit vom externen Arbeitsmarkt
Reduzierung von Zeitbedarf und Kosten bei Personalsuche
höhere Motivation der Mitarbeiter
Vermeiden von Ausfallzeiten durch Personalmangel

- für Mitarbeiter:
persönliche Entwicklungsmöglichkeiten
Sicherung des Arbeitsplatzes
Klarheit über Aufstiegschancen
Gefühl größerer Anerkennung.

6.1 - 6.3 Personalbedarfsplanung

Berechnung Personalbedarf
2012 Herbst Aufg.3 | 2018 Herbst Aufg.6a + 10

Soll-Stellen + neue Bedarfsstellen − entfallende Stellen
= **Bruttopersonalbedarf**
Ist-Personalstand + Zugänge − Abgänge
= fortgeschriebener **Personalbestand**
Bruttopersonalbedarf − Personalbestand
= **Nettopersonalbedarf.**

Personalbedarf- Arten und Beispiele :
Ersatz-B. − wegen Ausscheiden von Mitarbeitern
Neu-B. − wegen neuer Aufgaben, Anforderungen
Mehr-B. − wegen Arbeitszeitverkürzungen
Reserve-B. − wegen krankheitsbedingter Ausfälle
Nachhol-B. − wegen zuvor nicht besetzter Stellen
Zusatz-B. − wegen kurzfristig steigenden Arbeitsanfalls

Beschaffungszeitraum
Mittel-und langfristig festgelegte Zeiträume für die Planung des Personalbedarfs in Abhängigkeit von vorgesehenen oder erwarteten Veränderungen der internen und externen Rahmenbedingungen.

Methoden der Bedarfsermittlung
2014 Früh Aufg.3a | 2015 Herbst Aufg.3a | 2016 Herbst Aufg.2 | 2017 Herbst Aufg.10
Kennzahlenmethode („deterministisch"):
Ermittlung des bisherigen Personalbedarfs im Verhältnis z.B. zum Umsatz oder Anzahl an Vorgängen oder Verkaufsfläche;

Fortschreibung dieser Kennzahl anhand der Prognose für Umsatz/Vorgänge im Planungszeitraum. Weitere mögliche Kennzahlen: Mehrarbeitsfaktor; Veränderung des outputs pro Zeiteinheit; Entwicklung der Bearbeitungsdauer von Vorgängen.

Schätzverfahren („heuristisch"): subjektive Prognosen der Führungskräfte über den Personalbedarf aufgrund von Erfahrungswerten.

Stellenplanmethode: Ermittlung aus dem Vergleich des Stellenplans der Aufbauorganisation mit dem Stellenbesetzungsplan *(siehe oben Berechnung Personalbedarf).*

Trendextrapolation: Fortschreibung der Entwicklung der Vergangenheitswerte in den Planungszeitraum

Szenariotechnik: Prognose von verschiedenen Entwicklungsvarianten mit einer Bandbreite zwischen „worst case" und „best case".

Arbeitsverhältnisse – Arten
2015 Herbst Aufg.3b | 2016 Herbst Aufg.3
Zur flexibleren Anpassung an den Personalbedarf kommen neben den unbefristeten Arbeitsverhältnissen bzw. als besondere Ausgestaltung von Arbeitsverhältnissen in Frage:
- Leihmitarbeiter von Zeitarbeitsunternehmen;
- geringfügig Beschäftigte (max. 450,- € / Monat, daraus abgeleitet max. Arbeitszeit)
- Aushilfen als Form der Teilzeitbeschäftigung *(s. nachstehende Grafik)*;
- Abrufkräfte, feste Mitarbeiter mit bedarfsorientiert flexibler Arbeitszeitgestaltung.

Befristung § 14 TzBfG

	Schriftformerfordernis	
	keine ordentliche Kündigung ohne extra Vereinbarung	
mit Sachgrund (Abs. 1)		**ohne Sachgrund (Abs. 2)**
Vorliegen eines Sachgrundes	**Voraussetzung** für Wirksamkeit	maximal 2 Jahre maximal 3 Verlängerungen vorher kein Arbeitsverhältnis
mit Zeitablauf oder mit Zweckerreichung + Mitteilung + 2 Wochen	Ende des Vertrages	mit Zeitablauf

Rechtsfolge bei Verstoß gegen eine der Voraussetzungen:
Befristung unwirksam – Arbeitsvertrag damit unbefristet

Vorgehen:
Entfristungsklage beim Arbeitsgericht

6.4 Personalkostenplanung

Bestandteile Personalkosten
2010 Herbst Aufg.6a
Tarifliches Entgelt;
Tarifliche Nebenkosten;
Freiwillige / übertarifliche Zulagen;
Gesetzliche Nebenkosten;
Sonstige Personalkosten.

Tarifbindung
2014 Früh Aufg.4
Verpflichtung aller Mitgliedsunternehmen eines Unternehmerverbandes, mindestens die von diesem Verband vereinbarten tariflichen Vergütungen zu zahlen. – Motive für darüber hinausgehende („übertarifliche") Leistungen können sein:
- Motivation der Mitarbeiter;
- Bindung der Mitarbeiter an das Unternehmen;
- erleichterte Personalbeschaffung;
- Image.

Senkung von Personalkosten
2013 Herbst Aufg.6
Nur möglich, soweit nicht eine gesetzliche oder tarifliche Leistungspflicht besteht, oder durch regelmäßige betriebliche Übung ein Gewohnheitsrecht der Mitarbeiter entstanden ist.

Personalabbau direkt (Reduktion durch Entlassungen) :
Vorzeitiger Ruhestand
Altersteilzeit
Aufhebungsverträge

Personalabbau indirekt (Reduktion ohne Entlassungen):
Abbau von Leiharbeit
Abfeiern von Überstunden
Kurzarbeit
Keine Nachbesetzungen
Keine Verlängerung von Zeitverträgen
Keine Übernahmen Auszubildender

Mögliche Ursachen für Personalanpassung:
- Markt/Konjunktur
- Fusion / Übernahme
- Out-sourcing
- Standortverlagerung
- Insolvenz (Transfer-, Auffanggesellschaften)

Beendigung von Arbeitsverhältnissen
Rechtsgrundlagen: §§ 620 ff BGB; KSchG
Aufhebungsvertrag
Kündigung (Änderungskündigung)
Befristung (nach Zeit oder Zweck)
Zweckbefristung
Anfechtung
Gerichtsurteil
Tod

Entgeltformen
2017 Herbst Aufg.11
Besondere Entgeltbestandteile:
Weihnachtsgeld
Urlaubsgeld
Provisionen
Erfolgsbeteiligung
Sachleistungen

Zeitlohn: Entgeltzahlung nach Zeitdauer (bei Arbeitern Tag, Schicht, Woche; bei Angestellten meist Monat) mit gleich bleibendem Betrag pro Zeiteinheit. Leistungszulagen und leistungsabhängige (Natural-)Komponenten möglich.

Leistungslohn (bei Arbeitern auch Akkordlohn): Entgelt in direkter Abhängigkeit von mengenmäßiger Leistung, was Zählbarkeit der Leistung und bekannte Abläufe voraussetzt.

Vor- / Nachteile: Zeitlohn erfordert keine Leistungsmessung und verursacht keine Einkommensschwankungen, fördert und honoriert aber nicht Leistung.

Freiwillige soziale Leistungen
Verpflegung der Mitarbeiter, Betriebskantine
Sport- und Freizeiteinrichtungen
Kinderbetreuung
Betriebsausflüge

6.5 Personaleinsatzplanung

2013 Herbst Aufg.2
Personaleinsatzplanung als Ergebnis der qualitativen und quantitativen Personalplanung

Richtung der Personalplanung *2014 Herbst Aufg.5b*
Nachfolgeplanung: frühzeitige Vorbereitung der internen Besetzung einer frei werdenden Stelle.
Laufbahnplanung: Vorbereitung von Nachwuchskräften auf Führungsaufgaben durch geplante „Karriere", gezielte Förderung und Beförderung. - *2012 Herbst Aufg.3*

Personaldisposition *(2016 Herbst Aufg.4a)*
Kurzfristig = vorübergehende Zuordnung
Mittelfristig = grundsätzliche Zuordnung
Zielsetzung: Sichern der Mindestbesetzung und Anpassung der aktuell verfügbaren Kapazitäten an die betrieblichen Erfordernisse.

Arbeitszeitmodelle *2015 Früh Aufg.1*
Grundsätzliche Regelung für die Verteilung der zu leistenden Arbeitszeit.
Vollzeit: tariflich vereinbarte oder gesetzlich geregelte (Wochen-) Arbeitszeit.
Teilzeit: auf Vollzeitvolumen bezogene geringere Beschäftigung.
Gleitzeit: bei Festlegung einer Kernzeit freie Gestaltung der Arbeitszeit vorher und/oder nachher in einer vereinbarten Bandbreite.
Rollierende Arbeitszeit: nach vereinbartem Schema Wechsel der arbeitsfreien Wochentage.

7. Qualifizierung

Viele Überschneidungen mit Kap. 10!

Personalentwicklung *2014 Herbst Aufg.5a*
Gewollter und geplanter langfristiger Prozess der Erhaltung und Weiterentwicklung der Kompetenzen der Mitarbeiter in Übereinstimmung mit der Organisationsentwicklung und bevorstehenden Anforderungen.

Ziele der Personalentwicklung – s. Kap. 10

Kompetenzen von Mitarbeitern zu entwickeln:
- Fachkompetenz;
- Sozialkompetenz;
- Persönliche Kompetenz.

2013 Früh Aufg.5a
Motivation der Mitarbeiter für Qualifizierungsmaßnahmen:
- Einbeziehung der Mitarbeiter in Planung des Angebots;
- einzelne Personalentwicklungsgespräche führen;
- aufgeschlossenere Mitarbeiter als Multiplikatoren gewinnen;
- Maßnahmen und Ziele transparent kommunizieren.

7.1 Weiterbildungsbedarf

Methoden zur Feststellung des Qualifizierungsbedarfs
2009 Früh Aufg.1a | 2010 Früh Aufg.1a | 2010 Herbst Aufg.1a | 2015 Herbst Aufg.6 | 2018 Früh Aufg.9

- Mitarbeitergespräch / Beurteilungsgespräch *(s. Kap. 3)*;
- Assessment-Center *(s. Kap.5.1)*;
- Potentialanalyse *(s. Kap. 2.1)*;
- Auswertung von betrieblichen Kennziffern;
- Analyse der Personalunterlagen.
- Stellenbeschreibungen frei werdender Stellen;
- aktuelle und vergangene Ausschreibungen;
- Personalbedarfsmeldungen von Führungsstellen.

Planung der Personalentwicklung
Vorgesetztenbeurteilung
Beurteilungs- /Entwicklungsgespräche
Assessment-Center *(s. Kap. 7.4)*

Potenzialanalyse
2013 Herbst Aufg.2
Systematische Erfassung von Stärken, Schwächen und speziellen Eigenheiten der Mitarbeiter unter dem Aspekt, eine objektive Basis für den Einsatz passender Maßnahmen der Personalentwicklung zu gewinnen und/oder eine Beurteilungsgrundlage für die interne Beförderung.
Einheitliches Schema mit Aufstellung von verschiedenen Anforderungen bzw. Eigenschaften zur Bewertung auf normierter Skala; zugleich Basis für die Erstellung eines (graphischen) Profils und einen Vergleich der Entwicklung im Laufe der Zeit.

7. Qualifizierung

Informationsquellen:
- Beurteilungsgespräch;
- Assessment-Center;
- Personalakte;
- Testverfahren.

Bewertungsfelder in Abstimmung mit in gleicher Weise standardisierten Anforderungsprofilen der verschiedenen Stellen und Arbeitsbereiche:
- Fachwissen;
- Flexibilität;
- Belastbarkeit;
- Teamfähigkeit;
- kommunikative Kompetenzen;
- Gewissenhaftigkeit, Genauigkeit.

Kontrolle der Personalentwicklung
2014 Früh Aufg.4c
Beurteilungsgegenstand kann sein die Effizienz und/oder Effektivität von Entwicklungsmaßnahmen.
Effizienz: wirtschaftlicher Aspekt; Veränderung des quantifizierbaren Verhältnisses von Ertrag zu Aufwand im Sinne des ökonomischen Prinzips.
Effektivität: pädagogischer Aspekt; Erreichen des vorgegebenen Lernziels.

7.2 Qualifizierungsmaßnahmen

Methoden der Personalentwicklung
(s. im Detail Kap. 10!)

Themen der Weiterbildung
2017 Herbst Aufg.9b
Insbesondere für Mitarbeiter im Verkauf kommen in Frage:
- Warenkunde;
- Visual Merchandising;
- Kundenorientierung;
- Kommunikationstraining.

Externe Bildungsmaßnahmen
In Abgrenzung zu „intern": räumlich außerhalb des Unternehmens und von nicht zum Unternehmen gehörenden Anbietern durchgeführt. Unklar bleibt die Einordnung einer im Unternehmen durchgeführte Maßnahme mit einem externen Referenten. – Beispiele: Seminare; Kurse; work-shops; Konferenzen; Vorträge.
Planung, u.a. von:
- Schulungszweck
- Seminarinhalte
- Auswahl der Teilnehmer
- Budget
- Umfang der Maßnahme

Auswahlkriterien
2009 Herbst Aufg.5 | 2017 Früh Aufg.6
- Referenzliste
- Qualifikation der Dozenten
- Nachweis der eingesetzten didaktischen Methoden

7. Qualifizierung

- Technische Ausstattung
- Professionelles Qualitätsmanagement
- Preis-Leistungs-Verhältnis
- Räumliche Nähe
- Nebenkosten für Anfahrt, Übernachtung, Verpflegung
- Niveau, Tauglichkeit der Unterlagen
- Einstufungstests vor den Maßnahmen
- Unterstützung bei Umsetzung nach der Maßnahme
- Testat, Prüfung, Zeugnis am Ende der Maßnahme.

Kosten
- Seminargebühren, Honorare;
- Reise- und Übernachtungskosten;
- Arbeitszeitausfall, Vertretung;
- Arbeitszeit für Vorbereitung.

Interne Maßnahmen
2014 Herbst Aufg.5c
Mitarbeiterentwicklung durch geplante und gezielte Änderungen des Aufgabenbereichs, als **vertikale Laufbahnplanung** verbunden mit Aufstieg in der hierarchischen Aufbauordnung, als **horizontale Laufbahnplanung** durch Wechsel des Aufgabenbereichs auf gleicher Hierarchiestufe.

7.3 Lernprozesse

Lernziele
2012 Herbst Aufg.4a | 2013 Früh Aufg.3
Angabe der zu vermittelnden Fertigkeiten und Kenntnisse. Maßstab für die Lernerfolgskontrolle.

Zielarten
Nach **Detaillierung** der Zielangabe:
Richtlernziel = allgemeine Orientierung über den Gegenstand der Qualifizierungsmaßnahme.
Groblernziel = allgemeine Beschreibung der erwarteten Fertigkeiten.
Feinlernziel = detaillierte Angabe der erwarteten Fertigkeiten incl. Kriterien zur Beurteilung der Zielerreichung.
Nach **Art der Fertigkeit:**
Kognitive Lernziele = Erwerb von Wissen, Erkenntnis, Einsicht;
Affektive Lernziele = Aneignung von Haltung, innerer Einstellung;
Psychomotorische Lernziele = Erwerb von mit Bewegung verbundenen Fertigkeiten als durch Training verinnerlichtes intuitives Wissen.

Lernmechanismen
2009 Herbst Aufg.5b | 2013 Früh Aufg.7b+c | 2014 Früh Aufg.1b+c
Lernhemmungen
Prüfungsangst, Stress;
Übermüdung, falscher Bio-Rhythmus;
Psychische Überforderung;
Private Probleme;
Motivationsschwäche.

7. Qualifizierung

Lerntypen
2009 Früh Aufg.6 | 2013 Herbst Aufg.1
In der Lernforschung die (umstrittene) Unterscheidung, durch welche Sinneswahrnehmungen Informationen am besten gemerkt werden.
Auditiv: akustische Wahrnehmung; durch Zuhören, lautes Vorsprechen bzw. Wiederholen.
Visuell: optische Wahrnehmung; durch Lesen, Betrachten von Grafiken, Mindmaps.
Haptisch: durch Berühren bzw. allgemeiner das in Kontakt kommen und mit Bewegung Verbinden.
Kommunikativ: durch Gruppenarbeit, gemeinsames Lernen.

Dreispeichermodell des Gedächtnisses
2014 Früh Aufg.1a
Ultra-Kurzzeitspeicher
flüchtige und vorübergehende Wahrnehmung von Sinneseindrücken, die unmittelbar durch nachfolgende neuere Eindrücke verdrängt wird.
Kurzzeitspeicher
vorläufige Speicherung von Sinneswahrnehmungen zur weiteren Verarbeitung, die jedoch ohne Verknüpfung zu anderen Wahrnehmungen nach Minuten wieder gelöscht wird.
Langzeitspeicher
Ablage von Informationen auf Dauer, sowohl zur aktiven Nutzung als auch für einen schwerer zugänglichen passiven Teil.

Gehirntraining
Informationen / Dokumente: Originale und (fehlerhafte) Kopie vergleichen;
Doppelnennungen in Aufzählungstexten finden;
Begriffe in alphabetische Reihenfolge sortieren;
Textabsatz in einem Satz zusammenfassen.

Mindmap
2012 Herbst Aufg.2
Grafische Darstellung der Struktur eines komplexen Themas durch Visualisierung der Abhängigkeiten und Zusammenhänge mit Hilfe von Feldern, die durch Verbindungslinien zu Hauptästen, Nebenästen und Zweigen verbunden werden.

7.4 Erfolgsmessung

Erfolgskontrolle:
2012 Herbst Aufg.6b | 2013 Früh Aufg.5c
Soll-/Ist-Vergleich von Lernzielen und Lernerfolg;
Evaluation (*siehe unten*) durch Teilnehmer während und nach der Maßnahme;
Vergleich von Arbeitsergebnissen vor und nach der Maßnahme;
Beurteilungsgespräche.
Befragung der Teilnehmer;
Auswertung von Beurteilungsbögen der Teilnehmer;
Durchführen eigener Tests;
Beobachtung über einen längeren anschließenden Zeitraum mit abschließender Bewertung.

Evaluation
Methode zur Bewertung und Überprüfung von Projekten und Maßnahmen, insbesondere bei Seminaren und Schulungen. - Kriterien einer Evaluation von Weiterbildungsmaßnahmen sind:
- Zufriedenheit der Mitarbeiter mit der Weiterbildung
- Lerngewinn (Wissenstest am Ende der Weiterbildung)
- Verhaltensveränderungen am Arbeitsplatz (Transfererfolg)
- Leistungssteigerung (Unternehmenserfolg).

8. Personalkennziffern

Ziele des Personalcontrollings
Kontrolle durch Soll-Ist-Analysen, Vorschläge zur Reaktion auf Abweichungen.
Planung durch Abschluss der Planungsprozesse, Festlegung von Methodik und Unterlagen.
Koordination durch Abstimmung der Prozesse zwischen verschiedenen betrieblichen Funktionsbereichen.
Information durch Planung und Kontrolle der Informationsströme und – Prozesse.

Personalkennziffern
2018 Herbst Aufg.7
Quantitative: mit messbaren Daten verbunden, beispielsweise Durchschnitt Fehltage / Mitarbeiter, Fluktuationsquote = Anzahl der Eigenkündigungen/Anzahl der Mitarbeiter.
Qualitative: Merkmale betreffend und nicht direkt messbar, beispielsweise Mitarbeiterzufriedenheit, Grad der Motivation, Bereitschaft zur Übernahme von Verantwortung.

Qualitative Aspekte des Personalcontrolling
Nur indirekt messbar; zu ermitteln über Befragungen, Bewertungen und durch Interpretation der Kennzahlen:
- Mitarbeiterzufriedenheit (z.B. anhand Fluktuationsquote)
- Motivation (Entwicklung von Kennziffern wie Umsatz / Mitarbeiter.

8.1 Personalinformationssysteme

2016 Herbst Aufg.4

Informationssysteme, die verschiedene mitarbeiterbezogene Informationen aus unterschiedlichen Dateien und evtl. auch verschiedenen Datenbanken verknüpfen und unter einer Oberfläche zugreifbar machen.

Weitere traditionelle Informationsquellen sind die Personalakten und andere schriftliche Unterlagen (z.B. Briefe von Kunden mit Bezug auf Mitarbeiter).

Daten
In diesem Zusammenhang von Bedeutung können sein:
- quantitative Daten wie Umsatz oder Kunden oder Abschlüsse pro Mitarbeiter;
- qualitative Daten wie Beurteilungen, Zwischenzeugnisse, Ausbildung und andere Abschlüsse;
- Ereignisdaten wie Fehlzeiten, Krankheitstage, Arbeitsunfälle.

8.2 Personalkennziffern

Personalstatistik: Fluktuationsrate
2010 Früh Aufg.7
Als Quote das Verhältnis der Zahl der Abgänge von Mitarbeitern zum durchschnittlichen Mitarbeiterbestand; kann als Indiz gesehen werden für zunehmende Unzufriedenheit der Mitarbeiter und/oder mangelndes Vertrauen in die Sicherheit des Arbeitsplatzes. Zur besseren Aussagefähigkeit sollten dabei allerdings nur die Abgänge berücksichtigt werden, die durch die freiwillige Kündigung von Mitarbeitern zum Wechsel in ein anderes Unternehmen erfolgten.

Kennzahlen: Personalkostenarten
Lohnkosten (Zeitlöhne; Akkordlöhne)
Gehaltskosten (tarifliche; außer-tarifliche)
Lohnzusatzkosten (gesetzliche; tarifliche; betriebliche)
Personalkosten für Beschaffung, Verwaltung, Entwicklung.

Strukturdaten
siehe Formelsammlung S.71
Durchschnittsalter
Durchschnittliche Betriebszugehörigkeit
Fluktuationsquote = ersetzte Abgänge x 100 / durchschnittlichen Personalbestand
Überstundenquote = Überstunden x 100 / Sollarbeitsstunden
Krankenstandsquote = Anzahl der Krankheitstage x 100 / Summe Sollarbeitstage
Fehlzeitenquote = Anzahl Fehltage x 100 / Sollarbeitstage.

8.3 Balanced Scorecard

2014 Herbst Aufg.3
Konzept innerhalb eines integrierten Managementsystems zur Dokumentation der Ergebnisse von Maßnahmen nach vier Perspektiven gleichzeitig:
– **Finanzperspektive**; Wirkung auf finanzwirtschaftliche Kennziffern.
– **Kundenperspektive**; Wirkung auf Kundenzufriedenheit, gemessen z.B. an Reklamationsquoten.
- **Mitarbeiterperspektive**; Auswirkung auf Mitarbeiterqualifikation, Mitarbeiterzufriedenheit, gemessen z.B. an Fehlzeiten, Fluktuationsquote.
- **Prozessperspektive**; Erfassen des Aufwands von Abläufen im Hinblick auf Verbesserungsmöglichkeiten.

9. Entgeltsysteme

9.1 Grundsätze der Entgeltfindung
2012 Herbst Aufg.5 | 2015 Herbst Aufg.1a

Gehaltsgruppen
Zuordnung von Stellen bzw. den diese Stellen kennzeichnenden Funktionen in Tarifverträgen zu Klassen mit einheitlichen Gehältern, meist innerhalb der Klassen weiter abgestuft nach Tätigkeits- bzw. Berufsjahren. Üblich: Zuordnung ungelernter Mitarbeiter in Gruppe I, mit Berufsausbildung in Gruppe II, mit Zusatzqualifikation, und/oder zusätzlichen Befugnissen / Aufgaben Gruppe III, Leitungstätigkeiten in Gruppe IV.

Tarifvertrag
2011 Früh Aufg.7 | 2012 Früh Aufg.5
Vereinbarung zwischen dem für eine Branche zuständigen Arbeitgeberverband und der entsprechenden Arbeitnehmerorganisation (Gewerkschaft) über die Struktur der Vergütung (Gehaltsgruppen) und deren Höhe. Gültigkeit: nur für die Mitglieder der den Tarifvertrag vereinbarenden Organisationen.

Mindestlohn
Gesetzliche Festlegung einer Mindestvergütung für alle Mitarbeiter einer abgegrenzten Branche, unabhängig auch von bestehenden Tarifverträgen und deren Gültigkeit.

9.2 Entgeltformen
2011 Früh Aufg.6 | 2013 Früh Aufg.4

Zeitlohn
leistungsunabhängige Bezahlung nach Dauer der Anwesenheit; evtl. zuzüglich einer leistungsabhängigen Komponente (Prämie für bestimmte Einzelverkäufe)
Leistungslohn *2015 Herbst Aufg.1c*
Abhängigkeit des Entgelts von der tatsächlichen Arbeitsleistung; z.B. Akkordlohn, Prämienlohn. Häufig Kombination aus leistungsunabhängigem Bestandteil (**Fixum**) und Provision.

Lohnform	Vorteile	Nachteile
Zeit	Einfach; stressfrei	Nicht motivierend; ungerecht
Leistung	Motivierend; gerecht	Belastend; evtl. Qualitätsmängel

Sonderformen
Prämien *(2015 Herbst Aufg.1b)*
zusätzliche Zahlungen für den Verkauf bestimmter Artikel, das Erreichen vereinbarter Ziele
Umsatzprovision = Sonderzahlung im Verhältnis zum Umsatz (des Mitarbeiters; der Gruppe; des Unternehmens)
Cafeteriasysteme = individuelle Auswahlmöglichkeit aus einem Paket angebotener Sozialleistungen des Unternehmens.

Änderung der Entlohnungsform
Einvernehmen zwischen Arbeitgeber und Arbeitnehmer erforderlich; Abschluss eines Änderungsvertrages; Aussprechen einer Änderungskündigung.

9. Entgeltsysteme

Personalnebenkosten
Arbeitgeberanteile zu Sozialversicherungen, Unfallversicherung, Entgeltfortzahlung, gegebenenfalls freiwillige Leistungen wie Urlaubs-und Weihnachtsgeld.

9.3 Freiwillige soziale Leistungen
2011 Früh Aufg. 7b

Leistungen, die der Arbeitgeber zusätzlich zur vertraglich bzw. tariflich vereinbarten Arbeitsvergütung gewährt; z.B.:
- Verpflegung der Mitarbeiter, Betriebskantine
- Sport- und Freizeiteinrichtungen
- Kinderbetreuung
- Betriebsausflüge.

Cafeteria-System
2012 Früh Aufg. 3
Mitarbeiter können aus einem Spektrum angebotener Sozialleistungen im Rahmen gegebener Budgets (oft: Punktesysteme) eine individuelle Auswahl treffen.

10. Weiterbildung – Teams – Mitarbeitergespräche

10.1 Organisations- /Personalentwicklung
Ziele
Erhöhung der Leistungsfähigkeit der Mitarbeiter;
Ausschöpfung des Leistungspotentials;
Förderung der Leistungsbereitschaft;
Förderung intrinsischer Motivation;
Stärkung der Identifikation mit dem Unternehmen;
geringere Fluktuationsrate.

Organisationsentwicklung
2014 Früh Aufg.4a | 2016 Früh Aufg.2b
Gewollter und geplanter langfristiger Prozess der Veränderung einer gesamten Unternehmensorganisation zu höherer Effektivität und Anpassung an geänderte Anforderungen. – Nur zu erreichen in Verbindung mit gleich gerichteter Personalentwicklung *(Kap.6.2)*.

Mögliche Gründe und Ziele
Anforderungen von Kunden
Wandel in der Kundenstruktur
Anpassung an Marktbedingungen
Erlangen eines Wettbewerbsvorteils
Marketingmaßnahmen
Werteveränderungen
Globalisierung
Änderung der Rechtsgrundlagen
Qualitätsverbesserung
Prozessoptimierung
Kostenreduktion

Phasen der Organisationsentwicklung

1. Unfreezing (" Auftauen"):
Durch ständige Wiederholung selbstverständlich gewordene Abläufe werden zuerst bewusst gemacht, dann in Frage gestellt. Aus Analyse dieser Ist-Situation werden neue Soll-Zustände erarbeitet und durch argumentative Information die Bereitschaft zur Veränderung geweckt.

2. Moving („Bewegen")
Herausbildung neuer Verhaltensweisen und Abläufe. Zunächst Absinken der Produktivität durch Unsicherheit und mangelnde Routine. Einsicht und Akzeptanz wachsen mit.

3. Refreezing („Einfrieren")
Die Neuerungen werden selbstverständlich. Mit der Neugewinnung von Routine erreicht die Effizienz ein höheres Niveau als zu Beginn der Organisationsentwicklung.

Ursachen für Widerstände:
- generelle Angst der Menschen vor dem Unbekannten;
- Angst vor Überforderung;
- Bequemlichkeit;
- Furcht vor dem Verlust von Privilegien.

Vorbeugende Maßnahmen:
- Umfassende und rechtzeitige Information;
- Einbeziehung von Meinungen und Vorschlägen;
- Kommunikation der Motive und Vorteile.

Lernende Organisation – Ziele und Voraussetzungen:

Veränderungs-/Verbesserungsbereitschaft aller Mitarbeiter
Kritikfähigkeit und Objektivität auf allen Ebenen
Hohe Lernbereitschaft
Offene sachliche Kommunikation
Systematische Erfassung und Weitergabe von Wissen
Stete Motivation zur Optimierung von Prozessen.

Ziele der Personalentwicklung
2016 Früh Aufg.2b
Unternehmenssicht:
- parallel zur Organisationsentwicklung Schaffen der Fähigkeiten der Mitarbeiter, die daraus resultierenden Anforderungen zu erfüllen;
- Nachwuchsförderung zur Verringerung der Abhängigkeit vom externen Arbeitsmarkt;
- Verbesserung des Betriebsergebnisses durch Kostensenkung und/oder Umsatzsteigerung dank effektiverer Arbeit;
- Erfüllen der Anforderungen von Kunden;
- Erfüllen geänderter rechtlicher Vorschriften.

Mitarbeitersicht:
- persönliche Weiterentwicklung;
- verbesserte Aufstiegsmöglichkeiten;
- Einkommensverbesserung;
- Sicherung des Arbeitsplatzes.

Maßnahmen nach Verhältnis zur Berufsausübung:
Vorbereitend: Ausbildung; Praktika; Trainee-Programm.
Begleitend: Qualifikationsmaßnahmen zur
- **Anpassung** an (gestiegene oder veränderte) berufliche Anforderungen;
- **Erhaltung** beruflicher Fertigkeiten;
- **Erweiterung** der Fähigkeiten und Kenntnisse;
- Befähigung für einen beruflichen **Aufstieg**.

Verändernd: Vorbereitung auf eine andere berufliche Tätigkeit, Umschulung.

Nachfolgeplanung
In der Personalplanung die frühzeitige Vorbereitung der internen Besetzung einer frei werdenden Stelle, v.a. durch Qualifizierungsmaßnahmen für den Nachfolger; hier kommt v.a. Coaching *(s. nächstes Kap.)* in Frage.

10. Weiterbildung – Teams – Mitarbeitergespräche

Laufbahnplanung
In der Personalentwicklungsplanung die Vorbereitung von Nachwuchskräften auf Führungsaufgaben durch geplante „Karriere", gezielte Förderung und Beförderung. Die „klassische" Zielsetzung eines Aufstiegs in der Hierarchie wird auch als **„vertikale"** Laufbahnplanung bezeichnet. Die wachsende Bedeutung von Teamarbeit in flachen Hierarchien erfordert dagegen zunehmend eine **„horizontale"** Laufbahnplanung, die v.a. auf Erweiterung der fachlichen und persönlichen Kompetenzen zur Qualifizierung für neue und anspruchsvollere Aufgaben gerichtet ist.

10.2 Trainingsmethoden

Training Maßnahmen - *2012 Herbst Aufg.6a*
On the job = am Arbeitsplatz
Off the job = außerhalb des Arbeitsplatzes; extern
Near the job = im Unternehmen, aber nicht am Arbeitsplatz
Along the job = berufsbegleitend
Into the job = Einarbeitung

Training on the job - *2014 Früh Aufg.6*
Einsatz für besondere / zusätzliche Aufgaben; Übergabe von erweiterter Verantwortung und Eigenständigkeit.
Voraussetzungen:
- Motivierbarkeit;
- Bereitschaft zu Eigeninitiative;
- fachliche und persönliche Mindestvoraussetzungen;
- Fähigkeit zu Objektivität;
- ausreichende Unterrichtung und Einweisung;
- vereinbarte Regeln für (Selbst-)Kontrolle.
Ziele:
- Motivation der Mitarbeiter;
- Bindung an das Unternehmen;
- Förderung der beruflichen und persönlichen Entwicklung;
- frühzeitige Potentialanalyse.

Förderung innerbetrieblich
2010 Früh Aufg.1b | 2011 Herbst Aufg.6
Job-Rotation (= Wechsel der Arbeitsplätze)
Vorteile: Neue Perspektiven; besseres Verständnis für Zusammenhänge. - Nachteile: Einarbeitungszeit; Unruhe durch Veränderung
Job-Enlargement (= Erhöhung der Aufgabenmenge auf gleichem Niveau)

Vorteil: Motivation durch Herausforderung. - Nachteil: Wahrnehmung als Mehrarbeit
Job-Enrichment: (= „Anreicherung" der Aufgaben; Erhöhung des Anspruchsniveaus)
Vorteil: größere Entfaltungsmöglichkeiten; interessantere Herausforderung. - Nachteil: Überforderung.

Trainee Programm
Einarbeitungsprogramm für besonders (akademisch) qualifizierte neue Mitarbeiter mit der Perspektive auf Führungspositionen, bei dem einerseits der Trainee auf eigene Erfahrung und Beobachtung gestützte Kenntnisse vieler für seine künftige Tätigkeit relevanten Bereiche erhalten soll, andererseits das Unternehmen konkrete Rückschlüsse auf geeignete Einsatzfelder ziehen kann.

Coaching
2009 Früh Aufg.1b | 2014 Früh Aufg.2b
Individuelle Beratung / Betreuung zur Förderung und Entwicklung der individuellen Leistungsfähigkeit und Kompetenzen.
Regeln: einschlägige praktische Erfahrung des Coachs; strenge Vertraulichkeit zwischen Coach und Mitarbeiter, Schweigepflicht für Coach auch gegenüber Geschäftsführung etc.; Coach „serviert" keine Lösungen, sondern motiviert zur erfolgreichen Selbstanalyse und Lösungsfindung.

Mentoring
2011 Früh Aufg.2 | 2014 Früh Aufg.2b
Weitergabe von fachlichem Wissen und/oder methodischen Kenntnissen durch einen erfahrenen Mitarbeiter (**Mentor**) zur Förderung eines jüngeren bzw. neuen Mitarbeiters (**Mentee**). Zugleich Sicherung des impliziten Wissens älterer Mitarbeiter für das Unternehmen. Besonders geeignet im Zusammenhang mit der Nachfolgeplanung.

10.3 Mitarbeitergespräche

2010 Früh Aufg.2 | 2010 Herbst Aufg.1b + 2 | 2011 Herbst Aufg.1 | 2013 Früh Aufg.4 | 2013 Herbst Aufg.3

Gesprächsführung
Gestaltung eines Gesprächs mit (meist einem) Mitarbeiter durch eine Führungskraft, für die unabhängig vom konkreten Anlass oder Thema (Beurteilungsgespräch; Kritikgespräch; Zielvereinbarung) Gemeinsamkeiten für Regeln und Phasen gelten:

Regeln
2012 Herbst Aufg.5a
Vertraulichkeit („Vier-Augen-Gespräch"); störungsfreie Umgebung; sachliches Verhalten; respektvoller Umgang; aktives Zuhören; Gelegenheit zu Stellungnahmen; zielorientierte Führung; Anstreben einer einvernehmlichen Vereinbarung.

Ablauf eines Mitarbeitergesprächs:
- Kontaktphase (Begrüßung, Gesprächseröffnung; evtl. Einstieg mit Gemeinsamkeiten am Rande des eigentlichen Themas);
- Orientierungsphase (Benennung des Themas und der generellen Zielsetzung des Gesprächs);
- Analysephase (Sichtung der Informationen; Auswertung zur Erarbeitung eines einvernehmlichen Ergebnisses);
- Lösungsphase (Einigung über weiteres auch zeitliches Vorgehen);
- Abschlussphase (Zusammenfassung, Ausblick).

Argumentationsmethoden
2011 Früh Aufg.3b
Behandlungsmethode: jeweils von den Einwänden des Mitarbeiters ausgehend die angestrebte Einsicht begründen.
Motivmethode: zunächst durch Befragung die Motivationslage des Mitarbeiters herausfinden, um dann von den erkannten Motivationen her die Notwendigkeit der angestrebten Einsicht abzuleiten.
Integrationsmethode: den Mitarbeiter vordergründig mehr mit dem zu lösenden Problem konfrontieren mit der Absicht, ihn selbst zu der angestrebten Problemlösung aus eigener Einsicht zu führen.

Anlässe
2009 Herbst Aufg.6 | 2011 Früh Aufg.3a | 2012 Herbst Aufg.5b
- Kritikgespräch (konkreter Anlass; „Vier-Augen-Gespräch"; eindeutige sachliche Benennung der Kritikpunkte; Ziel: Abstellen eines Fehlverhaltens).
- Beurteilungsgespräch (regelmäßig durchzuführen; Selbsteinschätzung abfragen; konkrete Entwicklungsziele vereinbaren).
- Zielvereinbarungsgespräch (Verständigung über einvernehmliche Ziele; Klärung der Voraussetzungen; Vereinbarung von Kontrollen und Prämien).

Kritikgespräch
2012 Früh Aufg.4 | 2016 Früh Aufg.6b | 2018 Früh Aufg.8
Vorbereitung:
Sammeln von Informationen durch Personalabteilung, ggf. direkte Vorgesetzte über familiäre Verhältnisse, beruflichen Werdegang, Persönlichkeitsentwicklung, Stärken und Schwächen, besondere Vorkommnisse, Fehlzeiten; Terminvereinbarung mit zeitlichem Vorlauf, Organisation eines geeigneten

Raums, Organisation einer störungsfreien Situation, Einplanung ausreichenden Zeitfensters.
Ablauf eines Kritikgesprächs (zum generellen Ablauf eines Mitarbeitergesprächs siehe oben):
- Begrüßung, Gesprächseröffnung; Einstieg mit Betonung positiver Aspekte und Gemeinsamkeiten;
- Benennung der konkreten Kritikpunkte, evtl. mit Hinweis auf entsprechende Richtlinien, Regeln und Vereinbarungen;
- Benennung eingetretener negativer Auswirkungen (materielle oder finanzielle Schäden; Beeinträchtigung des Betriebsklimas);
- Gelegenheit zu Stellungnahme des Betroffenen;
- evtl. nähere Aufklärung der Informationen und Umstände;
- Erarbeitung einer einvernehmlichen Vereinbarung über weiteres auch zeitliches Vorgehen, evtl. einschließlich Hinweis auf andernfalls drohender Konsequenzen;
- Zusammenfassung, evtl. Betonung unterstützender Maßnahmen und Angebote, Ausblick; evtl. bereits Vereinbarung eines Folgetermins.

Zielvereinbarung
Einvernehmliche Festlegung eines zu erreichenden Ergebnisses in einem definierten Zeitraum, die zwischen der zuständigen Instanz und einzelnen Mitarbeitern und/oder Gruppen von Mitarbeitern getroffen wird. Die Zielvereinbarung ist wesentlicher Bestandteil von Management by Objectives *(s. Kap. 1.4).* – Für das Zielvereinbarungsgespräch gelten die generellen Regeln der Gesprächsführung mit Mitarbeitern.

10.4 Teamentwicklung

Teams als Leistungs- und Führungseinheiten
2013 Herbst Aufg.1b
„**formelle**" Gruppen = durch Anordnung entstanden; Rangordnung vorgegeben. „Formeller Führer" = eingesetzt.
„**informelle**" Gruppen = durch Gemeinsamkeiten entstanden; Rangordnung nach entstandenen Kriterien. „Informeller Führer" = von Gruppenmitgliedern als Führer angesehen.

Kohäsion *2014 Herbst Aufg.4b*
Zusammenhalt der Gruppe auf der Basis gemeinsamer Normen und Wertvorstellungen; „Wir-Gefühl" von Gemeinsamkeit und Zugehörigkeit. Abhängig von Größe der Gruppe, Kontakthäufigkeit und –dauer, Vorprägung durch frühere Kontakte.

Teamarbeit
2016 Früh Aufg.4a | 2016 Herbst Aufg.1c
Vorteile: Bündelung und Vernetzung von Kenntnissen; gegenseitige Inspiration; Verbesserung des Verständnisses und der Zusammenarbeit über die Phase der Teamarbeit hinaus; Stärkung der sozialen und kommunikativen Kompetenzen der Beteiligten durch Praxis.
Konflikte (siehe auch unten „Konfliktursachen):
Konkurrenz; Überforderung einzelner; Interessenkonflikte.

Phasen der Gruppenbildung:
2016 Früh Aufg.4b | <u>2017 Herbst Aufg.8</u> | <u>2018 Herbst Aufg.8</u>
Phasenmodell nach Tuckman
- Orientierung (**Forming**): Erste Konfrontation mit Aufgabe und Begegnung mit Team
- Konflikt (**Storming**): Rangordnungskämpfe; Konflikte um Stellung, Kompetenzen, Ressourcen;

- Kooperation (**Norming**): Entwicklung gemeinsamer Normen und Werte, Herausbildung eines Wir-Gefühls;
- Integration (**Performing**): Konstruktive Lösung von Problemen, Fokussierung auf Projektaufgabe.

Gruppendynamik
In einer Gruppe durch wechselseitige Beeinflussung („Interaktion") entstehende und/oder verstärkte Prozesse.

Teambesprechungen
Zu beachtende **Erfolgskomponenten**:
- Vorbereitung inhaltlich;
- Vorbereitung organisatorisch;
- Ablauf;
- Nachbereitung;
- Teilnehmerstruktur;
- Moderator

10.5 Projektmanagement

2011 Herbst Aufg.5 | 2012 Herbst Aufg.6
Voraussetzungen für die Tauglichkeit einer Problemstellung als Gegenstand eines Projektes:
- klar abgrenzbare einmalige Aufgabenstellung;
- zeitliche Befristung;
- Thema außerhalb des Tagesgeschäfts;
- Relevanz für das Unternehmen;
- im Unternehmen Kompetenz für Projektorganisation.

Vorteile der Organisation als Projekt:
- Kostenersparnis durch Einsatz eigener Mitarbeiter;
- Generierung neuer Ideen und Sichtweisen durch übergreifende Zusammenarbeit;
- Konzentration der Beteiligten auf Projektziel;
- Entwicklung von Teamfähigkeit;
- positive Wirkung auf Verständnis über Projekt hinaus.

Probleme (Gefahren, Risiken) von Projekten:
- fehlerhafte / unrealistische Zielsetzung;
- unzureichende Mittel / Zeit
- Überforderung (inhaltlich / zeitlich) von Mitgliedern;
- Einflussnahmen von außen / oben;
- Belastung anderer Mitarbeiter durch Freistellungen;
- Probleme der Re-Integration nach Projektende.

Projektorganisation
Die Mitarbeiter im Projekt-Team können je nach zeitlicher Anforderung durch das Projekt entweder ganz oder teilweise von ihren bisherigen Aufgaben frei gestellt werden oder die Projektarbeit zusätzlich bewältigen.
Bei völliger Freistellung: Vorteil der Konzentration auf Projekt, Nachteil des Kontaktverlustes zu Organisation, Isolation des Projekts.

Projektleitung *2014 Früh Aufg.2a*
Verantwortung für Budget, Ressourcenverwendung; Koordination innerhalb des Projekts.
Koordination, Berichterstattung zu auftraggebender Instanz (evtl. in **Lenkungsausschuss** zusammen mit Auftraggeber/Geschäftsleitung).
Überwachung des Terminplans; Erstellen der Berichte.

Anforderungen *s.Kap.1.1 – 2009 Früh Aufg.6*
Führungskompetenzen:
Fachkompetenz
Methodenkompetenz
Sozialkompetenz
Persönlichkeitskompetenz

Phasen
Projektablauf:
1 – Definition des Projektauftrags
2 – Konzeption
3 – Planung Zeit, Ressourcen
4 – Durchführung
5 – Implementierung, Umsetzung
6 – Abschluss, Auswertung

Projektabschnitte
Bei größeren (länger dauernden) Projekten Unterteilung des Projektziels auf zeitlich nacheinander folgende Teilziele, deren Erreichen als **Meilenstein** dient. - Aufgaben beim Erreichen eines Meilensteins:
- Analyse der letzten Phase, Soll-Ist-Vergleiche des Verbrauchs von Ressourcen, der Erreichung von Sach- und Zeit-Zielen;
- Operationalisierung des Plans für die nächste Phase;
- Dokumentation; Berichterstattung an Auftraggeber;

10. Weiterbildung – Teams – Mitarbeitergespräche

- Information unternehmensintern über erreichten Status;
- evtl. Änderungen in der Struktur des Projektteams.

Projektabschluss – Bericht:
- Dokumentation des Ablaufs, insbesondere der Meilensteine;
- Soll-/Ist-Vergleich Zielvorgabe / Zielerreichung;
- Soll-/Ist-Vergleich Ressourcen incl. Zeitplanung;
- Merksätze der zentralen Fehler bzw. Erfahrungen für künftige Projekte;
- evtl. Vermerke hinsichtlich Personalentwicklung.

Projektdreieck *2014 Früh Aufg.2b*
Die Ziele und zugleich Rahmenbedingungen eines Projekts, bestehend aus
- **Sachziel** (was soll errreicht werden?);
- **Terminziel** (bis wann soll es erreicht sein?);
- **Kostenziel** (wie viele Mittel dürfen verbraucht werden?).

Auch als „magisches Dreieck" bezeichnet wegen der wechselseitigen Konflikte (z.B. um das Terminziel zu erreichen Abstriche am Sachziel machen und/oder zusätzliche Mittel einsetzen).

Besetzung von (Projekt-)Gruppen – Kriterien:
- bei zu geringer Anzahl an Beteiligten Gefahr von Überforderung;
- bei zu großer Anzahl an Beteiligten Gefahr von Ineffektivität;
- benötigte Fach- und evtl. auch Leitungs-Kompetenzen;
- zu berücksichtigende Abteilungen, Bereiche;
- persönliche Eignung der Beteiligten nach sozialer und kommunikativer Kompetenz;
- Zeitbedarf; Verträglichkeit mit Aufgaben in der Linienorganisation, Fachabteilung.

11. Kommunikation – Präsentation – Moderation

11.1 + 2. Gesprächsführung
Siehe auch Kap. 10.3

Körpersprache - Regeln *2014 Herbst Aufg.2b*
Dem Gesprächspartner zugewandt; Aufmerksamkeit signalisierende Körperspannung; Sparsamer Einsatz von Handbewegungen („Gestik").

Kommunikationsebenen
2011 Herbst Aufg.1 | 2014 Herbst Aufg.2b | 2015 Früh Aufg.5c
Modell der Vierseitigkeit von Nachrichten (**von-Thun**)
Sachinhalt: konkrete Information;
Selbstoffenbarung: unbewusst mitschwingende Darlegung der emotionalen Befindlichkeit;
Beziehung: durch Sprechweise, Körpersprache, Wortwahl, Mimik beeinflusste Manifestation des Verhältnisses zum andern;
Appell: Aufforderung zu einer Reaktion.

Kommunikationsregeln
2016 Herbst Aufg.3
Aktiv zuhören; non-verbale Zeichen der Aufmerksamkeit geben; positiv sprechen; bei Zweifeln nachfragen; Verallgemeinerungen vermeiden, in Ich-Form sprechen; auf Partner in Wortwahl und Sprechweise einstellen; Ablenkungen und Störungen fern halten, ggf. ignorieren.

11.3 Konfliktmanagement

2017 Früh Aufg.8 – rein fallspezifisch und anwendungsbezogen.

Konfliktarten *(siehe unten)*
Uneinigkeit über
- Zielsetzung (**Bewertungs-K.**)
- Strategie; Wege (**Beurteilungs-K.**)
- Mittelverteilung; Zuordnung von Ressourcen (**Verteilungs-K.**)
- Persönliche Verhaltensweisen (**Beziehungs-K.**)

Konfliktursachen:
Fehlende Kenntnis und Achtung der Arbeit anderer; Abhilfe durch regelmäßige Treffen, Bildung von Teams.
Fehlende Kenntnisse aufgrund mangelnder Information; Abhilfe durch Organisation des Informationsflusses, Durchführung von Workshops.
Fehlende Verständigungsbereitschaft; Abhilfe: gemeinsames Erarbeiten von Kommunikationsrichtlinien, Objektivierung der Vorteile besserer Kommunikation
Unterschiedliche Zielvorstellungen oder Wertebasis; Abhilfe: Erarbeiten gemeinsamer Ziele, Leitsätze; externe Seminare.
Neid, Missgunst, Empfinden von ungerechter Behandlung; Abhilfe: Konfliktgespräch zur Offenbarung der Ursachen; Objektivierung der Beurteilung, Entlohnung.
Zu beachten ist, dass häufig der oberflächlich betrachtet reine Sachkonflikt in Wahrheit nur Vorwand für das Austragen eines tiefer gehenden Beziehungskonflikts ist („Eisbergmodell"). – *siehe auch unten „Konfliktfelder".*

Überwindung von Widerständen gegen Veränderungen
Ursachen für Widerstände:
- generelle Angst der Menschen vor dem Unbekannten;
- Angst vor Überforderung;
- Bequemlichkeit;
- Furcht vor dem Verlust von Privilegien.

Vorbeugende Maßnahmen:
- Umfassende und rechtzeitige Information;
- Einbeziehung von Meinungen und Vorschlägen;
- Kommunikation der Motive und Vorteile.

Rollen *(2013 Herbst Aufg.1a)*
Verhaltensmuster von Individuen innerhalb einer Gruppe („soziale Rolle")
Typologie – Umgang
Außenseiter – integrieren
Informelle Führer – kooperieren
Wichtigtuer – limitieren
Saboteure – isolieren
Clown – ignorieren
Verweigerer – beauftragen
Schüchterner - fördern
Aggressiver Meinungsführer – limitieren
s. auch Kap. 3.2.3

Konfliktfelder
2015 Früh Aufg.5
Zielkonflikt = Uneinigkeit über Ziele; Vorbeugung durch verbindliche eindeutige Zielhierarchie.
Bewertungskonflikt = unterschiedliche Einschätzung der Methoden zur Zielerreichung; Vorbeugung durch Erstellung einer Übersicht aller Möglichkeiten und Erarbeitung gemeinsamer Entscheidungskriterien.

Verteilungskonflikt = Uneinigkeit über Zuordnung monetärer und/oder personeller Ressourcen; Vorbeugung durch frühzeitige transparente Budgetplanung.
Beziehungskonflikte = Uneinigkeit über die Zusammenarbeit; Vorbeugung durch klare Zuständigkeiten und Verhaltensprinzipien.

2014 Früh Aufg.5b
Mediation („Vermittlung")
Sachliche Ermittlung der bestehenden Differenzen durch den Mediator; gemeinsame Analyse mit den Konfliktparteien. Ziel ist ein Konsens zwischen den Parteien.
Vorgehensweise:
- Vorbereitung; der Mediator sammelt und sichtet alle wesentlichen Informationen;
- Gesprächsorganisation; Einladung an alle Beteiligten:
- Stellungnahmen der Betroffenen;
- mit Anleitung des Mediators Suche nach Konsenspunkten;
- Formulierung von Kompromissvorschlägen;
- Treffen einer verbindlichen Vereinbarung.

11.4 Moderation und Präsentation

Moderation
2009 Herbst Aufg.7 | 2012 Früh Aufg.4 | 2013 Früh Aufg.1 | 2014 Früh Aufg.5b

Einsatzgebiete
Konflikte
Ideenfindung
Problemlösung
Gruppenarbeit

Vorbereitung
Rechtzeitige Terminbekanntgabe
Festlegung des (nicht zu großen) Kreises der Beteiligten
Reservierung eines geeigneten (ruhigen) Raumes
Ausschließen von Störungen, Unterbrechungen
Festsetzung und Bekanntgabe des zeitlichen Rahmens
Organisation der erforderlichen Hilfsmittel („Moderatorenkoffer")

Rolle des Moderators
Einhaltung der Kommunikationsregeln sichern
Schaffen und Erhalten einer kreativen Atmosphäre
Fördern der Teilnehmeraktivität
Sammeln von Stichworten und Ergebnissen

11. Kommunikation – Präsentation – Moderation

Phasen
Begrüßung (Hinweis auf Rahmenbedingungen; Kommunikationsregeln)
Einstieg (Einführung in Thema, Problematik)
Themensammlung
Gruppierung der gesammelten Themen
Filtern von Ideen und Setzen von Prioritäten
Ideensammlung zu Umsetzungsmaßnahmen
Abschluss

Fähigkeiten des Moderators
Kommunikative Kompetenz
Integrationsfähigkeit
Empathie (Einfühlungsvermögen)
Durchsetzungsvermögen
Natürliche Autorität
Methodenkompetenz
Sachkenntnis

Kreativitätstechniken *2014 Herbst Aufg.2a*
Brainstorming
Bekannteste Technik, die schöpferische Diskussion durch Vermeiden von Denk- und Sprech-Hemmungen ermöglichen soll. - Durchführung:
1. Vorbereitung (Auswahl der max. 15 Beteiligten nach erforderlichen Kenntnissen; Bestimmen des Moderators; organisatorische Voraussetzungen für ungestörten Verlauf)
2. Durchführung (max. 30 Minuten freier Austausch von Ideen ohne Kritik und Killerphrasen mit konstruktivem Aufgreifen und Weiterspinnen ohne Urheberansprüche)
3. Auswertung (Abklopfen der gesammelten Ideen auf verwertbare oder weiter zu prüfende).

Brainwriting
Variante des Brainstorming, bei der die (meist max. 6) Teilnehmer ihre (möglichst 3) Vorschläge in Stichworten auf ein Formular schreiben, das sie (nach ca. 5 Minuten) im Uhrzeigersinn weitergeben, so dass jeder alle Vorschläge der anderen sieht. Wegen der genannten zahlenmäßigen Vorgaben auch „6-3-5-Methode" genannt.

Mind Mapping
Visualisierung von Strukturen in einem meist baumförmigen Diagramm, das durch die flexible Sammlung und Zuordnung von Stichworten und Ideen auch die Darstellung komplexer Zusammenhänge ermöglicht.

Metaplan-Methode
Verwendung von Pinwänden und (farbigen) Karten zur optischen Darstellung von Vorschlägen, Ideen und Zusammenhängen, die in Gruppenarbeit entstehen.

Präsentation
Grundsätzliches **Vorgehen**:
- **Organisation**: Termin und Zeitraum; Raumreservierung; rechtzeitige vollständige Einladung; Präsentationstechnik; Unterlagen für Teilnehmer, evtl. incl. Bewertungsformulare; Bewirtung; Beteiligte incl. Begrüßung und Schlusswort.
- **Zielgruppenanalyse**: Beschaffen und Auswerten von Informationen über Alter, Herkunft, Interessenlage, Vorbildung, Hierarchiegrad, Zeitbudget und Anzahl der Teilnehmer.
- **Präsentation**: Einleitung mit aufmerksamkeitsstarker These; Hauptteil mit Visualisierung der Struktur des Vortrags; sparsame (graphische) Verwendung von Zahlen; Zusammenfassung als Pointierung im Hinblick auf anschießende Fragen, Diskussion.

11. Kommunikation – Präsentation – Moderation

Inhaltliche Vorbereitung der Präsentation – Fünf-Phasen-Modell:
1. **Sammeln** und Auflisten aller relevanten Informationen;
2. **Analyse** dieser Informationen auf Struktur und gemeinsame Merkmale durch Sortieren;
3. **Gliederung** und Straffung des Stoffs auf einen „roten Faden";
4. **kritische Durchsicht** und Überarbeitung auf Stringenz der Darlegung und Zeitbedarf, Vorbereitung von hand-outs;
5. **Notizen** als Gedankenstützen und für den Vortrag belebende Beispiele, Bonmots etc.

Struktur der Präsentation im einzelnen
Einleitung: max. 15% des Umfangs; kann je nach Anlass und Zielgruppe enthalten:
- Begrüßung (evtl. durch Vorgesetzten als Gastgeber);
- Selbstvorstellung (Name, Funktion, Verhältnis zum Thema)
- knappe Einstiegsthese oder Zitat oder Faktum, evtl. auch als rhetorische Frage zur Bindung der Aufmerksamkeit und Einbeziehung der Zuhörer;
- Formulierung des Themas, evtl. knappe Information über Struktur und Zeitdauer der Präsentation;
- inhaltliche Einführung, Darstellung der Ausgangslage als Hinführung zum Hauptteil.
Hauptteil: vor allem abhängig von der Themenstellung; z.B. Gegenüberstellung von Entscheidungsalternativen: Begründung der Entscheidungskriterien, Erläuterung der Alternativen nach gleichem Schema; oder Vorstellung eines neuen Angebots: Darlegung von Grundnutzen des Angebots, Abgrenzung der Zielgruppe, Begründung von Zusatznutzen für diese Gruppe, Vergleich mit entsprechenden Eigenschaften des Angebots, Ableitung der Grundrichtungen im Marketing-Mix.

Schlussteil: Empfehlung; Zielformulierung; Leitmotto. Dank an die Teilnehmer. – Evtl. durch andere Person: Moderation einer Diskussion; Verabschiedung.

Gestaltungsregeln *2016 Früh Aufg.3b*
Keine langen Texte oder Satzkonstruktionen
Freiraum lassen
Nur ein grafisches Element pro Folie
Sparsam mit Effekten und Farben umgehen
Einheitliche Schriftart verwenden

Auswertung
Bewertungsbögen zur Beurteilung von Inhalt, Nutzen und Form der Präsentation mit Notenskala; direkte Reaktion durch Applaus, Diskussionsbeteiligung; indirekte Reaktion durch spätere Nachfragen, Bestellungen, Kontakte.

12. Arbeits- und Gesundheitsschutz

12.1 Gesundheit der Mitarbeiter

Gesundheitsuntersuchung
2011 Herbst Aufg.3
Nach § 32 JArbSchG erforderliche Untersuchung eines minderjährigen Auszubildenden auf Eignung für den angestrebten Beruf vor dem Beginn der Ausbildung Die ärztliche Bescheinigung muss dem Ausbilder vorgelegt werden. Spätestens ein Jahr nach Beginn der Ausbildung muss die Untersuchung wiederholt werden.

Rauchverbot
2015 Herbst Aufg.7b
Mitarbeiter haben Anspruch auf einen rauchfreien Arbeitsplatz, nicht aber Auf Raucherpausen. Bei Gewähren von Raucherpausen ist die Zeit als unbezahlte Pause zu erfassen. Anhaltende Missachtung des Rauchverbots ist Grund für arbeitsrechtliche Maßnahmen zunächst Abmahnung).

Stress *(auch Kap.2.6)*
Anspannung als Reaktion auf besonders belastende Situationen, die in einem als bewältigbar eingeschätzten und überschaubaren Bereich auch leistungsfördernd wirken kann, darüber hinaus jedoch Blockaden und Krankheiten auslösen kann.

Stressbewältigung *(auch Kap.2.6)*
Entspannung durch Selbstkonditionierung (z.B. autogenes Training; Selbstgespräche), um die auslösende Situation als beherrschbar einschätzen und damit bewältigen zu können.

Resilienz
Widerstandskraft gegen Stress, die psychische Fähigkeit, mit Krisen umzugehen und sie zu bewältigen.

Schuldnerberatung
Finanzielle Probleme von Mitarbeitern, im Extremfall eine Überschuldung, verursachen Leistungsabfall durch die Umlemkung von Energie und Konzentration; in besonderen Situationen können sie die Bereitschaft zu rechtswidriger Vorteilnahme schaffen. Wenn dem Unternehmen das Bestehen einer solchen Situation bei einem Mitarbeiter bekannt wird – beispielsweise durch eine Gehaltspfändung - sollte deshalb das Gespräch mit dem Mitarbeiter geführt werden, um ihn bei der Suche nach einem gangbaren Weg aus der Krise zu unterstützen.

Sportprogramme
Die Leistungsfähigkeit auch bei reinen Bürotätigkeiten hängt direkt auch von körperlicher Fitness ab. Vor allem kann zielgerichtetes Fitnesstraining dazu beitragen, typischen Krankheiten durch Bürotätigkeit vorzubeugen bzw. bereits vorliegende zu mildern und damit Fehltage zu reduzieren. Positiver Nebeneffekt bei Organisation sportlicher Gemeinschaftsveranstaltungen kann die Verbesserung des Betriebsklimas sein.

Eingliederungsmanagement
Die Aufgabe von Führungskräften, insbesondere dem Personalmanagement, Mitarbeiter nach längerer Auszeit (z.B. Erziehungsurlaub) wieder an die Arbeitsbelastung heranzuführen und in die Zusammenarbeit zu integrieren.

12. Arbeits- und Gesundheitsschutz

Ernährungsberatung
Information über gesunde Lebensweise, insbesondere Bereitstellen entsprechender attraktivber Angebote in der Kantine und generell für die Pausenräume; z.b. Ersetzen extrem zuckerhaltiger Getränke in Getränkeautomaten durch Mineralwasser und Obstsäfte.

Suchtberatung
Bei bestehender Abhängigkeit von Mitarbeitern, z.B. Alkoholismus, Unterstützung für die Inanspruchnahme der dafür bestehenden kompetenten Beratungsstellen, ggf. auch von Entzugsmaßnahmen. Dabei ist gleichzeitig zu beachten, dass das Zeigen von Verständnis und Hilfsbereitschaft nicht dazu führt, dass der betroffene Mitarbeiter die Ernsthaftigkeit der Situation, insbesondere die gegebene Gefahr eines Verlustes des Arbeitsplatzes bei wiederholtem Fehlverhalten, verkennt.

12.2 Beruf und Familie

Siehe auch Kap.2.7 – Work-Life-Balance

Kinderbetreuung
Im günstigsten Fall das Bereitstellen von innerbetrieblichen Einrichtungen mit entsprechend qualifiziertem Fachpersonal für die Kinder von Mitarbeiter/innen.

Elternzeit – Wiedereingliederung
Siehe oben Kap. 12.1 - Eingliederungsmanagement

12.3 Arbeitsplatz

Grundlegende arbeitsrechtliche Schutzbestimmungen
2010 Herbst Aufg.6 | 2018 Herbst Aufg.9
Unterschieden wird zwischen dem sozialen (personenbezogenen) und technischen (arbeitsplatzbezogenen) Arbeitsschutz. Der soziale Arbeitsschutz richtet sich an bestimmte gefährdete Personengruppen (Jugendliche, Schwangere), während der technische Arbeitsschutz daran ansetzt, eine von Maschinen und anderen Einrichtungen ausgehende Gefährdung, insbesondere ein Risiko von Arbeitsunfällen soweit irgend möglich auszuschließen. Gesetzlich vorgeschrieben (§12 ArbSchG) sind regelmäßige **Unterweisungen** mindestens einmal im Jahr.

Jugendarbeitsschutz
Unter 15 Jahren ist Arbeit verboten (Ausnahme: kurze, leichte für Kinder geeignete Arbeiten). Arbeitszeit für Jugendliche: max. 8 Std. täglich an 5 Tagen der Woche; Pausen: bei 4,5 – 6 Stunden 30 min; über 6 Stunden 60 min; höherer gesetzlicher Urlaubsanspruch.

Mutterschutzgesetz
Für werdende und stillende Mütter gelten besondere Sorgfaltspflichten für den Arbeitgeber. Keine Kündigung vom Beginn der Schwangerschaft an bis vier Monate nach der Entbindung

Schwerbehindertenschutz
2015 Herbst Aufg.7a | 2018 Früh Aufg.4 + 9
Schwerbehinderung liegt vor bei mindestens 50 % Behinderungsgrad, festgestellt durch das Versorgungsamt; dem ist gleichgestellt ein Behinderungsgrad von min. 30%, wenn der Betroffene ohne diese Gleichstellung keinen Arbeitsplatz erlangen oder behalten würde.

12. Arbeits- und Gesundheitsschutz

Besondere **Fürsorgepflichten** des Arbeitgebers, u.a. bei einer barrierefreien Gestaltung des Arbeitsplatzes. - Ausgleichsabgabe bei zu geringer Beschäftigungsquote von Schwerbehinderten.

Arbeitszeitgesetz *(2016 Früh Aufg.7)*
Nachtschicht = mehr als 2 Stunden zwischen 23.00 und 6.00 Uhr; max. 8 Std. tgl. Arbeitszeit (= 48 Std/Wo wg. Sa = Werktag); max. 10 Std., wenn durchschnittlich max. 8Std./Tag in den letzten 6 Mon. - Keine Sonn- und Feiertagsarbeit (bei Ausnahme immer Ersatzruhetag). - Überstunden bei betrieblicher Notwendigkeit auf Anweisung bis max. 10 Std/Tag

Urlaubsgesetz
2016 Herbst Aufg.6
Urlaub = Freizeit, die zur Erholung bestimmt ist.
Mind. 24 Werktage = 20 Arbeitstage bei 5 Tage-Woche im Kalenderjahr zu nehmen, max. Übertragung bis 31.03. Folgejahr bei betrieblichen oder persönlichen Gründen, muss auf Antrag gewährt werden; bei Krankheit während Urlaub keine Erfüllung.

Teil C – Handelsmarketing

Dieses Fach ist Bestandteil der 2. Teilprüfung zusammen mit dem Pflichtfach „Beschaffung und Logistik" und dem Wahlfach. Dabei sollen für diese beiden Pflichtfächer zusammen drei Stunden Bearbeitungszeit eingeräumt werden. Als **Hilfsmittel** sind Gesetzessammlungen erlaubt.

1. Rahmenbedingungen

Handelsrelevante Trends
2012 Herbst Aufg.4a | 2014 Früh Aufg.2
Zunehmende **Polarisierung** mit steigenden Marktanteilen einerseits für Betriebsformen mit niedrigem Preisniveau (Discounter, Fachmärkte), andererseits für Shoppingcenter, Concept-Stores und Flagship-Stores in 1A-Lagen sowie Factory-outlets der Hersteller. Wachsende Bedeutung von Aktionen und Atmosphäre, Verbindung zu anderen (Freizeit-)Aktivitäten. Wechselnde Orientierung der Käufer je nach Bedarf sowohl an Preis als auch an Qualität, Service, Atmosphäre.

Steigerung der **Verkaufsfläche** des Einzelhandels in den letzten zwei Jahrzehnten um über 50 %; starke Zunahme der Verkaufsfläche von Filialisten bei gleichzeitiger **Konzentration** durch Übernahmen und **Fusionen**. – Gründe u.a.: Überforderung kleiner und mittlerer Betriebe durch Preisdruck, steigende Kundenanforderungen; Probleme mit Nachfolgeregelung bzw. Geschäftsübernahme; demografische Veränderungen in den Zielgruppen.

Folgen: Konzentration bedeutet höheren Anteil weniger großer Betriebe am Gesamtumsatz. Veränderung der Marktform Richtung Oligopol; mögliche Verhaltensweisen der Marktteilnehmer: Verdrängungswettbewerb über aggressive Preispolitik; andererseits auch Gefahr von (illegalen) Absprachen (Kartelle) zur Einschränkung des Wettbewerbs (*s. Kap. 14.*)

Entwicklungen: Grenzen zwischen den traditionell unterschiedenen Betriebsformen verschwimmen; stärkere Einbindung von Herstellern in die Bewirtschaftung der Verkaufsflächen; zunehmende Bedeutung von Franchising.

1. Rahmenbedingungen

1.1 Umfeldentwicklungen

1.1.1 Gesellschaftliche Trends

Anpassungsprozesse – Ursachen
2012 Herbst Aufg.1a | 2015 Herbst Aufg.5
Demografischer Wandel (Veränderungen in der Bevölkerungsstruktur); technologischer Fortschritt; Globalisierung; Wandel der Marktformen; veränderte Kundenansprüche.

„**Verkäufermarkt**" = Nachfrage größer als Angebot; stärkere Marktstellung der Anbieter / Verkäufer.
„**Käufermarkt**"
Angebot größer als Nachfrage; stärkere Marktstellung der Nachfrager / Käufer; Konzentration der Verkäufer auf Kunden statt auf Produkte; wegen Marktsättigung Wecken von Bedarf wichtiger als Decken von Bedarf; große Produktvielfalt zur Abdeckung möglichst aller Kundenwünsche mit im Extremfall die Kunden verwirrender Wirkung; Orientierung der Käufer je nach Produkt sowohl am Preis als auch bzw. alternativ an Qualität, Image.

Veränderungen auf Kundenseite
2016 Früh Aufg.1
Wertewandel: zunehmende Bedeutung von Nachhaltigkeit und sozialer Verantwortung *(siehe Kap.1.1.5)* für Kaufentscheidungen. Verlagerung der Mediennutzung weg von klassischen Massenmedien zu individuell zusammen gestellten Streaming-Angeboten, Veränderung der Kommunikation hin zu sozialen Netzwerken.

1.1.2 Technologische Trends

E-commerce
Übliche Bezeichnung für alle Formen des „elektronischen" Handels, also der Anbahnung und Abwicklung von Verträgen, zumeist Kaufverträgen über Datenaustausch, insbesondere über das Internet. – Dabei wird die Abwicklung solcher Transaktionen über mobile Endgeräte als **m-commerce** bezeichnet.
Im Rahmenplan ist für dieses Thema ein eigenes Kapitel (s.Kap.9) vorgesehen.

Bezahlmethoden
Die in Deutschland besonders lange im Handel mit Endverbrauchern vorherrschende Form der Bezahlung durch Bargeld rangiert inzwischen hinter der Bezahlung mit EC- oder Kreditkarte. Gesetzlich gilt seit 2017 für anonyme Barzahlungen (also ohne Vorlage eines Ausweises) eine Obergrenze von 10.000,- €. Weitere zumindest innerhalb der EG abgestimmte Reduzierungen mit dem Ziel der Abschaffung des Bargeldes sind zu erwarten. Im bargeldlosen Zahlungsverkehr ist die anfangs verbreitete Form des Schecks inzwischen bedeutungslos. Etwa die Hälfte der Transaktionen wird als Lastschrift abgewickelt; wertmäßig entfällt jedoch über 90% des Umsatzes auf Überweisungen. Erwartet wird eine zunehmende Verbreitung von Formen des „mobile payment", insbesondere des kontaktlosen Bezahlens mit Kreditkarte oder Smartphone durch Datenübertragung im Rahmen der „Near Field Communication" (NFC) von einem Chip.
- siehe auch Band „Unternehmensführung", Kap.3.3.3 Organisation Geldfluss

1. Rahmenbedingungen

Produktlebenszyklen
Kürzere Innovationszyklen durch rasche technische Entwicklung, v.a. in Verbindung mit der Digitalisierung bewirken auch eine Verkürzung des Produktlebenszyklus. Damit gewinnen Maßnahmen der Produktvariation in der Reifephase der Produkte („relaunch"; upgrade; face-lifting) an Bedeutung.
- s. Kap. 4.4

RFID
Abk. für **radio-f**requency **id**entification; Übermittlung von Daten im Materialfluss durch Transponder.
Im Rahmenplan zwar hier aufgeführt, aber inhaltlich Thema im Bereich „Beschaffung und Logistik".

1.1.3 Ökonomische Trends

Im Rahmenplan werden hier genannt:
Globalisierung – siehe Kap. 10.3
Monopolisierung – siehe Kap. 10.1

1.1.4 Politisch-rechtliche Entwicklungen

Ladenöffnungszeiten
Gesetzlich geregelte Beschränkungen für die Öffnung von Ladengeschäften, teils aus Gründen des Arbeitnehmerschutzes, teils auch zum Schutz von Sonn- und Feiertagen. Innerhalb dieser Grenzen sind die Öffnungszeiten den Inhabern freigestellt. – In Deutschland sind die Bundesländer für die Regelung zuständig. Für Werktage gelten gesetzliche Ladenschlusszeiten nur noch in vier Bundesländern. Die Öffnung an Sonn- und Feiertagen ist dagegen in allen Bundesländern begrenzt.

Verbraucherschutz
Allg. Grundlage: **Kaufvertrag** BGB §§ 433 ff
Verbrauchsgüterkauf (§§ 474 – 479) = Kauf einer beweglichen Sache durch einen Verbraucher von einem Unternehmer.
Regeln über **Mängelhaftung** können nicht (z.B. durch AGB) ausgeschlossen werden; eine Garantieerklärung zwingend vorgeschrieben.
Gewährleistung: 24 Monate (bei Gebrauchtkauf: 12); Beweislastumkehr für 6 Monate nach Kauf.
Gefahrübergang erst mit Zustellung

Werbeverbote – *siehe Wettbewerbsrecht, Kap.10.1*

1. Rahmenbedingungen

1.1.5 Ökologie und Nachhaltigkeit

Soziale Verantwortung
2013 Früh Aufg.3
Für Image, Öffentlichkeitsarbeit und Kundenbindung zunehmende Bedeutung sozialer und ökologischer Aspekte. – Beispiele: Verpflichtung des Handels, bei Lieferanten auf Einhaltung definierter Standards zu achten; diese können sich beziehen auf ökologische Anforderungen, Arbeitssicherheit, Kinderschutz.

Nachhaltigkeit
2014 Herbst Aufg.1c
Das vor allem in der Forstwirtschaft seit langem geltende Prinzip des Substanzerhalts, nach dem folglich der Verbrauch so begrenzt wird, dass Regeneration auf mindestens gleichem Niveau nicht gefährdet wird (**ökologische N.**)
Im übertragenen Sinne auch gebraucht als
– ökonomische N. = Orientierung auch des erwerbswirtschaftlichen Handelns an dauerhaftem Erfolg;
– soziale N. = Orientierung von politischen Entscheidungen an der Einbeziehung aller Mitglieder der Gesellschaft.

Fairtrade *2014 Herbst Aufg.1*
Von einer Organisation gleichen Namens kontrollierter „fairer Handel" mit Produkten aus Entwicklungsländern. Das Siegel der Organisation bestätigt, dass diese Produkte zu Preisen eingekauft wurden, die für die Hersteller existenzsichernd sind bzw. dass eingesetzte Lohnabhängige unter menschenwürdigen Arbeitsbedingungen beschäftigt und bezahlt werden.

1.2 Stakeholder

Stakeholder
Alle am Unternehmen Interessierten, also außer den Anteilseignern („**Shareholdern**") auch Mitarbeiter, Kunden, Lieferanten, öffentliche Stellen, Medien.
Der sog. „Stakeholder-Ansatz" in der Unternehmensstrategie bedeutet eine stärkere Betonung längerfristiger Aspekte stabiler Beziehungen und eines positiven Ansehens.
Die Orientierung an Stakeholdern hat Bedeutung generell für die Festlegung von Zielen und Strategien, konkret u.a. für die Definition der Zielgruppen von Kommunikationsmaßnahmen.

1.3 Betriebsformen

Verkaufsformen nach Standort:
- stationärer Handel (Ladengeschäft);
- Versandhandel (Verkauf auf Bestellung durch Versand);
- ambulanter Handel (Marktgeschäfte, Hausierer).

Verkaufsformen nach Sortiment u.a.:
- Fachgeschäft (Konzentration auf eine Warengruppe mit vielen Ausführungen);
- Spezialgeschäft (wie Fachgeschäft, jedoch noch engere aber tiefere Sortimentierung);
- Fachmarkt (innerhalb der Spezialisierung breites und tiefes Sortiment mit großer Verkaufsfläche);
- Verbrauchermarkt (breites Sortiment);
- Supermarkt (Verbrauchermarkt mit Sortimentskonzentration auf Nahrungs- und Genussmittel).

1. Rahmenbedingungen

Verkaufsformen nach Bedienung:
- Selbstbedienung (durch den Kunden);
- Vorwahl (freier Zugriff auf Waren durch den Kunden mit Beratungsmöglichkeit durch Verkäufer)
- Bedienung (kein direkter Zugriff des Käufers auf Waren; Verkaufsgespräch).

Unterscheidungsmerkmale
2012 Herbst Aufg.1b | 2013 Herbst Aufg.2
Betriebsgröße (meist nach Verkaufsfläche in qm); Standort; Verkaufsform; Sortiment nach Breite und Tiefe; Preispolitik; Servicepolitik; Warenpräsentation; Ladengestaltung.

Einteilung in **Vertriebsformen** (*nach Handelsverband*):
Fachhandel (nicht-filialisiert) | Filialisten des Fachhandels | Fachmärkte | Kauf-und Warenhäuser | Versender | SB-Warenhäuser | Verbrauchermärkte | Discounter | Supermärkte | traditioneller Lebensmitteleinzelhandel | online-Handel | Convenience-Verkaufsformen *(s.u.)* | ambulanter Handel | Gebrauchtwarenhandel.

Entwicklung der Vertriebsformen seit 1995
Zunahme von Fachmärkten, Discountern, Onlinehandel, Direktvertrieb, die in erster Linie auf Preisvorteile setzen; Abnahme von Fachhandel, traditionellem Lebensmitteleinzelhandel, Versandhandel, Warenhäusern.
Gleichzeitig besonders rasch wachsende Bedeutung von **Shoppingcentern** = Konzentration mehrerer Handels- und Dienstleistungsunternehmen für Privatkunden an einem gemeinsamen Standort mit gemeinsamer Leitung für Technik und Kommunikation.

Betriebsformen – stationärer Handel (Auswahl)
2014 Herbst Aufg.5a | 2015 Herbst Aufg.4

Form	Fläche	Lage	Sortiment	Preise	Beratung
Fachgeschäft	Klein - mittel	zentral	Mehr tief als breit	unterschiedlich	intensiv
Fachmarkt	groß	dezentral	1 Branche tief+breit	einzelne niedrig	fallweise
Kaufhaus	> 3.000m²	zentral	mehrere Branchen	unterschiedlich	fallweise
SB-Verbrauchermarkt	> 3.000m²	dezentral	Tief + breit	niedrig	kaum
Supermarkt	> 400m²	zentral	Lebensmittel	Eher niedrig	SB
Discounter	verschieden	verschieden	Konzentriert	niedrig	nein
Partie-Discounter	verschieden	dezentral	fallweise	niedrig	nein

1. Rahmenbedingungen

Convenience-Verkaufsformen
2017 Herbst Aufg.2
Als C.-Shop, C.-Store bezeichnete kleine Geschäfte, die auf die „Bequemlichkeit" (=convenience) ihrer Kunden setzen, denen sie durch räumliche Nähe und lange Öffnungszeiten entgegenkommen; Konzentration des schmalen Sortiments meist auf Tabakwaren, Getränke, Süßwaren, Grundnahrungsmittel, Fertigprodukte, Zeitschriften. Zielgruppe überwiegend 1- und 2-Personen-Haushalte Berufstätiger.

Rack-Jobber
2013 Herbst Aufg.1c
Großhändler, die im Einzelhandel Regalflächen zur eigenständigen Präsentation auf eigenes Risiko anmieten und selbst bestücken; Inkasso durch Einzelhändler, evtl. mit zusätzlicher Umsatzprovision; Form der vertikalen Kooperation.

1.4 Kooperationen

2012 Früh Aufg.2 | 2013 Herbst Aufg.1 | 2014 Früh Aufg.1 | 2015 Früh Aufg.5a | 2015 Herbst Aufg.1 | 2016 Herbst Aufg.6

Zusammenarbeit von Unternehmen, die je nach Handelsstufe als horizontale, vertikale oder laterale (in Klausuren auch bezeichnet als diagonale, heterogene, anorganische oder konglomerate) Kooperation unterschieden werden kann.

Horizontale Kooperationen: Zusammenarbeit von Unternehmen gleicher Handelsstufe; z. B. als Einkaufsgenossenschaft, um eine stärkere Marktstellung gegenüber Lieferanten zu erreichen; als ERFA-Gruppe, um durch regelmäßigen Austausch von Erfahrungen neue Ideen zu bekommen.

Vertikale Kooperationen: Zusammenarbeit von Unternehmen unterschiedlicher Handelsstufen. ZB zwischen Hersteller und Einzelhändler als Vertragshändler oder in einem Franchise-System; zwischen Großhändler und Einzelhändler als Rack Jobbing *(s.o. Kap.1.3).*

Laterale (auch: diagonale, heterogene, anorganische, konglomerate) Kooperationen: Zusammenarbeit zwischen Unternehmen verschiedener Handelsstufen oder Branchen, z.B. im Bereich der Logistik oder im Marketing für gemeinsame Standortinteressen.

Ziele von Kooperationen
Verbesserung von Einkaufsbedingungen durch größere Marktmacht, z.B. in Folge horizontaler Kooperation Einkaufsgenossenschaften. Optimierung des Kosten-Nutzen-Verhältnisses von Werbeaufwendungen durch Gemeinschaftswerbung *(s.u.)* bei gleichen Zielgruppen.

1. Rahmenbedingungen

Größeres Gewicht bei der Vertretung und Wahrnehmung gemeinsamer Interessen, z.B. beim Standort-Marketing. Schaffung und Herstellung bzw. Einkauf gemeinsamer Handelsmarken.

Gemeinschaftswerbung
2016 Früh Aufg.6a
Im Rahmen von Kooperationen wie z.B. örtlichen Werbegemeinschaften oder auch branchenspezifischen Aktionen durchgeführte Kollektivwerbung mehrerer Unternehmen.

Erfolgsfaktoren für Kooperationen
2016 Herbst Aufg.6c
Verfolgen gemeinsamer Ziele, die auch nur gemeinsam erreicht werden können. Frühzeitige und objektive Offenlegung der Konflikte zwischen Wahrung der Selbständigkeit der Beteiligten und Aufgabe der Selbständigkeit im Bereich der Kooperation. Gute Organisation des Informationsflusses; effiziente Regelung der Entscheidungswege.

Siehe auch Kooperationen im Standort-Marketing, Kap. 3.4

2. Analysen und Strategien

Einordnung der Marketing-Aktivitäten in den Betrieb:
- Fallweise Erledigung durch Verkaufsabteilung
- Stabsstelle beim Verkauf
- Eigenständige Marketing-Abt. neben Verkauf
- Übergeordnete Marketing-Abt.
- Marketing-Management als übergeordnete Aufgabe.

Marketing-Ziele
Ziel = angestrebter Zustand; Formulierung lässt **Strategie** (=Weg zum Ziel) offen.

Zielarten:
quantitativ = unmittelbar in Zahlen auszudrücken; **qualitativ** („psychographisch") = auf Merkmale bezogen, nur auf Umweg in Zahlen auszudrücken.

Zielformulierung:
- lösungsneutral;
- messbar;
- anspruchsvoll, aber realistisch;
- verbindlich und akzeptiert.

Auch als **SMART**-Formel:
Spezifisch (präzise; klar abgegrenzt)
Messbar (quantitative Kriterien auch bei qualitativen Zielen für Soll-Ist-Vergleich, Kontrolle der Zielerreichung)
Attraktiv (auch: akzeptiert; anspruchsvoll)
Realistisch (erreichbar aber „sportlich")
Terminiert (Festlegung eines Zeitrahmens bzw. Zeitpunkts)

2. Analysen und Strategien

Marketing-Ziele– Beispiele:
Ökonomische Ziele (= quantitative Ziele)
- Marktanteil (absolut = gemessen am Marktvolumen; relativ = gemessen am Marktführer);
- Gewinnentwicklung;
- Umsatzziel.

Außer-ökonomische Ziele (= qualitative Ziele)
- Imageverbesserung
- Etablieren in einem bestimmten Preissegment
- Bekanntheitsgrad;
- Kundenzufriedenheit;
- Kundenbindung.

Kundenanalyse - Mögliche Fragestellungen:
- soziodemographische Daten der Bestandskunden und / oder der Zielgruppen (Altersstruktur, Einkommensverhältnisse, berufliche Stellung, Bildungsniveau);
- Kaufabsichten;
- Mediennutzungsgewohnheiten;
- Wertvorstellungen;
- Markenbindung.

Distributionsanalyse
Vergleiche von Absatzwegen unter den Aspekten des Konkurrenzverhaltens, der Kundenakzeptanz, der Kostenstruktur, der Tauglichkeit für die jeweilige Warengruppe, der Flexibilität, der Informationsgewinnung.

Wettbewerbsanalyse
2012 Herbst Aufg.3 | 2016 FrühAufg.2
Mögliche Fragestellungen zur Beurteilung der Konkurrenten: Marktanteile, Preisstrategien, eingesetzte Kommunikationsmittel, Sortimentspolitik, interne Daten (Anzahl Filialen, Verkaufsflächen, Anzahl und Qualifikationsstruktur der Mitarbeiter). – *siehe auch Kap.10.1*

Ist-Analyse / Konkurrenzanalyse:
Abgrenzung der Anbieter als Konkurrenten nach gleicher Zielgruppe und/oder gleichem Nutzenversprechen. Untersuchung u.a. nach deren Stärken / Schwächen, Leistungsprogramm und Portfolio, Marktanteil und seine Entwicklung, Preisniveau und Preispolitik; Verkaufsform; Kommunikationsstil; Werbeverhalten.

Umfeld-Analyse
2012 FrühAufg.5
Mögliche **Einflussfaktoren**:
- gesamtwirtschaftliche Rahmenbedingungen (z.B. Konjunkturentwicklung; Entwicklung der verfügbaren Einkommen);
- rechtliche Rahmenbedingungen (Gesetzesänderungen);
- politische Rahmenbedingungen (Z. B. Exportverbote, Handelsbeschränkungen);
- techn. Rahmenbedingungen (Neuentwicklungen, Patente)

2. Analysen und Strategien

2.1 Marktdaten

2012 FrühAufg.4
Mögliche Fragestellungen *(IHK-Formelsammlung S. 67 f.)*
Marktvolumen = tatsächliche oder erwartete Absatzmenge einer gesamten Branche oder Warengruppe.
Marktpotential = Volumen des Marktes bei Sättigung, also das Produkt aus der Gesamtzahl potentieller Kunden und deren potentieller Kaufkraft für diese Branche oder Produktgruppe.
Marktwachstum = Zunahme des Marktvolumens und/oder Marktpotentials.

Absatzvolumen = tatsächliche oder erwartete Absatzmenge eines einzelnen Unternehmens mit einer bestimmten Produktgruppe.
Absatzpotential = Marktpotential eines einzelnen Unternehmens dieser Branche oder mit dieser Warengruppe.

Marktanteil = prozentualer Anteil des Absatzvolumens am Marktvolumen.
relativer Marktanteil = Verhältnis des eigenen Marktanteils zum Marktanteil des größten Unternehmens

2.2 Marktforschung

Aufgaben der Marktforschung - *2012 Herbst Aufg.5*
Bezeichnung dieser Aufgaben meist als **Funktionen**:
- Entscheidungsvorbereitung;
- Erfolgskontrolle = Beschaffung der erforderlichen Daten für Soll-Ist-Analysen zur Beurteilung des Effekts des Einsatzes von Marketinginstrumenten;
- Frühwarnfunktion = rechtzeitige Entdeckung von Art und Umfang von Marktrisiken;
- Prognosefunktion = Erkennen von Trends, qualifiziertere Abschätzung künftiger Entwicklungen;
- Zielgruppenanalyse = Gewinnen von Daten über (potentielle) Kunden zum effektiven Einsatz der Marketinginstrumente.

Phasen der Marktanalyse:
1. Definition des Informationsbedarfs
2. Design, Organisation und Durchführung
3. Datengewinnung: Durchführung und Datensammlung
4. Aufbereitung und Analyse der Informationen
5. Interpretation und Verwendung der Ergebnisse

Anforderungen an Marktforschung
1. **Objektivität** (Unabhängigkeit): Unabhängigkeit der Ergebnisse des Versuchsvorgangs vom Durchführenden hinsichtlich Durchführung, Auswertung und Interpretation.
2. **Reliabilität** (formale Genauigkeit): Abwesenheit von Zufallsfehlern beim Versuchsverfahren.
3. **Validität** (konzeptionelle Richtigkeit): Gültigkeit der gefundenen Ergebnisse in dem Sinne, dass auch das Untersuchungsobjekt getroffen wurde.
4. **Repräsentativität** (Aussagekraft): Ergebnisse einer Stichprobe dürfen nur mit einer definierten maximalen Irrtumswahrscheinlichkeit vom wahren Wert der Grundgesamtheit, über die sie Aussagen liefern soll, abweichen.

2. Analysen und Strategien

Arten der Marktforschung - nach dem Bezug zur **Zeit**:
Marktanalyse = zeitpunktbezogen; Untersuchung zu einem definierten Zeitpunkt
Marktbeobachtung = Zeitraum bezogen; Untersuchung kontinuierlich über einen längeren Zeitraum
Marktprognose = zukunftsbezogen; auf der Auswertung aus Vergangenheit Daten drohende Aussage über künftige Entwicklungen.

Nach dem **Untersuchungsgegenstand**:
Bedarfsforschung, Verbrauchsforschung, Produktforschung, Konkurrenzforschung.

Nach den **Methoden**:
Primärforschung – Sekundärforschung
2013 Früh Aufg.2 | 2017 Herbst Aufg.4
Primärforschung = erstmalige Gewinnung von Daten, z.B. durch Kundenbefragung, Beobachtung.
Sekundärforschung = Auswertung vorhandener Daten, z.B. interner Buchhaltungsdaten, externer Branchenstatistik, Fachzeitschriften, Statistische Ämter.

Primärforschung (field research)
Vorteile: liefert aktuelle Daten; Frage Stellung kann auf dem Untersuchungsgegenstand abgestimmt werden.
Nachteile: hohe Kosten; großer Zeitbedarf.

Sekundärforschung (desk research)
Vorteile: kostengünstig; Daten schnell verfügbar.
Nachteile: Daten eventuell veraltet; Daten möglicherweise nicht genau zur Fragestellung passend.

Primärforschung: Grundbegriffe
Grundgesamtheit = die gesamte Menge, über die Informationen gewonnen werden sollen.

Vollerhebung = alle Elemente der Grundgesamtheit werden in die Erhebung einbezogen.

Stichprobe = eine Teilmenge wird untersucht, um aus dem Ergebnis Rückschlüsse auf die Grundgesamtheit zu ziehen.

Primärforschung: Erhebungsmethoden
2014 FrühAufg.3a
Vollerhebung bei kleiner Grundgesamtheit, Teilerhebung bei großer Grundgesamtheit.

Auswahlverfahren bei Teilerhebung
Homogene Grundgesamtheit: einfache Zufallsauswahl der Stichprobe („Random-Verfahren").
Heterogene Grundgesamtheit:
komplexe Zufallsauswahl (Klumpenauswahl); bewusste Auswahl (Quotenverfahren).

Methoden der Marktanalyse
2013 Herbst Aufg.5 | 2014 FrühAufg.3c
Beobachtung: planmäßige Erfassung sinnlich wahrnehmbarer Objekte oder Ereignisse in einem genau beschriebenen Untersuchungsbereich unter einem bestimmten Erkenntnisziel zum Zeitpunkt ihres tatsächlichen Geschehens.
Vorteile: unabhängig von Auskunftsbereitschaft; unabhängig von Ausdrucksvermögen; Ermittlung auch unbewusster Sachverhalte.
Nachteile: Nicht auf alle Sachverhalte anwendbar; Fehlinterpretationen möglich; Situation nicht wiederholbar.

Mystery Shopping
Mischform aus „Beobachtung" und „Experiment", bei der dafür geschulte Testkäufer als normale Kunden getarnt auftreten, um das Einkaufserlebnis aus Kundensicht auszuwerten.

2. Analysen und Strategien

Befragung - schriftlich **(Fragebogen)**
2014 FrühAufg.3b
Vorteile: geringere Kosten; Zeit zum Nachdenken für Befragte; keine Beeinflussung durch Interviewer; hohe Anonymität. - Nachteile: keine Hilfe bei Missverständnissen; einfache Gestaltung des Fragebogens erforderlich; keine Kontrolle, wer tatsächlich den Fragebogen ausgefüllt hat; häufig geringe Rücklaufquote; Aufwand bei der Daten-Erfassung.

Online-Befragung *(2016 FrühAufg.3)*
Wie Fragebogen, noch kostengünstiger und schneller. Evtl. noch geringere Rücklaufquote, fehlende Repräsentativität durch Begrenzung auf online-Nutzer, schwierige Beschaffung verwendbarer mail-Adressen.

Interview mündlich; CAPI = Computer Aided Personal Interview. - Vorteile: Einsatz von Hilfsmitteln, Vorlagen möglich; Möglichkeit zusätzlicher Beobachtungen; größere Differenziertheit der Fragen möglich. - Nachteile: teuer; erheblicher Aufwand über Interviewer; großer Zeitraum zwischen Start und Abschluss der Befragung.
Interview telefonisch; CATI =Computer Aided Telefone Interview)
Vorteile: hohe Ausschöpfungsquote; niedrigere Kosten; zeitlich nähere Durchführung. - Nachteile: hohe Verweigerungsquote; erschwerte Stichprobe wegen sinkender Bedeutung der Festnetz-Nummern; geringere Interviewdauer möglich.

Panel
Wiederholte Befragung eines gleichbleibenden Personenkreises über ein gleichbleibendes Thema. - Vorteile: geringere Kosten für Auswahl; geeignet zur Feststellung von Verhaltensänderungen. - Nachteile: Paneleffekt (Gewöhnung der Befragten), Panelsterblichkeit.

2.3 Marktsituation

Portfolioanalyse (BCG = Boston Consulting Group)
2014 Herbst Aufg.7 | 2015 Herbst Aufg.3 | 2018 Herbst Aufg.4
Darstellung der Produkte bzw. Produktgruppen in einem Koordinatensystem aus Relativem Marktanteil (Abszisse) und Marktwachstum (Ordinate). Festlegung der Skala in Abhängigkeit von Extremwerten. Nach Halbierung beider Reihen ergibt sich eine Vier-Felder-Matrix.

Produkt-Portfolio	Marktanteil niedrig	Marktanteil hoch
Marktwachstum über dem Schnitt	Question Marks	Stars
Marktwachstum unter dem Schnitt	Poor Dogs	Cash Cows (Milchkühe)

Normstrategien
Question Marks (Fragezeichen; Einführungs- oder Wachstumsphase): entweder investieren, um den Marktanteil zu erhöhen, oder zurückziehen
Stars (Sterne; Wachstumsphase): investieren, um Position zu ntwickeln bzw. zu verteidigen
Cash Cows (Milchkühe; Reife- oder Sättigungsphase): nur Erhaltungsinvestitionen; Gewinn abschöpfen zur Finanzierung der anderen
Poor Dogs (arme Hunde; Sättigungs- oder Degenerationsphase): entweder eliminieren oder bei positivem Deckungsbeitrag oder wegen Synergieeffekten mit anderen Produkten oder aus Imagegründen am Leben halten.

2. Analysen und Strategien

SWOT-Analyse (Analyse von Erfolgspotentialen)
2017 Früh Aufg.1 | 2018 Früh Aufg.1
Kunstwort aus **S**trengths (Stärken), **W**eaknesses (Schwächen), **O**pportunities (Chancen), **T**hreats (Risiken). Zusammenfassende Betrachtung interner Fähigkeiten (Stärken und Schwächen) und externer Einflussfaktoren (Chancen und Risiken) zur Beurteilung von Strategien vor allem bei Expansionsplänen. Die Darstellung ergibt eine Vier-Felder-Matrix der möglichen Kombinationen dieser Merkmale. - Die jeweils zugehörigen Strategien werden auch nach den Anfangsbuchstaben der Kombination benannt:
- SO-Strategie (interne Stärken / externe Chancen): Chancen nutzen
- ST-Strategie (interne Stärken / externe Risiken): Risiken vorbeugen
- WO-Strategie (interne Schwächen / externe Chancen): Schwächen beseitigen
- WT-Strategie ((interne Schwächen / externe Risiken): unterlassen.

Image-Analyse
Untersuchung der Außenwirkung des eigenen Unternehmens aus der Kundenwahrnehmung; Ermittlung eines Profils (**Polaritätenprofil**) durch Abfrage der Beurteilungen auf einer Skala zwischen gegensätzlichen Begriffspaaren.

2.4 Marketingstrategien

Marketing-Konzeption:
Umfassender Plan von langfristiger Zielsetzung über Strategien bis zum operativen Einsatz der Marketing-Instrumente, der auf Kenntnis der Märkte basiert.
Marketing-Prozess:
Ist-Analyse (Marktforschung; Konkurrenzanalyse) – Prognose – Zielformulierung – Strategieentscheidung – Festlegung Marketing-Mix – Umsetzung – Controlling.

Strategische Geschäftseinheiten und deren Ausgestaltung
Strategische Geschäftseinheit (SGE) = Teilbereich eines Unternehmens, der in einem Marktsegment unabhängig von anderen Teilgebieten der Unternehmung agiert. SGE sind meist mit einer bestimmten Markt-Produkt-Kombination verbunden und für ihr Ergebnis verantwortlich. Mehrere SGE können bei ähnlich gelagertem Marktumfeld auch zu einem **strategischen Geschäftsfeld (SGF)** zusammengefasst werden.

Strategien **Absatzmarkt**
Räumlich: z.B. regional – national – global
Zielgruppen: undifferenziert (= Bearbeitung aller Zielgruppen, damit des Gesamtmarktes); differenziert (= **Segmentierung** des Marktes in unterschiedliche Zielgruppen, die auch mit unterschiedlichen Kombinationen der Marketing-Instrumente angesprochen werden). – *siehe Kap. 2.5*

Strategien **Kundenbeeinflussung**
Preis-Mengen-Strategie = Konzentration auf Niedrigpreise als Kaufargument. - **Präferenzstrategie** = Konzentration auf Qualität, Schaffung von Präferenzen zur Gewinnung von Markenkäufern.

2. Analysen und Strategien

Strategien **Markteintritt**

Pionierstrategie = Erstanbieter eines neuen Produktes; Schaffen eines neuen Marktes.
Imitatorstrategie = Markteintritt erst nach Öffnen des Marktes durch den Pionier.
Späteinsteigerstrategie = Markteintritt erst in der Reifephase.

Ansoff-Matrix 4-Felder-Matrix aus Produkt-Markt-Kombinationen nach den Merkmalen alt/neu.

Produkt/ Markt	alt	neu
Alt	Marktdurchdringung	Marktentwicklung
Neu	Produktentwicklung	Diversifikation

Marktdurchdringung = mit vorhandenem Produktprogramm Maximierung des Marktanteils durch Aktivierung bisheriger Nicht-Kunden und/oder Steigerung des durchschnittlichen Kundenumsatzes und/oder Verdrängung von Konkurrenten.
Marktentwicklung = Erschließung neuer Märkte (neue Regionen und/oder neue Kundengruppen) mit dem vorhandenen Produktprogramm.
Produktentwicklung= auf bereits bearbeiteten Märkten Stärkung der Position durch Erweiterung des Produktprogramms (bzw. im Handel: des Sortiments), z.B. durch Variation vorhandener Produkte..
Diversifikation = Erschließung neuer Märkte mit neuen Produkten / neuem Sortiment. – Richtungen:
Erweiterung des Produktprogramms bzw. Sortiments **horizontal** (= um Produkte auf gleicher Wertschöpfungsstufe) oder **vertikal** (=um in der Herstellung vor- oder nachgelagerte Produkte) oder **lateral** (um völlig andere Produkte).

Beispiel: Fliesenfachgeschäft erweitert sein Sortiment um Tapeten (horizontal), Verlegearbeiten (vertikal nachgelagert) und Kaminholz (lateral). – *siehe auch Kap. 6.5*

Strategien Wettbewerbsverhalten
(gilt für oligopolistischen Markt)
Kooperationsstrategie = Zusammenarbeit zur Marktentwicklung; Abstimmung über gemeinsame Interessen; technische Kooperationen.
Anpassungsstrategie = Ableitung des eigenen Verhaltens aus dem der Wettbewerber oder des Marktführers, entweder imitativ (nachahmend) oder ausweichend als Suche nach Markt-Nischen.
Konfliktstrategie = auf Erhöhung des eigenen Marktanteils gerichtet; Konflikt über Produktinnovation und/oder Preiskampf bis hin zu Verdrängungswettbewerb.

Strategien Wettbewerbsvorteil (nach Porter)
2018 Herbst Aufg.3
4-Felder-Matrix aus der Kombination der Merkmale Leistungs- oder Kostenvorteil einerseits und Grad der Marktabdeckung andererseits mit den Varianten:
- **Qualitätsführerschaft** (Leistungsvorteil + Gesamtmarkt); Unterscheidung von Konkurrenz durch echte Alleinstellungsmerkmale. Voraussetzungen: Kunden entscheiden nach Qualität; Unternehmen verfügt über Qualitätsvorsprung.
- **Preisführerschaft** (Kostenvorteil + Gesamtmarkt); Unterscheidung von Konkurrenz durch Preisvorteile. Voraussetzungen: Kunden entscheiden nach Preis; Unternehmen verfügt über Kostenvorteile.
- Bei Abdeckung nur eines Marktsegments: **Nischenstrategie** als Produkt-Segment-Spezialisierung (Leistungsvorteil) oder Segment-Niedrigpreisstrategie (Kostenvorteil)

2.5 Marktsegmentierung

Marktsegmentierung
2012 Früh Aufg.1a+c | 2013 Herbst Aufg.6 | 2015 Früh Aufg.7a
Aufteilung eines Gesamtmarktes üblicherweise der potentiellen Kunden auf dem Absatzmarkt in verschiedene **Zielgruppen**. - Mögliche Strategien der Marktbearbeitung:
undifferenziert = gleiche Bearbeitung aller Zielgruppen, damit des Gesamtmarktes;
differenziert = Bearbeitung mit unterschiedlichen Kombinationen der Marketing-Instrumente;
konzentriert = Bearbeitung nur einer Zielgruppe, damit eines Teilmarktes.
Merkmale für die Aufteilung können sein:
soziodemographische (Alter, Geschlecht, Familienstand, Einkommensniveau, Haushaltsgröße)
psychografische (Wertvorstellungen, Freizeitinteressen, Lebensstil, Markenbindung)
geographische (Nielsen-Gebiet, Bundesland, Region, Ballungsraum, Stadt)

2.6 Internationalisierung

Globalisierung – s. Kap. 10.3

Interkulturelle Kommunikation
Beachtung der Unterschiede zwischen verschbiedenen Kulturen hinsichtlich der Wertesysteme, Verhaltensmuster, Konsumgewohnheiten etc.
Dimensionen zur Kategorisierung verschiedener Kulturen nach **Hofstede**:
- Machtdistanz
- Individualitätsgrad
- Maskulinität
- Risikobereitschaft.

Marketingstrategien
Direktinvestitionen: Gründung eigener Tochtergesellschaften oder Aufkauf einheimischer Gesellschaften bzw. Erwerb von Beteiligungen.
Kooperationen: Zusammenarbeit von Unternehmen aus verschiedenen Ländern in bestimmten Bereichen, die je nach Produktionsstufe in horizontale, vertikale und laterale (heterogene) Kooperation unterschieden werden können.
Joint-Venture: Gründung eines Unternehmens im Ausland mit Beteiligung eines ansässigen Unternehmens als (meist hälftigem) Mit-Gesellschafter; eine häufig durch Gesetze des jeweiligen Landes erzwungene Form der Kooperation.

Franchising: Absatzsystem aus rechtlich selbstständigen Vertragspartnern, wobei durch vertragliche Verpflichtung ein einheitliches Auftreten auf dem Markt sichergestellt wird. Das beinhaltet für den Franchisegeber eine darauf bezogene Weisungs- und Kontrollbefugnis, die sich in seinen Pflichten niederschlägt (Einräumung von Nutzungsrechten von Marken,

Überlassung von Werbematerial, Stellen von Einrichtungsplänen etc). Lieferung der dabei erforderlichen Waren über Ex- und Importgeschäfte.

Vorteile für Franchisegeber: Präsenz auf ausländischem Markt durch „ortskundigen" Partner; Abwälzung des Waren-Risikos; Abwälzung des Personalkostenrisikos; Chance auf rasches Expansionstempo; geringerer Eigenkapitalbedarf.
Nachteile für Franchisegeber: Aufwand für Kontroll- und Sicherungsmaßnahmen; höherer Aufwand für Verwaltung, ggf. Konfliktschlichtung; Risiko mangelnder Qualifikation der Partner.

Lizenzabkommen: Gewährung des Rechtes zur
- Nutzung von Produktionsverfahren;
- Herstellung definierter Produkte;
- Verwendung geschützter Markennamen

3. Marketinginstrumente

3.1 Marketinginstrumente Handel

Marketing-Instrumentarium
Die klassische Einteilung der Tätigkeits- / Entscheidungs-Felder des Marketing in Produkt-, Preis-, Distributions- und Kommunikationspolitik *(siehe nächstes Kap. 3.2!)* muss für den Handel z.T. abgewandelt werden.

Produktpolitik (Sortimentspolitik)
Da der Handel definitionsgemäß keine Produkte herstellt, entfällt dieser Bereich. Die meisten der Strukturen und Begriffe in diesem Zusammenhang stellen sich dafür dem Handel im Rahmen seiner Sortimentspolitik. - *siehe Kap. 4.*

Preispolitik
An die Stelle der für den Produktionsbetrieb entscheidenden Einflußgröße der Selbstkosten tritt im Handel der Bezugspreis. Vom Produktionsbetrieb zu treffende strategische Entscheidungen in der Preispolitik werden im Handel z.T. bereits mit der Sortimentspoliutik getroffen. Dafür erhält die Konditionenpolitik eine größere Bedeutung. – *siehe Kap. 3.6*

Distributionspolitik / Standortpolitik
Da der Handel aus Sicht der Produktionsbetriebe selbst Teil des Distributionsweges ist, stellt sich die Frage der Distributionswege nur im Groß- und Außenhandel. Stattdessen spielt im Handel die Standortwahl eine große Rolle. – *siehe Kap. 3.4*

3. Marketinginstrumente

Kommunikationspolitik
Hier gelten für den Handel die gleichen Modelle, jedoch mit anderen Schwerpunkten. Von besonderer Bedeutung sind Verkaufsförderung *(siehe Kap. 5.1)*, Werbung *(s. Kap. 7)* und Öffentlichkeitsarbeit *(siehe Kap. 8)*.

Dienstleistungs-Marketing
Erweiterung der genannten vier Felder des Marketing auf sieben durch Hinzunahme von:
Personalpolitik; Ausstattung; Prozesspolitik.
Dem Dienstleistungscharakter des Handels entsprechend schlägt sich das nieder in den Feldern Service-Politik *(s. Kap. 5.2)*, Verkaufspersonal *(siehe Handlungsbereich „Führung und Personalmanagement)* und teilweise in Visual Merchandising *(Kap. 6)*.

3.2 Marketinginstrumente Produktionsbetrieb

Marketing-Instrumentarium
Klassische Einteilung des Marketing in:
Produktpolitik = kundengerechte Gestaltung der Produkte, Realisierung eines marktgerechten Leistungsprogramms.
Kontrahierungs- (Preis-) Politik = alle Entscheidungen mit Einfluss auf das Entgelt für das verkaufte Produkt / die erbrachte Leistung.
Distributionspolitik = Entscheidung über Vertriebswege in physischer Hinsicht und akquisitorisch. Unterschieden wird:
Integrationsstrategie - Verzahnung verschiedener Distributionskanäle miteinander; den Kunden wird die Wahl des Distributionsweges überlassen und die gleichzeitige Nutzung mehrerer ermöglicht.
Separationsstrategie - Völlige Trennung der Distributionskanäle voneinander, evtl. auch rechtliche Trennung in verschiedene Vertriebsgesellschaften.
Kommunikationspolitik = Information als Vermittlung von Daten über Produkteigenschaften, technische Merkmale, Preise, Verfügbarkeit etc. und zugleich Beeinflussung, z.B. zum Schaffen von Bedürfnissen, Prägen von Einstellungen, Herstellung von Präferenzen.

Marketing-Mix = das aufeinander abgestimmte Vorgehen auf diesen Feldern als kombinierter Einsatz der Instrumente. Im amerikanischen als **4 P**: **P**roduct - **P**rice - **P**lace - **P**romotion.
- Speziell im Dienstleistungs-Marketing Erweiterung auf 7 P:
People (Personalpolitik)
Physical Factors (Ausstattung)
Process (Prozesspolitik).

3. Marketinginstrumente

3.3 Positionierung und Profilierung

Positionierung
Abgrenzung gegenüber Wettbewerb v.a. hinsichtlich der Merkmale Preisniveau und (Sortiments-)Qualität; Wiedererkennbarkeit für Kunden bzw. Zielgruppe durch Schaffen eines „USP" (Abk. für „Unic Selling Proposition" = „alleinstellendes Verkaufsmerkmal).

Grundlagen sind das Leitbild des Unternehmens und die daraus abgeleitete „Corporate Identity" – Thema im Handlungsbereich „Unternehmensführung", Kap. 3.4:
Corporate Identity
Stilisierung des Unternehmens zu einer eigenen „Persönlichkeit" mit einem erkennbaren Charakter und typischen Profil durch ein klares Selbstbild. Enthält einheitliche Regelungen zu
Corporate Design (Erscheinungsbild): Farbe; Schrift; Logo
Corporate Behaviour (Verhalten): Umgang mit Geschäftspartnern und Mitarbeitern im Einklang mit den Normen des Leitbildes.
Corporate Governance (Führungsgrundsätze; s.o.): Transparenz; Unbestechlichkeit
Corporate Communication (Kommunikation): Sprachstil, Ausdrucksweise.

Profil
- s. Polaritätenprofil / Imageanalyse" in Kap. 2.3

3.4 Standortmarketing

Bedeutung von Standortentscheidungen
2016 Herbst Aufg.4a
Gründe für strategische **Bedeutung** der Standortwahl:
- wegen hoher Kapitalbindung (Gebäude, Infrastruktur) nicht ohne weiteres korrigierbar;
- Entfernung bzw. Nähe zu Kunden vor allem im Einzelhandel von oft entscheidender Bedeutung;
- Chance auf qualifiziertes Personal vom Umfeld des Standorts abhängig;
- Attraktivität des Standorts kann auch durch externe Faktoren (Nachbarschaft) stark verändert werden.

Kooperationen
2018 Früh Aufg.2b
Zusammenarbeit von Handelsunternehmen bei gemeinsamen Marketing-Maßnahmen für den Standort. – Ziele:
- Optimierung von Branchenmix;
- Pflege von Image und Optik;
- Verbesserung von Erreichbarkeit;
- Verbindung mit Gastronomie, Freizeitmöglichkeiten, Events.
Zu Kooperationen allgemein siehe auch Kap. 1.4

Kriterien
2016 Herbst Aufg.4b | 2018 Früh Aufg.2a
Die Kriterien der Standortwahl sind je nach Betriebsform stark unterschiedlich zu gewichten; z.B. für **Einzelhandel** hohe Bedeutung von Umfeld, Erreichbarkeit, Parkmöglichkeiten; für **Großhandel** eher von Bedeutung die Ansiedlungskosten und Verkehrsinfrastruktur.

3. Marketinginstrumente

Unterscheidung von Standorten **nach Größe** bzw. Einzugsgebiet:
Oberzentren – Städte >100.000 Einwohner; meist starke Ausstrahlung auf das weitere Umland, sofern nicht ein stärkeres Oberzentrum in unmittelbarer Nähe liegt (Fürth bei Nürnberg; Offenbach bei Frankfurt).
Mittelzentren – Städte < 100.000 Einwohner mit Ausstrahlung auf das (eher ländliche) Umfeld.
Grundzentren – Kleinstädte, Orte < 10.000 Einwohner; Standort überwiegend für Einzelhandel zur Grundversorgung.

Unterscheidung von Standorten **nach Lage**:
Innenstadt – hier vor allem bei Oberzentren weitere Unterscheidung in A-, B-, C-Lagen je nach Kundenfrequenz;
Einkaufszentrum – Zusammenfassung einer größeren Anzahl vor allem von Fachgeschäften mit gemeinsamer Infrastruktur, sowohl innerstädtisch als auch am Stadtrand möglich;
Stadtrandlage („grüne Wiese") – Ausnutzung der niedrigeren Kosten für Grundstücke, um besonders große Verkaufsflächen und großzügige Parkplatzmöglichkeiten zu bieten.

Demographische Kriterien *(2013 Früh Aufg.7a)*
Einwohnerzahl (in vielen Branchen auch: Zahl der Haushalte) in verschiedenen Entfernungszonen.
Einwohnerstruktur nach Altersklassen, Einkommensniveau (Kaufkraftindex), durchschnittliche Haushaltsgröße, Entwicklung.

Wettbewerbskriterien *(2013 Früh Aufg.7b)*
je nach Branche und Strategie Entfernung zu vergleichbaren Wettbewerbern (z. B. Bei Baumärkten) oder im Gegenteil Nähe zu branchengleichen Unternehmen, um als **Agglomeration** (Zusammenballung gleichartiger Unternehmen) hohe Attraktivität des Standortes zu erreichen.

Kostenkriterien
2015 Früh Aufg.2
Grundstücks- / Miet-kosten; Erschließungskosten; Transportkosten; Steuern und Abgaben; Beiträge, z.B. zu Werbegemeinschaften; eventuelle Erschwernisse (geologische Bedingungen) oder Auflagen (Umweltschutz; Denkmalschutz).

Kennziffern
Kaufkraft: Kennziffer in Prozentpunkten, wobei 100 = Bundesdurchschnitt (z.T. auch Unterscheidung in alte und neue Bundesländer); 110 = 10% > Durchschnitt.
Zentralität: Koeffizient aus Kaufkraft und erzieltem Umsatz an einem Standort; 110 = Umsatz 10% Kaufkraft (durch Einkaufspendler aus dem Umland).

Methode der Standortwahl
1. Entscheidung über zu berücksichtigende Kriterien und Bewertungsmaßstab;
2. Zuordnung von Gewichtungsfaktoren;
3. eventuell Aussortieren von Entscheidungsvarianten nach Kriterien der Unverzichtbarkeit („Killer-Kriterien");
4. Berechnen der Nutzenwerte pro Alternative;
5. Entscheidung

Nutzwertanalyse
2016 Herbst Aufg.4c
Vergleich von Entscheidungsvarianten durch Vergleich der bei den verschiedenen Kriterien entstehenden Nutzenwerte, meist verbunden mit einer Gewichtung der Kriterien nach ihrer Bedeutung für die Entscheidung. Problem ist damit, die Objektivität bei der Bestimmung von Nutzenwerten und Gewichtungen zu wahren, z.B. durch Beteiligung mehrerer, auch externer Fachleute.

3. Marketinginstrumente

Vorgehensweise:
1. Festlegung der Kriterien;
2. Bestimmen der Gewichtungen;
3. Analyse der Alternativen für jedes Kriterium;
4. Multiplikation der Nutzenwerte mit der Gewichtung;
5. Summenbildungen für die Alternativen

Vereinfachtes Beispiel für zwei Alternativen bei einer Nutzen-Skala N von 1-5 und Gewichtungsstufen X von 1-3 :

	Variante A			Variante B		
Krit.	N	X	Sum	N	X	Sum
Parken	4	3	12	2	3	6
Steuern	2	1	2	5	1	5
Preis	2	2	4	4	2	8
Infra	5	3	15	3	3	9
Summe	(13)		33	(14)		28

Ohne Gewichtung wäre Variante B knapp vorne, nach Gewichtung ist Variante A eindeutig vorzuziehen.

Veränderung der Standorte
2013 Herbst Aufg.7
Mögliche **Ursachen** für Veränderungen:
- Strukturwandel durch Ab- oder Zuzug von Unternehmen;
- Verschiebungen der Bevölkerungsstruktur (z.B. Altersstruktur);
- Verlegung von Verkehrswegen, bauliche Maßnahmen an der Verkehrs-Infrastruktur;
- Ab- / Zu-gang von Wettbewerbern.

3.5 Markt- und Preismechanismen

Die Angaben von Klausurfragen nach alter PO beziehen sich in diesem Kap. auf die Klausuren in VWL

Markt = „Ort" des Zusammentreffens von Angebot und Nachfrage; dabei muss dieser „Ort" nicht wirklich räumlich existieren, sondern kann auch beispielsweise virtuell sein.
Unterteilung nach
- räumlicher Abgrenzung (regionaler M.; Welt-M.);
- Marktzugang („offen" für jeden; „geschlossen" bei Zutrittsbeschränkungen);
- Gütern (Konsumgüter-M.; Investitionsgüter-M.);
- „Qualität": (vollkommen – unvollkommen);
- „Quantität" (nach Anzahl der Marktteilnehmer).

„vollkommener Markt"
2012 Früh Aufg.3a / 2013 Früh Aufg.4a / 2014 Herbst Aufg.2b-d
Der Begriff bedeutet keine Wertung, sondern dass die folgenden Bedingungen „vollkommen" erfüllt sind. Zweck der Definition ist, den Zusammenhang zwischen Preisen und Mengen unter Ausschaltung aller anderen Faktoren der Preisbildung zu untersuchen. – Diese Bedingungen sind:
keine Präferenzen = keine persönlichen, zeitlichen oder räumlichen Vorlieben für einen bestimmten Marktteilnehmer;
Homogenität der Güter = Gleichartigkeit, Gleichbeschaffenheit aller Güter auf dem betrachteten Markt;
Transparenz = alle Marktteilnehmer verfügen über alle diesen Markt betreffenden Informationen.
keine Zeitverzögerung = der Faktor Zeit existiert in dem Modell nicht, es gibt damit z.B. keinen Zeitbedarf, um nachgefragte Mengen erst beizuschaffen oder herzustellen.

3. Marketinginstrumente

Wettbewerb = freier Marktzutritt, keine staatlichen Eingriffe, „viele" Marktteilnehmer (Polypol – siehe unten).

Hinweis: Wenn eine bestimmte Zahl von Merkmalen des vollkommenen Marktes genannt werden soll, kann der Punkt "Keine Präferenzen" auf die genannten drei Unterpunkte aufgeteilt werden.

Anbieter- und Nachfragerverhalten

Darstellung der Verhaltensweisen bzw. der Preisbildung in einem Koordinatensystem, bei dem die Abszisse (=horizontale Linie) die Menge, die Ordinate (=senkrechte Linie) den Preis bezeichnet.

Hinweis: Nie vergessen, die Linien mit M bzw. P zu beschriften!

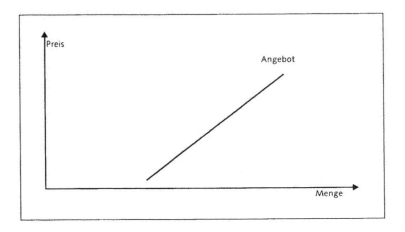

Angebotsverhalten: je höher der erzielbare Preis, desto größer die angebotene Menge. - Hintergrund: Anbieter erhöhen die Produktion dort, wo ein höherer Deckungsbeitrag zu erzielen ist; zusätzliche Anbieter werden auf diesen Markt gelockt.

- **Produzentenrente** *(2014 Herbst Aufg.1b)*: Differenz zwischen dem durch den Preismechanismus des Marktes zu Stande gekommenen tatsächlichen Gleichgewichtspreis und dem Preis, zu dem ein bestimmter Produzent bereit gewesen wäre, das Produkt anzubieten.
Einflussfaktoren auf Angebot:
Stand der Technik
Produktionskosten
Kapazitätsgrenzen
Zahl der Anbieter

Nachfrageverhalten *(2016 Früh Aufg.2a)*
Je niedriger der zu zahlende Preis, desto größer die nachgefragte Menge. Hintergrund: Nachfrager können sich mehr davon leisten und/oder ziehen das Gut einem anderen substitutiven Gut *(s. Kap. 0.)* vor. - **Konsumentenrente**: *(2014 Herbst Aufg.1b)* Differenz zwischen dem durch den Preismechanismus des Marktes zu Stande gekommenen tatsächlichen Gleichgewichtspreis und dem Preis, den ein bestimmter Konsument für das entsprechende Gut zu zahlen bereit gewesen wäre.

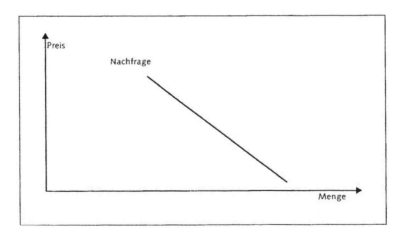

3. Marketinginstrumente

Einflussfaktoren auf Nachfrage:
Preis anderer Güter (komplementär; substitutiv)
Bedürfnisstruktur
Einkommen (abhängig von Konsumneigung und Einkommenselastizität).

Prozesse und Funktionen der Preisbildung
2014 Herbst Aufg. 1a+c

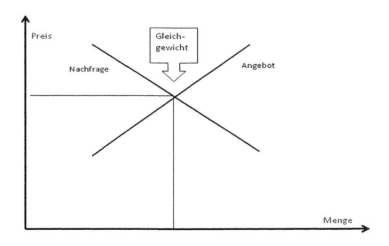

Preisbildung
Sowohl Anbieter als auch Nachfrager können ihre Preisvorstellungen nur realisieren, wenn diese übereinstimmen. Beide müssen folglich ihre Pläne so weit anpassen, bis das Marktgleichgewicht erreicht ist.

Verschiebungen der Angebots-/Nachfrage-Kurve
(s. auch oben die Einflussfaktoren) - *2013 Früh Aufg.4c*
Verschiebung der Angebotskurve, z.B. durch Änderung der Produktionskosten: bei niedrigeren Produktionskosten können zum gleichen Preis größere Mengen hergestellt werden = Verschiebung nach rechts = neues Gleichgewicht bei niedrigerem Preis und größerer Menge. Bei höheren Produktionskosten können zum gleichen Preis nur geringere Mengen hergestellt werden bzw. muss bei gleicher Menge ein höherer Preis erzielt werden = Verschiebung nach links = neues Gleichgewicht bei höherem Preis und geringerer Menge.
Verschiebung der Nachfragekurve *(2016 Früh Aufg.2a)*
z.B. durch Erhöhung der Einkommen: es können zum gleichen Preis größere Mengen gekauft werden = Verschiebung nach rechts = neues Gleichgewicht bei höherem Preis und größerer Menge.

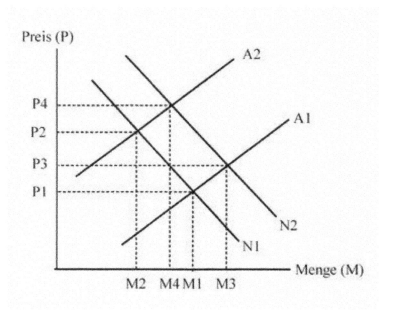

3. Marketinginstrumente

Nachfragekurve
2012 Früh Aufg.3c
Ursachen für eine **Verschiebung nach rechts**:
- steigende Preise substitutiver Güter
- sinkende Preise komplementärer Güter
- höheres Einkommen

Ursachen für eine **Verschiebung nach links**:
- sinkende Preise substitutiver Güter
- steigende Preise komplementärer Güter
- niedrigeres Einkommen

Angebotskurve
Ursachen für eine **Verschiebung nach rechts**:
sinkende Kosten; höhere Produktivität.
Ursachen für eine **Verschiebung nach links**:
steigende Kosten; gesunkene Produktivität

Funktionen des Preismechanismus
(s. auch Kap. 2 Funktionen des Wettbewerbs)
2015 Herbst Aufg.5
Ausgleichsfunktion zwischen Angebot und Nachfrage
Signalfunktion für die Marktteilnehmer durch Information
Lenkungsfunktion (Allokationsfunktion) durch Anziehung des Kapitals
Selektionsfunktion durch Ausschalten nicht wettbewerbsfähiger Anbieter.
Lenkungsfunktion (Allokationsfunktion) durch Verlagerung der Produktionsfaktoren auf attraktive Märkte.

Marktwirtschaft
Wirtschaftsordnung, bei der die Gesamtkoordination der Pläne der autonomen Wirtschaftssubjekte über den Markt bzw. die Funktionen des Preismechanismus zu Stande kommt.
Freie Marktwirtschaft: kein Einfluss des Staates auf Marktgeschehen, lediglich Sicherung der allgemeinen Rahmenbedingungen für das freie Funktionieren der Märkte.
Soziale Marktwirtschaft: aktive Wirtschaftspolitik des Staates; Eingreifen des Staates zur Umverteilung der Primäreinkommen mit dem Ziel geringerer sozialer Ungleichheit.

Staatliche Eingriffe in Preisbildungsprozesse
Mindest- / Höchstpreis
2013 Früh Aufg.1 | 2014 Früh Aufg.4+5 | 2015 Früh Aufg.4
Staatliche **Festsetzung eines Mindestpreises**: Schutz von Anbietern aus sozialen, politischen oder ökologischen Gründen. Effekt: Erhöhung der Angebotsmenge bei gleichzeitigem Rückgang der Nachfragemenge; daraus folgt ein Angebotsüberhang, der vom Staat zum garantierten Mindestpreis abgekauft werden muss. Alternative: gleichzeitige mengenmäßige Begrenzung der Produktion (Beispiele aus dem Agrarbereich). – Gilt ähnlich auch für Mindestlohn als gesetzlich vorgeschriebener Mindestpreis für Arbeit.
Mengenbegrenzung *(2016 Herbst Aufg.2a)*: Zur Vermeidung des Effekts der Mengenzunahme bei Mindestpreis staatlich verordnete Festlegung einer maximalen Produktionsmenge.
Staatliche **Festsetzung eines Höchstpreises**: zum Nutzen der Nachfrager. Effekt: Erhöhung der Nachfragemenge bei gleichzeitigem Rückgang der Angebotsmenge; daraus folgt ein Angebotsdefizit. Folge: schwarzer Markt oder Subventionierung der Anbieter durch den Staat.

3. Marketinginstrumente

Angebots- und Nachfrageelastizitäten

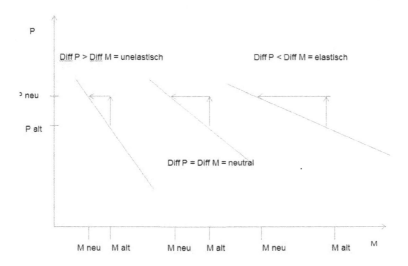

Preiselastizität:
2012 Früh Aufg.3b | 2012 Herbst Aufg.6 | 2016 Früh Aufg.2c | 2017 Herbst Aufg.3
Maß für die Mengenveränderung in Folge einer Preisänderung. In vereinfachter Berechnung = Mengenänderung in % / Preisänderung in %.
Mengenänderung stärker als Preisänderung = **elastische** Reaktion; umgekehrt = **unelastisch**. Keine Mengenänderung = völlig unelastisch, **starr**.

Beispiele: Preiserhöhung einer Uhr von 98 € auf 102,90 € = Preisänderung um 5%; Abnahme der Verkäufe um 15% => Elastizität = 3, also elastische Reaktion. Preiserhöhung von Milch um 10%, Zurückgang der Absatzmenge um 2 % => Elastizität = 0,2, also unelastische Reaktion. Preissenkung für Salz um 2%, unveränderte Nachfrage => Elastizität = 0.

Kreuzpreis-Elastizität *(2013 Früh Aufg.4d)*:
Änderung der Menge in Folge der Preisänderung eines anderen Gutes; Veränderung beider Güter bei komplementären Gütern in gleicher, bei substitutiven Gütern in gegensätzlicher Richtung.
Beispiele: Sinkende Nachfrage nach Türkei-Urlaub wegen sinkender Preise für Urlaub in Griechenland (substitutive Güter); steigende Nachfrage für Speicherkarten in Folge sinkender Preise für Digitalkameras (komplementäre Güter).

Wettbewerb
2015 Früh Aufg.3d | 2015 Herbst Aufg.5

Funktionen des Wettbewerbs
- Freiheit der Auswahl
- Kontrolle des Marktverhaltens
- Steuerung des Einsatzes der Produktionsfaktoren
- Anreiz zu (Kostensenkungen durch) Innovationen
- Anpassung an Marktdaten
- Auslese nach Leistungsfähigkeit
- Verteilung der Einkommen nach Leistung

Weil eine Marktwirtschaft letztlich nur funktioniert, wenn „der Markt" funktioniert = Wettbewerb besteht, gehört zu den zentralen Aufgaben staatlicher Ordnungspolitik die **Wettbewerbspolitik**:
- das Verbot von Wettbewerbsbeschränkungen,
- Kartellverbot,
- Preisbindungsverbot
- die Förderung von Kooperationen,
- die Kontrolle von Konzentrationen und
- die Missbrauchsaufsicht bei marktbeherrschender Stellung.
Durchführung im Wesentlichen durch das Bundeskartellamt.

3. Marketinginstrumente

Kartelle *(2013 Herbst Aufg.4 | 2015 Früh Aufg.3b+c)*
Anmeldepflichtige: Konditionen-K. (Beispiel: einheitliche AGB in einer Branche) – Normen-K. (Beispiel: einheitliche technische Größen); Einkaufskooperationen (z.B. einer Dachdecker-Innung).
Genehmigungspflichtige: Strukturkrisen-, Rationalisierungs-K.
Verbotene: Preis-Kartell; Quoten-Kartell

Bundeskartellamt
2012 Früh Aufg.2 | 2015 Früh Aufg.3a | 2016 Früh Aufg.1b
Zuständige Institution nach Kartellgesetz (GWB; Gesetz gegen Wettbewerbsbeschränkungen).
Aufgaben:
Prüfung von Unternehmenszusammenschlüssen (**Fusionskontrolle**), um das Entstehen marktbeherrschender Konzentrationen zu verhindern;
Überwachung der Märkte zur Verhinderung wettbewerbseinschränkender Absprachen (Preiskartelle);
Überwachung großer Unternehmen mit starker Marktstellung zur Erhaltung des Wettbewerbs (**Missbrauchsaufsicht**).
Befürchtete **Folgen** von marktbeherrschender Stellung:
- für Verbraucher höhere Preise, geringere Auswahl;
- für Konkurrenten Verdrängungswettbewerb;
- für Lieferanten größere Abhängigkeit, verschärfter Preisdruck.

Handlungsmöglichkeiten:
Genehmigung bei Entstehen einer marktbeherrschenden Stellung verweigern oder nur mit Auflagen erteilen;
bei verbotenen Kartellen:
- Verhängen von Bußgeldern;
- Abschöpfung von Gewinnen;
- evtl. Schadenersatzansprüche der Geschädigten.

Wettbewerbssituationen und Marktformen
2018 Herbst Aufg.5a
Nach Anzahl der Teilnehmer auf Angebots- und/oder Nachfrageseite.
Einer = **Monopol**; einige = **Oligopol**; viele = **Polypol**. –
Auf beiden Seiten gleicher Typ: „beidseitiges Mono-/Oligo-/Poly-Pol".
Achtung: in seltenen Fällen wird die jeweilige Marktform auf der Nachfrageseite mit dem Bestandteil –pson statt-pol bezeichnet, also z.B. Oligopson für Nachfrage-Oligopol.
Abgrenzung Oligopol / Polypol: keine Einflussmöglichkeit einzelner Marktteilnehmer auf das Marktgeschehen = Polypol.

Wettbewerbssituation des Handels
2016 Herbst Aufg.1
Verlagerung der Kundenumsätze zum online-Handel
Kostendruck durch hohe Mieten für gute Standorte
Kostenvorteile für große (Filial-) Unternehmen
Zunehmende Marktmacht durch Angebotsoligopole.
- *siehe dazu Handelsmarketing, Kap. 1.3 Handelsrelevante Trends*

Polypole
2016 Herbst Aufg.2b
So viele Marktteilnehmer, dass kein einzelner das Marktgeschehen beeinflussen kann. Damit keine Möglichkeit einer aktiven Preispolitik für einen einzelnen Anbieter.

Oligopole
2012 Herbst Aufg.3 | 2014 Früh Aufg.3 | 2014 Herbst Aufg.2a | 2015 Herbst Aufg.3 | 2016 Früh Aufg.1 | 2017 Früh Aufg.5
So wenige Marktteilnehmer, dass für jeden einzelnen die Verhaltensweisen jedes anderen von Bedeutung sind.

3. Marketinginstrumente

Mögliche **Verhaltensweisen**:
- Verdrängungswettbewerb (bei Dumping-Preisen illegal);
- Koexistenz;
- Kooperation, je nach Inhalt der Vereinbarungen evtl. illegal .

Monopole
2018 Früh Aufg.3
Nur ein Marktteilnehmer. Beim Monopol auf Angebotsseite hat der Monopolist die Möglichkeit, sich die Preis-Mengen-Kombination auf der Nachfragefunktion auszusuchen, bei der das Gewinnmaximum erreicht wird (sog. Cournot´scher Punkt – nicht klausur-relevant).

3.6 Preispolitik

2016 Herbst Aufg.2b | 2017 Herbst Aufg.3
Als Kontrahierungspolitik alle Entscheidungen mit Einfluss auf das Entgelt für das verkaufte Produkt

Komponenten:
- generelle Preishöhe, konkrete Verkaufspreise;
- Preisdifferenzierungen;
- Konditionen: Mengenrabatt, Frühbestellerrabatt, Skonto, Bonus, Zahlungsfristen, Finanzierungskredite.

Preisnachlass
Direkter Preisnachlass = Verringerung des bisher verlangten Verkaufspreises;
Indirekter Preisnachlass = Zugaben natural oder beim Service ohne Mehrberechnung.

Preisentscheidungen - Anlässe:
- Aufnahme eines neuen Produkts in das Sortiment
- Eröffnung einer neuen Filiale
- Änderung des Preisniveaus nach Umbau
- Veränderungen der Preisstruktur durch Differenzierung
- durch den Markt bedingte Preisänderungen
-- aktiv im Rahmen einer gezielten Strategie,
-- re-aktiv in Folge veränderter Wettbewerbsbedingungen
- Preisänderungen in Folge von Änderungen der Kalkulationsgrundlagen (Kostenänderungen)

Preisgestaltung: kostenorientiert = Festsetzung des Verkaufspreises als Ergebnis einer Voll-oder Teilkosten-Kalkulation.

konkurrenzorientiert = Anpassung an Marktpreis (im Polypol), Ausrichtung am Markt-/Preis Führer (im Oligopol); aktives

3. Marketinginstrumente

konkurrenzorientiertes Preisverhalten im Oligopol als Teil einer Kampfstrategie (Preisunterbietung) oder Abgrenzungsstrategie (Preisüberbietung bei Hochpreisstrategie).
nachfrageorientiert = Festlegung des Preises nach den vermuteten oder erforschten Preisvorstellungen der Zielgruppe.
Mischkalkulation (Preisausgleich): Kompensation für Gewinnverzicht bzw. Verlust bei günstigeren Sortimentsteilen durch Umsatzsteigerung bei anderen, insbesondere bei Randsortiment zu günstig angebotenem Kernsortiment.

Preis-Strategien
Niedrigpreis-Strategie (Preis-Mengen-Strategie) = Niedrigpreise als Kaufargument;
Einsatz zur Förderung des Abverkaufs eines bestimmten Produkts = **Promotionspreise;**
Einsatz zur schnelleren und/oder stärkeren Marktdurchdringung = **Penetrationspreise.**
Probleme: Preiskorrektur nach oben schwer durchsetzbar; Preiskampf mit Wettbewerbern.

Hochpreis-(Premiumpreis-)Strategie. Z.B. beim Streben nach Qualitätsführerschaft und/oder als Pionier bei Markteintritt oder Teil einer Markenpolitik; bei hochwertigen Waren, Luxusgütern.
Skimming-(Abschöpfungs-)Strategie: Hochpreisiger Einstieg bei Markteinführung für die Pionier-Käufer bei späterer Preisanpassung (Reduktion) zur Erschließung weiter Käuferschichten bzw. Abwehr von Nachahmern.

Preisdifferenzierung
Unterschiedliche Preise für gleiches Produkt /Leistung.
Ziel: Annäherung an unterschiedliche Zahlungsbereitschaft / Zahlungsfähigkeit verschiedener Zielgruppen; Abschöpfung der „Konsumentenrente" (=Differenz zwischen individueller

Zahlungsbereitschaft auf Grund der Nutzeneinschätzung und dem tatsächlichen Kaufpreis). - Voraussetzungen:
- unvollkommener Markt (mangelnde Transparenz);
- durch unterschiedliches Nachfragerverhalten abgrenzbare Teilmärkte;
- keine Möglichkeit für Nachfrager, zwischen den Teilmärkten zu wechseln;
- Nachvollziehbarkeit / Begründbarkeit der Differenzierung.

Formen der Preisdifferenzierung:
- zeitlich (nach Saison
- räumlich (nach Standort bzw. Einzugsgebiet wegen Unterschieden in Nachfrage und Kaufkraft)
- personell (nach Zugehörigkeit zu einer bestimmten Personengruppe, häufig als Nachlass z.B. für Schüler, Rentner usw.)
- mengenmäßig (sinkender Stückpreis bei größerer Abnahme)
- anlassbezogen (in einer besonderen, zeitlich abgrenzbaren Situation wie Neueröffnung, verkaufsoffener Sonntag).

Yield-Management
Verkauf von (mehreren) Teilmengen (z.B. bestimmte Anzahl von Plätzen einer konkreten Zugverbindung) zu unterschiedlichen Preisen. Die Steuerung des Volumens der Kontingente wird meist gekoppelt an die Entwicklung der Nachfrage.

3. Marketinginstrumente

3.7 Zielgruppenansprache

Zu unterscheiden ist zwischen indirekter und direkter Zielgruppenansprache.

Indirekt
Mediawerbung, also Einsatz von Werbeträgern als Medium zur Übertragung von Werbebotschaften, mit dessen Hilfe Werbemittel an die Werbeempfänger herangeführt werden können. – *s. Kap. 7 Werbekonzepte*

2015 Früh Aufg.1 | 2016 Herbst Aufg.2c
Werbung - Grundregeln
Wirksamkeit = Einsatz von Werbebotschaft und Werbemittel so, dass sie dem angestrebten Werbeziel dienen.
Wirtschaftlichkeit = angemessenes Verhältnis zwischen Kosten und Erfolg.
Wahrheit = sachliche Richtigkeit der Werbeaussagen.
Klarheit = Verständlichkeit der Werbeaussage.

Ziele - Nach dem Verhältnis zu Sortiment / Kunden
Einführungswerbung: Bekanntmachen von Neuerungen, insbesondere neuen Produkten bzw. Sortimentsbestandteilen, neuen Serviceangeboten; Gewinnen von Neukunden, meist kostenintensiv.
Erhaltungswerbung: Stützen des Erinnerungseffekts zuvor erfolgter Werbemaßnahmen; Sicherung von Bekanntheitsgrad, Marktposition.
Expansionswerbung: Werbemaßnahmen zur Gewinnung zusätzlicher Kunden und/oder der Intensivierung des Abverkaufs an Bestandskunden.

Nach dem Verhältnis zum Kauf **ökonomische** Ziele: Umsatzsteigerung, Verbesserung der Rendite, Liquidität Steigerung.

Nicht-ökonomische Ziele: Imageverbesserung, Steigerung des Bekanntheitsgrades.

Direkt
Unmittelbare Kundenansprache, z.B.:
- Hausmessen;
- Tage der offenen Tür, Produktvorführungen;
- Aktionen außerhalb des eigenen Unternehmens mit hoher Publikumsfrequenz (Eventmarketing).
Dazu gehören aber auch alle Maßnahmen zum unmittelbaren Kundenkontakt über Internet; s. Kap.9 e-commerce

Event-Marketing
2018 Herbst Aufg.1
Durchführung von Veranstaltungen für und mit Kunden, die an spezifische Interessen definierter Kundengruppen anknüpfen. Dabei werden die Kunden üblicherweise direkt persönlich eingeladen. Erreicht werden kann damit v.a. eine engere emotionale Kundenbindung.

4. Sortimentsgestaltung

4.1 Struktur des Sortiments

2013 Früh Aufg.4 | 2016 Früh Aufg.5a | 2016 Herbst Aufg.2b
Sortimentspolitik ist die handelsspezifische Form des Marketing Instruments der Produktpolitik.

Sortiment = Gesamtheit der (normalerweise fremdbezogenen) Artikel, die den Kunden angeboten werden, im weiteren Sinne inklusive der zugehörigen Dienstleistungen und Serviceangebote.
Ziele (zu berücksichtigen bei Sortimentsänderungen – *2015 Früh Aufg.3b*): Befriedigung der Erwartungen der Kunden; hohe Umschlagshäufigkeit der Produkte; kompetentes Erscheinungsbild; Unverwechselbarkeit.
Aufgaben: Festlegung von **Sortimentsbreite** (= Anzahl verschiedener Warengruppen) und **Sortimentstiefe** (= Angebotsanzahl innerhalb einzelner Warengruppen)

Übersortiment *2014 Herbst Aufg.4b*
Zu großes (breites und/oder tiefes) Sortiment. Folgen u.a.:
- hohe Kapitalbindung;
- niedrige Umschlagsgeschwindigkeit;
- unübersichtliches Angebot;
- Überalterung des Sortiments.

Sortimentsarten: Unterscheidung nach
- Bedeutung für Umsatz und/oder Image in **Kernsortiment** (Hauptumsatzträger; Imageträger) und **Randsortiment** (Sortimentsergänzung);

- Verkaufsform in Bedienungsware und Selbstbedienungsware
- Verwendung nach Verbrauch oder Gebrauch.

Erweiterung (Diversifikation) - *2016 Herbst Aufg.5*
Ziel: stärkere Kundenbindung; Erhöhung des durchschnittlichen Kundenumsatzes. – Formen:

horizontal (= um Produkte auf gleicher Wertschöpfungsstufe; z.B. im Sportgeschäft zu Fahrrädern auch Snowboards);
vertikal (=um vor- oder nachgelagerte Produkte; z.B. im Sägewerk zu furnierten Brettern auch unbehandelte Hölzer und Sägemeh);
lateral (=um völlig andere Produkte).

4.2 Sortimentspolitik

2014 Herbst Aufg.4
Kennziffern und Kriterien:
Kosten
Mit Sortimentsbreite und Sortimentstiefe wachsend: Kapitalbindung, Verkaufsfläche, Lagerkosten, Personalaufwand. Damit steigende Anforderungen an **Kapitalausstattung.**
Ertrag
Handelsspanne, Deckungsbeitrag der Produkte
Produktlebenszyklus
„Alter" der Produkte, Wachstumspotential
Kundenstruktur
Kaufkraft am Standort, produktspezifische Erwartungen an Aktualität (Mode), Wertevorstellungen der Zielgruppe.
Konkurrenz
Orientierung an deren Sortiment, sowohl negativ abgrenzend als auch positiv nachahmend möglich
Produktmerkmale
Innovationsrhythmus der Produktgruppe (technische Veränderungen), hohe Variabilität der Produkteigenschaften (z.B. Schrauben).
Markengeltung
Bekanntheitsgrad des Produkts; Kundenerwartung.

Sortimentsstruktur: Anteil einzelner Sortimentsgruppen am Gesamtsortiment in Einkaufspreisen.
Umsatzstruktur
Anteil einzelner Sortimentsgruppen am Gesamtumsatz in Verkaufspreisen.

Abschriftenquote
2014 Herbst Aufg.4c
Prozentualer Wertanteil abgeschriebener Waren am gesamten Wareneinsatz, jeweils zu Einkaufspreisen. – Dabei zählen zu Abschriften nicht nur reduzierte Verkaufspreise *(Fehler in den Lösungshinweisen!)*, sondern generell wegen Unverkäuflichkeit entsorgte Waren.

Straffung
Ziel: Kostenersparnis bei Verkaufsfläche, Personal; Erhöhung der Umschlagshäufigkeit; Betonung der Kompetenz im Kernsortiment.

Eliminierung
Ziel: effektivere Nutzung der Verkaufsfläche durch Bereinigung des Sortiments; Streichen unrentabler Warengruppen.

Modifikation
Variation: Veränderung (Verbesserung) eines eingeführten Produkts / Sortimentsteils in einzelnen Details; umfangreiche Überarbeitung eines Produkts = **Relaunch; Facelift.**
Differenzierung: Erweiterung eines eingeführten Produkts durch zusätzliche technisch und/oder optisch abgewandelte Versionen.

Niveauänderung („trading up")
2013 Früh Aufg.1
Anhebung des durchschnittlichen Standards des Gesamt-Sortiments durch Veränderung des Anteils eines „Spitzensortiments" bzw. des Sortimentanteils von Markenartikeln und/oder Elimination der untersten Sortimentsanteile.

4. Sortimentsgestaltung

4.3 Markenpolitik

2016 Früh Aufg.5b | 2018 Früh Aufg.4a+b
Abgrenzung von Wettbewerbern durch Aufnahme bekannter Marken und/oder bildungseigener Handelsmarken.
Definition: „Als Marke können alle Zeichen, insbesondere Wörter einschließlich Personennamen, Abbildungen, Buchstaben, Zahlen, Hörzeichen, dreidimensionale Gestaltungen einschließlich der Form einer Ware oder ihrer Verpackung sowie sonstige Aufmachungen einschließlich Farben und Farbzusammenstellungen geschützt werden, die geeignet sind, Waren und Dienstleistungen eines Unternehmens von denjenigen anderer Unternehmen zu unterscheiden." (§ 3 Abs.1 Markengesetz)
Markenartikel erfordern gleichbleibende Aufmachung in garantierter Qualität mit Herkunftsnachweis, Ubiquität („überall erhältlich"), Verkehrsgeltung (= große Bekanntheit und Anerkennung am Markt.

Markenname – Anforderungen:
- hoher Bekanntheitsgrad;
- Schutzfähigkeit (z,.B. sind allgemeine Begriffe nicht schutzfähig);
- Unterscheidbarkeit (keine Verwechslungsgefahr mit Wettbewerbsprodukten);
- positive Konnotation (Assoziationen).
Markenpolitik/Markenführung:
- Sicherung von Qualitätsanmutung, inkl. entsprechendem Preisniveau;
- kontinuierlicher starker Werbeeinsatz zur Bildung und Wahrung von Präferenzen in der Zielgruppe;
- Nutzung der positiven Ausstrahlung der Marke zur Etablierung weiterer Produkte/Marken.

Markenstrategien

Einzel-Marke: eine Marke pro Segment (Teilmarkt);
Mehr-Marke: mehrere verschiedene Marken pro Segment.
Familienmarke: mehrere verwandte Produkte unter gleichem Markenauftritt.
Dachmarke: eine Marke mit unterschiedlichen Produkten in verschiedenen Segmenten.

Hersteller-Marke: vom Hersteller selbst gegenüber den Endkunden präsentiert.

Handels-Marke *(2014 Früh Aufg.5)*:
Hersteller bleibt im Hintergrund; Markenführung durch den Handel mit eigener Verpackung und Namensgebung.
Ziele: Kundenbindung; wechselseitiger Image-Transfer Unternehmen-Marke; Alleinstellungsmerkmal.
Voraussetzung: Zuverlässige Lieferanten mit gleich bleibender Qualität; konsequente und intensive Bewerbung.

4. Sortimentsgestaltung

4.4 Produktlebenszyklus

Unterteilung der „Lebensgeschichte" eines Produkts in aufeinander folgende Phasen, die nach verschiedenen **Kriterien** voneinander abgegrenzt werden. Als Kriterium verwendet werden u.a. Umsatz, Rate des Umsatzwachstums, Marktanteil, Marktwachstum, Deckungsbeitrag oder Gewinn.

Phasen sind in den meisten Modellen:
- Einführung (Verlust; hohes Umsatzwachstum)
- Wachstum (Erreichen der Gewinnzone; gleichbleibendes Umsatzwachstum)
- Reife (sinkende Gewinnrate; Abschwächung des Umsatzwachstums durch Annäherung an die Sättigungsgrenze)
- Sättigung (weiter sinkende Gewinne; sinkender Umsatz)
- Degeneration (Gewinn gegen Null, evtl. Verlust; Entscheidung über Elimination)
Selten wird durch Aufnahme von Entwicklungsphase und Elimination auf ein **7-Phasen-Modell** erweitert.

Normstrategien für die verschiedenen Phasen unterscheiden sich zum Teil in Abhängigkeit von Wachstumsperspektiven und Strategien, können damit verbunden sein mit der Portfolioanalyse.
Einführung: Promotionspreise; hohe Kommunikationsdichte.
Wachstum: Expansionswerbung
Reife: flexiblere Preispolitik; Produktvariationen und Modernisierung
Sättigung: Erinnerungswerbung; Naturalrabatte
Degeneration: **Elimination** bei fehlendem Deckungsbeitrag; evtl. Fortführung aus anderen Gründen, z.B. Erwartungshaltung der Kunden, Image-Effekte – s.u. bei „poor dogs".

5. Verkaufsförderung und Service

5.1 Verkaufsförderung
2014 Herbst Aufg.5b | 2016 Herbst Aufg.3
Analyse, Planung, Durchführung, Kontrolle von Maßnahmen zur unmittelbaren Unterstützung des Abverkaufs.
Einsatzfelder:
- direkte Verkaufsförderung am **PoS** (point of sale)
- Pushen neuer Produkte bzw. von Produkten nach relaunch
- Generierung von Testkunden / Testkäufern.

Maßnahmen - *2017 Früh Aufg.2*
Am Point of Sale:
- Probierstände;
- eye-catcher am Verkaufsregal;
- hinführende floor-graphics;
- Displays, Regalstopper.

In Kooperation mit Herstellern *(s. unten „dealer promotion")*
- Veranstaltungen für Kunden;
- Rabattgutscheine;
- Events mit Prominenten

Unterscheidung nach Zielgruppen
Staff promotion; Verkäuferpromotion = eigene Verkaufsmannschaft, eigener Außendienst. Ziel: höhere Qualität der Produktkenntnisse und/oder Verkaufstechniken; Motivationssteigerung.

Dealer promotion *(2016 Herbst Aufg.3c)* trade promotion; Händlerpromotion = Absatzmittler bzw. deren Verkaufspersonal; zur Steigerung der Bestellungen durch die Absatzmittler („**sell in**"): Schulungen; Verkaufswettbewerbe und Prämien; erfolgsabhängige Rabatte; Werbekostenzuschüsse. Zur Steigerung des Abverkaufs beim Absatzmittler („**sell out**"): Lieferung von Werbe- und Dekorationsmitteln.

4. Sortimentsgestaltung

Consumer promotion; Verbraucherpromotion = Endverbraucher, Zielkunden; wie bei „sell out" – zusätzlich: Preisausschreiben, Kundenkarten, Werbegeschenke.

5.2 Serviceangebote
Zusätzliche Leistungen im Zusammenhang mit dem Kern-Sortiment.

Pre-Sales (vor dem Kauf) technisch: Beratung über Schnittstellen zu anderen IT-Bereichen des Unternehmens, Hardware-Ausstattung; kfm: Wirtschaftlichkeitsanalyse.
At-sales (beim Kauf) technisch: Installation, Vernetzung; kfm.: Anwenderschulung.
After-sales (nach dem Kauf) technisch: Datensicherung, Fernwartung; kfm.: best-practice-Veranstaltungen

Bedeutung der Servicepolitik
2012 Herbst Aufg.3c | 2013 Früh Aufg.2c+d | 2013 Herbst Aufg.3b
Unterscheidungsmöglichkeit vom Wettbewerb; verschärfter Wettbewerbsdruck; höhere Ansprüche der Kunden; Erklärungsbedürftigkeit technischer Produkte.

Serviceangebote *- siehe oben; zusätzlich:*
2012 Herbst Aufg.3d | 2013 Herbst Aufg.3a | 2017 Herbst Aufg.1
- Garantie über gesetzliche Frist (von 2 Jahren) hinaus;
- sofortige Reparatur / Austausch bei Defekten;
- Kundendienst; 24-Stunden-Hotline;
- Finanzierungsangebote
- online-Forum für Erfahrungsaustausch, Tipps;
- Verpackungs- und Transport-Service.

5.3 CRM

Customer-Relationship-Management (CRM)
2013 Herbst Aufg.3a+b (Klausur Wahlfach)
Systematische Pflege der Beziehungen zu Kunden auf allen Feldern, gestützt auf Erfassung und Analyse aller kundenrelevanten Daten. In der Kommunikationspolitik v.a. Einsatz von Direct-Marketing (Direct-mailing; newsletter; Kundenkarten).
Voraussetzungen: Funktionierendes Informationsmanagement zur möglichst lückenlosen Erfassung der Daten aus allen Kundenkontakten, systematische Strukturierung und anwendungsbezogene Aufbereitung; entsprechend geschulte und motivierte Mitarbeiter für die Erfassung / Eingabe der Daten; kundenorientierte Organisation, die nicht nur Erfassung und Auswertung der Daten sicher stellt, sondern auch die erforderlichen Instrumente zur praktischen Anwendung (z.B. Kundenkarten; Sonderaktionen für Bestandskunden) zur Verfügung stellt.
Instrumente - *2013 Früh Aufg.5c*
Kundenkarten, Pay-Back-Systeme;
Direct-Mailing;
Telefon-Marketing;
Kundenveranstaltungen, Event-Marketing;
Betriebsbesichtigungen.

Direktwerbung - *2012 Früh Aufg.3b*
Ansprache von (potentiellen oder Bestands-)Kunden ohne Werbemittler, z.B. durch personalisierte Anschreiben. Einsatz in Verbindung mit Kundendatenbanken zur individualisierten Angebotswerbung, Erinnerungswerbung aus Anlass von Geburtstagen, Jahrestag eines Kaufs, Fälligkeit von Terminen. Ausgabe von Kundenkarten mit umsatzabhängigen Prämien.

5.4 Beschwerdemanagement

Systematische Behandlung von Beschwerden als eine spezielle Form des Kundenkontakts, die über die Kernaufgaben hinaus auch besondere positive Chancen bietet.

Kernaufgaben:
- Vermeiden von Unzufriedenheit des Kunden;
- Vermeiden bzw. Minimieren von Umsatzverlust durch entsprechende Ausgleichsangebote;
- Vorbeugung gegen Imageverlust.

Chancen:
- Informationsgewinn über Kundenbedürfnisse;
- Hinweise auf Verbesserungsmöglichkeiten;
- positive Kundenbeeinflussung durch persönlichen Kontakt;

Voraussetzungen:
- Gute Erreichbarkeit, optimale Prozessorganisation;
- Gut geschultes Personal mit hoher Empathie und Kommunikationskompetenz;
- Gutes Informationsmanagement.

6. Visual Merchandising

Anwendung der Rahmenbedingungen und Regeln der Corporate Identity auf den Bereich der Warenpräsentation. – s. auch Kap.3.3

Ziele - *(2015 Herbst Aufg.7)*
Kaufentscheidungen fördernde ästhetische Gestaltung; Wecken zusätzlicher Kaufwünsche; Schaffung einer entspannten Atmosphäre; Erhöhung von Verweildauer und Blickkontakten mit Warenpräsentation.

Objekte: Verkaufsraum; Eingangsbereich; Schaufenster; Kundenleitsysteme

Gestaltungsprinzipien
Je nach angestrebter Atmosphäre z.B.:
- Tischpräsentation oder Wühltische;
- Herausstellung einzelner Waren durch räumlich getrennte isolierte Präsentation oder Stapelware.

Gestaltungselemente – allgemein
2012 Herbst Aufg.2b | 2015 Früh Aufg.4a
Farbwahl; Ausleuchtung; Video-Unterstützung; Hintergrundmusik; Ästhetik des Arrangements.
s. auch unten Kap. 6.2

Store Erosion
Verschleiß von Läden durch den Alterungsprozess, wobei weniger die technische Alterung im Sinne einer Beeinträchtigung des Verwendungszwecks eine Rolle spielt als die zunehmende Diskrepanz zum Geschmack und den Erwartungen der Kunden sowohl hinsichtlich der materiellen Ladenausstattung als auch der Ästhetik der Präsentation.

6.1 Verkaufsflächen

Faktoren
2014 Früh Aufg.3b
Orientierung an den Gestaltungsvorschriften nach Corporate Design;
Ausrichtung an der Orientierung der Zielgruppen;
Aufteilung in Waren- und Kundenflächen unter wirtschaftlichen Gesichtspunkten;
Vorgaben von Lieferanten, insbes. Herstellermarken hinsichtlich der Warenplatzierung;
rechtliche Vorschriften, z.B. Sicherheitsbestimmungen über Fluchtwege;
Selbstverpflichtungen im Rahmen der Kommunikationspolitik, z.B. keine Süßwaren im Kassenbereich.

Zonen
Einteilung der Verkaufsregale nach der Höhe bzw. den Anforderungen an die Kunden, um Ware zu entnehmen in:
- Bückzone = unterste Ebenen (<60 cm);
- Greifzone = leicht erreichbare Ebene zwischen 60 und 140 cm für margenstarke Produkte;
- Sichtzone zwischen 140 und 180 cm in Augenhöhe zur Anregung von Impulskäufen;
- Streckzone (Reckzone) = oberste Ebenen (>180cm).

6.2 Warenpräsentation

Gestaltungsinstrumente
Regalgestaltung: optische Gestaltung der Warenpräsentation;
Lichtdesign: unterschiedliche Ausleuchtung verschiedener Bereiche nach Helligkeit und Farbton des Lichts;
Beschallung – Gestaltung der Akustik mit Musik, Produktinformationen, Aktionshinweisen;
Gerüche – Einsatz von Düften, die mit dem jeweiligen Produktumfeld positiv harmonieren und stimulierend wirken.

6.3 Zusammenarbeit

Category-Management
2012 Herbst Aufg.2a
In Zusammenarbeit mit den Herstellern Steuerung bzw. Bündelung von Warengruppen unter dem Aspekt ihrer Zusammengehörigkeit aus Sicht der Käufer als komplementäre Güter. Warenpräsentation entsprechend in engem räumlichem Zusammenhang (z.B. Grillkohle und Grill).

7. Werbekonzepte

7.1 Werbeplanung

2012 Früh Aufg.6a
Festlegung der Zielgruppen: potentielle Käufer, potentielle Nutzer, vorhandene Käufer/Nutzer, Multiplikatoren, Geschäftspartner, Anteilseigner, Mitarbeiter.
Zielgruppen –Abgrenzung
Nach soziodemographischen Merkmalen (Alter; Geschlecht; Einkommensniveau; berufliche Stellung; Bildungsabschluss); nach psychographischen Merkmalen (Lebensstil; Präferenzen; Markenbindung).

Planungsschritte
1. Definition und Abgrenzung der Zielgruppen (personell, soziodemographisch; gebietsmäßig, geographisch)
2. Festlegung der Werbeziele
3. Entscheidung über die Angebote (Werbeobjekte)
4. Verabschiedung des Budgets
5. Festlegung auf Werbebotschaft und Werbemittel (copy-Strategie)
6. Auswahl der Werbeträger (Mediengattung; intermedial)
7. Kampagnenplanung zeitlich und intramedial
8. Umsetzung
9. Controlling der Werbewirkung

Budgetierung
Percentage-of-sales = % vom Umsatz
Percentage-of-profit = % vom Gewinn
Competitive-parity = Orientierung am Wettbewerb
Objective-and-task = Ableitung aus Zielen und Aufgaben

Copy-Strategie *(2012 FrühAufg.6b)*
Festlegung auf Werbebotschaft und Werbemittel. –

Werbeplanung - Elemente
consumer-benefit: Beschreibung der wesentlichen Leistungen eines Produkts in Abgrenzung zu anderen Angeboten Mittel: Betonung der Produkteigenschaften, der Produktästhetik, der Funktionalität oder des Prestigeeffekts.
Reason-why: Bestärkung des Kunden in seiner Kaufentscheidung durch Nutzenversprechen und andere Informationen, die geeignet sind, die Kaufentscheidung als rational richtig wahrzunehmen.
Tonality: Grundton der Werbung, der über Stil und Atmosphäre der Gestaltung (Werbetext, Bildsprache, Schriftart, Farbkombinationen) vermittelt wird.

Mediawerbung - *2014 Früh Aufg.6 | 2018 Früh Aufg.5a*
Werbeträger = Medium zur Übertragung von Werbebotschaften, mit dessen Hilfe Werbemittel an die Werbeempfänger herangeführt werden können.
Werbemittel = die gestaltete (objektivierte) Form der Werbebotschaft. - Enger Zusammenhang zwischen beiden, da jede bestimmte Form einzelne Werbeträger ausschließt (Beispiel: Werbefilm erfordert als Werbeträger Fernsehen oder Kino-Werbung).

Werbeträger	Werbemittel
Zeitungen	Anzeigen , Beilagen
Zeitschriften	Anz., Beil.; Beikleber; Warenproben
Hörfunk	Audio-Spots
Fernsehen	TV-Spots; product placement; Verkaufs-Shows
Verkehrsmittel	Beschriftung; Bebilderung
Plakatwand, -säule	Plakate

7. Werbekonzepte

Mediaplanung
2016 FrühAufg.4a
Intermediale Selektion = | der (für die Botschaft und die Zielgruppe) geeigneten Mediagattungen
Intramediale Selektion = Auswahl der optimalen Werbeträger innerhalb der gewählten Mediagattung.
Media-Mix: Kombinierter Einsatz verschiedener Werbeträger bzw. Mediengattungen; durch Synergieeffekte wirksamer als Mono-Strategie.
Tausender-Preis
2016 FrühAufg.4b | 2016 Früh Aufg.3 | 2016 Herbst Aufg.3

Zum intramedialen Vergleich des Preis-Leistungs-Verhältnisses verschiedener Werbeträger. Berechnung als Tausender – Kontakt-Preis (**TKP**) durch Multiplikation des Preises (je nach Medium pro mm oder Sekunde etc.) x 1.000 dividiert durch Auflage bzw. Reichweite.

Reichweite
- Räumlich das geografische Verbreitungsgebiet;
- Quantitativ die Anzahl der erreichten Personen (hilfsweise bei print-Produkten auch die Höhe der verbreiteten Auflage).
- Qualitativ die Reichweite in der Zielgruppe.

Werbeerfolgskontrolle
Gewinnen und Vergleichen von Daten zur Ermittlung der Werbewirkung bzw. des Grad der Zielerreichung. Bei betrieblichen Kennziffern Betrachtung der jeweils gleich abgegrenzten Daten vor, während und nach der Werbemaßnahme, ZB: Umsatz; Durchschnittsumsatz pro Kunde; Kundenfrequenz; Kundenherkunft nach Postleitzahlen.

Störeffekte
Wirkungen, die die Zuordnung von Effekten zu abgrenzbaren Werbemaßnahmen erschweren oder das Ergebnis verfälschen.
Carry-over: zeitliche Verzögerung zwischen Werbemaßnahme und Wirkung, damit Probleme bei Zuordnung von Umsätzen zu Werbekosten.
Spill-over: Erzeugung von Werbeeffekten durch andere eigene oder fremde Werbemaßnahmen.

7.2 Direktwerbung

2012 Früh Aufg.3b
Ansprache von (potentiellen oder Bestands-)Kunden ohne Werbemittler, z.B. durch personalisierte Anschreiben. Einsatz in Verbindung mit Kundendatenbanken zur individualisierten Angebotswerbung, Erinnerungswerbung aus Anlass von Geburtstagen, Jahrestag eines Kaufs, Fälligkeit von Terminen. Ausgabe von Kundenkarten mit umsatzabhängigen Prämien.

8. Öffentlichkeitsarbeit

8.1 + 8.2 Zielgruppen

2014 Herbst Aufg. 2a
„Public relations" = Systematische Pflege der Beziehungen zur „Öffentlichkeit".

Ziele
- Erhöhung des Bekanntheitsgrades;
- Gestaltung eines Unternehmensprofils in der öffentlichen Wahrnehmung;
- Verbesserung der Aufnahmebereitschaft und Wirksamkeit für klassische Werbung oder Stellenangebote;
- wohlwollende Einstellung öffentlicher Stellen;
- Förderung der Identifikation der eigenen Mitarbeiter.

Maßnahmen - *2018 Herbst Aufg. 2*
In Frage kommen v.a. solche Maßnahmen, die direkt mit dem Leistungsangebot verbunden sind und/oder einer Zielgruppe zugute kommen und zusätzlich eine Chance haben, durch Medien redaktionell aufgegriffen und verbreitet zu werden, z.B. größere Spenden oder Veranstaltungen.

Funktionen
Information: Vermittlung von Daten über Produkteigenschaften, technische Merkmale, Preise, Verfügbarkeit etc.
Beeinflussung: Schaffen von Bedürfnissen, Prägen von Einstellungen, Herstellung von Präferenzen.
Bestätigung: Wahrung bzw. Wiederherstellung von Zufriedenheit nach dem Kauf, Förderung eines positiven Multiplikatoreffekts durch Bestandskunden.

Zielgruppen
Extern: Kunden – Lieferanten – Geschäftspartner – Behörden
Intern: Mitarbeiter, Anteilseigner.
Zielgruppe als Multiplikatoren: Meinungsbildner; Redakteure; Mitarbeiter von Medien.
Generell: „stake-holder".

8.3 PR im Krisenfall

2016 Herbst Aufg.4
Krisen - Definition
Im Zusammenhang mit Öffentlichkeitsarbeit sind Krisen solche Ereignisse, die unabhängig davon, ob sie mit oder ohne Verschulden des Unternehmens eingetreten sind, dazu führen können, dass über einen möglichen wirtschaftlichen Schaden hinaus eine deutliche und anhaltende Verschlechterung des öffentlichen Ansehens eintritt.

Kommunikationsfehler
Versuche der Verharmlosung oder gar Verschleierung führen zu einer Skandalisierung des Umgangs mit dem eigentlichen Problem, so dass der durch solche Kommunikationsfehler entstehende Schaden für das Ansehen des Unternehmens meist größer ist als der durch das zugrunde liegende Ereignis selbst auftretende Imageverlust.

Anforderungen
Erforderlich ist vor allem
- eine offene Kommunikation;
- schnelle Kontaktaufnahme mit Betroffenen und Medien;
- sachliche, vollständige und präzise Informationen;
- direkte Entschuldigung bei eventuell Benachteiligten mit Ausgleichsangeboten.

8. Öffentlichkeitsarbeit

8.4 Sonderinstrumente

Sponsoring
2014 Herbst Aufg.2b+c | 2017 Früh Aufg.3
Förderung von Organisationen/ Vereinen, Veranstaltungen, Aktionen, Personen durch finanzielle oder materielle Zuwendungen, v.a. mit dem Ziel eines positiven Imagetransfers vom Gesponserten auf den Sponsor, aber auch zur Erhöhung des Bekanntheitsgrades, evtl. auch zur Pflege von Beziehungen.
Sponsorleistungen können sein: Trikotwerbung; Namensnennung bis hin zur Benennung des Events nach dem Sponsor; bevorzugte Platzkontingente bei Veranstaltungen.
Unterscheidung je nach Bereich in:
Kultur-, Sport-, Umwelt-, Sozial-Sponsoring

Testimonial-Werbung
2014 Herbst Aufg.3
Werbekampagnen, in deren Mittelpunkt die Selbstdarstellung eines (meist prominenten) Menschen als Kunde / Verwender steht. Ziel ist die Identifikation mit dem Werbeobjekt über die Identifikation oder Sympathie mit dem Werbenden, bei Prominenten zusätzlich die Erhöhung des Bekanntheitsgrades und der Imagetransfer (in diesem Punkt in Vor- und Nachteilen vergleichbar mit Sponsoring).

Product Placement
2013 FrühAufg.5
Integration oder Nennung von Produkten in Filmhandlungen; schwierige Abgrenzung zu (in Deutschland verbotener) Schleichwerbung (*s. Kap. 14.3).* Danach wird eine Produktplatzierung als zulässig angesehen, wenn sie durch den Inhalt der Handlung notwendig ist.

Weitere Maßnahmen
Im Zusammenhang der Öffentlichkeitsarbeit kommen als weitere Maßnahmen in Betracht:
- Betriebsbesichtigungen, auch über den Kundenkreis hinaus;
- Hausmessen, evtl. im Zusammenhang mit Exklusivangeboten für Inhaber von Kundenkarten;
- Tage der offenen Tür, was sich insofern von Betriebsbesichtigungen unterscheidet, als hier Betriebsfremden für einen längeren Zeitraum Zutritt gewährt und innerhalb dieses Rahmens meist auch eine Betriebsbesichtigung angeboten wird. – *siehe auch Event-Marketing, Kap.3.6*

Maßnahmen intern
Feier von Firmenjubiläen; Betriebsausflüge; Intranet, Informationsauswahl, Mitarbeiterzeitschriften.

9. E-commerce

2013 Herbst Aufg.8
E-commerce
Übliche Bezeichnung für alle Formen des „elektronischen" Handels, also der Anbahnung und Abwicklung von (Kauf-)Verträgen über Datenaustausch, insbesondere über das Internet. – Dabei wird die Zunahme solcher Transaktionen über mobile Endgeräte als **m-commerce** bezeichnet.
– s. auch Kap.1.1

Kundenbindung im Internet - *2014 Herbst Aufg.6*
Die online-Kommunikation bietet besonders effektive Möglichkeiten, Kunden anzusprechen und zu binden. Als Instrumente und Methoden stehen u.a. zur Verfügung:
Direct Mail – direkte Ansprache per e-mail; zu beachten sind die rechtlichen Rahmenbedingungen nach UWG *(s. Kap.10.1 – Unlauterer Wettbewerb)*. Reduziert wird die Wirkung durch die große Anzahl unerwünschter mails (SPAM) und der daraus resultierenden Gefahr, dass mails in einem Junk-Ordner landen. Erreicht die mail den Kunden, bietet sie die Möglichkeit, den Kunden durch Links direkt auf Angebote incl. Bestellmöglichkeit zu lenken.
Links – Verknüpfung von Text oder anderen Bestandteilen einer mail oder Internet-Seite mit Internet-Adressen, die durch einen Click auf das Element, evtl. in einem zusätzlichen Fenster, aufgerufen werden können.
Newsletter – mit Direct Mail Informationen zu versenden, die durch Aktualität oder andere Informationen den Adressaten einen Nutzen bieten, erhöht wesentlich die Chance, dass die mail auch wahrgenommen und beachtet wird. Innerhalb der newsletter kann wiederum mit Links zu eigenen Angeboten gearbeitet werden.

Social Media: Nutzung vorhandener oder Einrichtung eigener Gruppen in sozialen Netzwerken; Basis für eine offene Kommunikation mit Kunden bis hin zu einer Plattform für Kommunikation der Kunden untereinander z.B. zum Erfahrungsaustausch; setzt allerdings die regelmäßige zeitnahe Moderation durch eigene Mitarbeiter oder beauftragte Agenturen voraus.

online-Shop
2013 Herbst Aufg.8 | 2016 Herbst Aufg.2b | 2017 Früh Aufg.4 | 2018 Früh Aufg.4c

Anforderungen
Benutzerfreundlichkeit
zur Zielgruppe passende Sortimente
konkurrenzorientiertes Preis-Leistungs-Verhältnis
verschiedene Zahlungsmöglichkeiten
kostenloser Versand

Vorteile
Keine Begrenzung des Einzugsgebietes durch Fahrzeit
Wegfall von Verkaufsräumen
Permanente Erreichbarkeit
Geringere Personalkosten

Nachteile
Risiken der finanziellen Abwicklung, insbesondere höherer Anteil an Mahnkosten und Forderungsausfällen;
fehlender direkter Kundenkontakt, schlechtere Beratungsmöglichkeiten;
Betonung des Preisaspekts durch rasche Verfügbarkeit alternativer Anbieter, häufige Nutzung von Suchmaschinen, die lediglich quantitative Preisvergleiche durchführen;
geringere Reichweite bei älteren und weniger technik-affinen Kunden;
hohe Rücklaufquoten von (im Mode-Bereich) bis zu 70% mit entsprechenden Folgekosten nicht nur durch die logistische und kaufmännische Abwicklung selbst, sondern evtl. darüber

hinaus durch Reduzierung der Qualität der zurückgesandten Ware.

Kooperationsmodelle
Bestehende professionelle Plattformen für Shopping und/oder Auktionen können gegen Umsatzbeteiligung des Betreibers für eigene shops genutzt werden.

Suchmaschinenoptimierung
Sofern die eigene Adresse (gemeint ist die URL = Internetadresse) nicht bereits über mails und Links bekannt ist, hängt die Auffindbarkeit von Suchmaschinen, damit fast ausschließlich von Google ab. Es kann **direkt** Werbung gebucht werden, die kontextabhängig (also gekoppelt an bestimmte Begriffe in den Suchabfragen) zur Anzeige von Textzeilen, Bannern oder anderen Elementen führt. **Indirekt** wird versucht, die eigenen Seiten so aufzubauen, dass die Suchalgorithmen der Suchmaschinen selbst zu einer möglichst guten Platzierung unter den dem Suchenden angezeigten Treffern führen.

Affiliate-Marketing
Vertriebspartnerschaft (affiliate = Vertriebspartner), bei der innerhalb eines Internet-Auftritts ein Link zu einem Vertriebspartner gesetzt wird, der eine Kennung der Ausgangsseite erhält. Für die bei dem so entstandenen visit *(siehe unten)* erzielten Umsätze zahlt der affiliate eine Provision.

Geo-Targeting
Kopplung der Anzeige von Angeboten oder anderen Informationen an die durch Analyse der IP-Adresse festgestellte Region, in der ein User sich gerade aufhält.

Analysetools - *2016 Herbst Aufg.2a*
Für Auswertung und Kontrolle stellen spezielle Programme

(z.B. Google Analytics) eine Reihe von Kennziffern zur Verfügung. Diese beziehen sich auf verschiedene online-spezifische **Kategorien** (*Definitionen nach www.agof.de*):

Visit

Ein Visit beginnt, wenn ein Nutzer innerhalb eines Angebotes eine -> Page Impression erzeugt. Jede weitere Page Impression, die der Nutzer erzeugt, wird diesem Visit zugeordnet. Der Visit wird als beendet angesehen, wenn länger als 30 Minuten keine Page Impression durch den Nutzer erzeugt worden ist

Page Impression (PI)

Seitenaufruf im Internet, der durch ein im Code der Seite hinterlegtes Zählpixel registriert wird.

AdImpression

Ausgabe eines Online-Werbemittels durch einen AdServer, die auf Grund der Anfrage eines Nutzers ausgelöst wurde, bereinigt um die durch automatisierte Prozesse, wie z. B. Suchmaschinenscans, erzeugten Impressions.

Conversion Rate

Das Verhältnis von Conversions (= Verwandlungen; gewünschte Nutzerreaktionen auf eine Online-Werbung wie Kauf oder Registrierung) zu den dazu eingesetzten AdImpressions des Werbemittels. Das Verhältnis wird als prozentualer Anteil dargestellt.

10. Analysieren und Bewerten von Entwicklungen

10.1 Wettbewerbssituationen

Marktformen Preisbildung

Wettbewerbsanalyse
2012 Herbst Aufg.3 | 2016 Früh Aufg.2
Mögliche Fragestellungen zur Beurteilung der Konkurrenten: Marktanteile, Preisstrategien, eingesetzte Kommunikationsmittel, Sortimentspolitik, interne Daten (Anzahl Filialen, Verkaufsflächen, Anzahl und Qualifikationsstruktur der Mitarbeiter). – **siehe auch Kap.10.1**
Ist-Analyse / Konkurrenzanalyse:
Abgrenzung der Anbieter als Konkurrenten nach gleicher Zielgruppe und/oder gleichem Nutzenversprechen. Untersuchung u.a. nach deren Stärken / Schwächen, Leistungsprogramm und Portfolio, Marktanteil und seine Entwicklung, Preisniveau und Preispolitik; Verkaufsform; Kommunikationsstil; Werbeverhalten.

Wettbewerbs-Strategien – *siehe Kap. 2.4*

Wettbewerbsrecht
2013 FrühAufg.6a | 2016 Herbst Aufg.1
Aufgabe: Bekämpfung unlauterer Wettbewerbshandlungen und Sicherung des freien Wettbewerbs.
Rechtsquellen
Gesetz gegen Wettbewerbsbeschränkungen *(Kap. 14.2)*
Gesetz gegen den unlauteren Wettbewerb *(Kap. 14.3)*

Weitere Rechtsquellen - *2016 Herbst Aufg.1b*
Ladenöffnungsgesetz
Preisangabenverordnung (*2016 FrühAufg.7 | 2018 Früh Aufg.5b*)
Fernabsatzgesetz

Wettbewerbsbeschränkungen - Ziel des GWB
2016 Herbst Aufg.1a | 2018 Herbst Aufg.5b
Schutz eines weitgehend ungehinderten Wettbewerbs auf den Märkten als essentielle Voraussetzung für eine funktionierende Marktwirtschaft.

Kartelle *(2012 Herbst Aufg.7)*
Absprachen zur Ausschaltung des Wettbewerbs sind generell verboten; unter definierten Voraussetzungen (z.B. Strukturkrisen) genehmigungsfähig bzw. (sog. Mittelstandskartell) erlaubt.

Fusionen
Verschmelzungen von Unternehmen – unterliegen der Prüfung durch das Kartellamt; Genehmigung evtl. mit Auflagen oder auch Untersagung, wenn diese zu marktbeherrschenden Stellungen führen

Missbrauch der Marktstellung
Bei Marktbeherrschung (was ab einem Marktanteil von mindestens einem Drittel vermutet wird), z.B. durch überhöhte Preise; Einrichtung von Missbrauchsaufsicht. Kontrollgremien, denen geplante Preise zur Genehmigung vorgelegt werden müssen.

Preisbindung *(2016 FrühAufg.6b)*
Unzulässig sowohl „vertikale" (= Preisvorgabe durch den Hersteller an den Händler) als auch „horizontale" = Preisabsprache auf gleicher Stufe.
Zulässig unter bestimmten Voraussetzungen: Meistbegünstigungsklauseln; unverbindliche Preisempfehlungen; Gebiets-

schutz / Exklusivrechte für ein definiertes Gebiet.
Unlauterer Wettbewerb
2012 Herbst Aufg.6 | 2014 FrühAufg.7 | 2015 Herbst Aufg.2 | 2016 Herbst Aufg.1a

Ziel des UWG: Handlungen „die geeignet sind, den Wettbewerb... nicht nur unerheblich zu beeinträchtigen" (§4 UWG) zu unterbinden; z.B. Schleichwerbung, fehlende Informationen bei Gewinnspielen, Markenpiraterie
Irreführende Werbung = Falsche oder in wesentlichen Punkten unvollständige Angaben incl. Lockvogelangebote, Mondpreise
Verunglimpfung von Wettbewerbern durch herabsetzende „Schmähkritik"
Preisdumping als Verkauf unter Einstandspreis als Mittel im Verdrängungswettbewerb ist unzulässig.
Vergleichende Werbung ist nur dann unzulässig, wenn sie zu Verwechslungen führt und/oder den Wettbewerber verunglimpft.
Unzumutbare Belästigung ist die Werbung bei Privatpersonen per Telefon oder mail ohne deren Einverständnis.

Schleichwerbung
2013 Früh Aufg.5
Bezahlte Darstellung eines Produkts in einem Medium mit dem Anschein redaktionell unabhängiger Berichterstattung.

Zuständigkeit
Örtlich und sachlich zuständiges Gericht ist das Landgericht am Geschäftssitz des Beklagten.
Außergerichtlich zuständig für Überwachung von Wettbewerbsregeln sind auch IHK und HWK

Rechtsfolgen
2013 Früh Aufg.6 | 2015 Herbst Aufg.2
Bußgelder, z.B. für Kartelle; bei unerlaubter Telefonwerbung.
Abmahnung, z. B. Bei fehlenden Inhaltsangaben
Unterlassungsansprüche für Wettbewerber, z.B. bei Lockvogelangeboten, geltend zu machen durch eine strafbewehrte Unterlassungserklärung, durch die bei einer Wiederholung der Rechtsverletzung der Verletzer in Anspruch genommen werden kann.
Schadenersatz, evtl. zivilrechtliche Ansprüche des geschädigten Wettbewerbers.

9. E-commerce

10.2 Konjunkturzyklen

2012 Herbst Aufg.4a
Zyklische mittelfristige Schwankungen des Wirtschaftswachstums gemessen am realen Bruttoinlandsprodukt. Konjunkturzyklus ca. 4-5 Jahre.

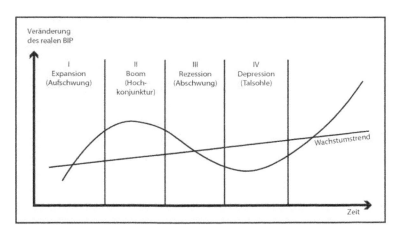

Phasen:
– Aufschwung (Expansion)
– Hoch (Boom)
– Abschwung (Rezession)
– Tief (Depression)
2013 Herbst Aufg.2b

Aufschwung: Zuwachs des realen BIP; Zunahme der Nachfrage; stärkere Auslastung der Kapazitäten; steigender Beschäftigungsgrad; geringer Preisauftrieb.
Hoch: Zuwachs des realen BIP auf höchstem Niveau; Zunahme der Nachfrage schneller als Wachstum des Angebots; hohe Auslastung der Kapazitäten; höchster Beschäftigungsgrad; verstärkter Preisauftrieb.

Abschwung: Zuwachs des realen BIP reduziert sich; nachlassende Nachfrage; sinkender Auslastung der Kapazitäten; nachlassender Beschäftigungsgrad; anhaltender Preisauftrieb.
Tief: Zuwachs des realen BIP auf tiefstem Niveau bzw. Rückgang; fehlende Nachfrage; niedrigste Auslastung der Kapazitäten; geringer Beschäftigungsgrad; geringster Preisauftrieb.
Achtung: in manchen Quellen bedeutet "Rezession" ein Tief und "Depression" ein lang anhaltendes Tief. Deshalb wurden hier im Interesse der Eindeutigkeit die deutsch-sprachigen Bezeichnungen verwendet.

Indikatoren *(2016 Früh Aufg.5b | 2016 Herbst Aufg.4a)*
Für die Beurteilung der Konjunkturentwicklung gelten: Auftragsbestände, Erwartungen als **Frühindikatoren**; Nachfrage, Kapazitätsauslastung als **Präsenzindikatoren**; Preisentwicklung, Beschäftigungsgrad als **Spätindikatoren**.

10.3 Globalisierung

Freihandel
Internationaler Austausch von Gütern und Dienstleitungen ohne Behinderungen oder Beschränkungen; im weiteren Sinne auch keine Wettbewerbsverzerrung durch Subventionen.

Organisationen
Bis 1995 **GATT** („Welthandelsabkommen"); seit 1995 **WTO** (**W**orld **T**rade **O**rganization; Welthandelsorganisation) mit Sitz in Genf. Aufgaben: Abbau von Handelshemmnissen, Durchsetzung des Grundsatzes der Meistbegünstigung, Schlichtung von Handelskonflikten.

Kooperationen – Stufen:
Freihandelszone: Abbau gegenseitiger Zölle und Handelsbeschränkungen
Zollunion: gemeinsame Außenhandelspolitik gegenüber Drittstaaten
Binnenmarkt: einheitlicher Wirtschaftsraum ohne rechtliche, technische, steuerliche Schranken
Wirtschafts- und Währungsunion: Binnenmarkt mit gemeinsamer Währung

Globalisierung
2012 Herbst Aufg.2 | 2014 Früh Aufg.1a+c | 2016 Herbst Aufg.5
Definition: Verflechtung der nationalen Wirtschaften durch weltweiten Austausch von Gütern , Dienstleistungen und Kapital. Bewirkt verstärkten Wettbewerb um Marktanteile und Ressourcen, größere Auswahlfreiheit und Marktübersicht für Anbieter und Nachfrager.
Auswirkungen: Erweiterung der Absatzmärkte; Erweiterung

der Beschaffungsmärkte; Erhöhung des Wettbewerbsdrucks auf dem inländischen Markt durch ausländische Konkurrenten; Erleichterung von Standortverlagerung in andere Länder; Förderung des Entstehens international tätiger Unternehmen.

Aspekte und Risiken - *2015 Früh Aufg.5*
Preisniveau, Transportkosten; Transportrisiken, Versicherungskosten; Zölle: Kosten und Bearbeitungsaufwand; Qualitätssicherung; Termintreue, Transportdauer; Rechtssicherheit

Globale Standortwahl – Kriterien
Lohnkosten; Qualifikationsniveau; Infrastruktur; Nähe zu Beschaffung –/Absatzmärkten; Rechtssicherheit; politische Stabilität; Entscheidungsfreiheit; Steuervorteile.

Beschaffung – Risiken
2015 Früh Aufg.5 | 2017 Herbst Aufg.6
Lieferdauer; Transportrisiken; Lieferqualität; Handelsboykott, Embargo; Einfuhrzölle; Wechselkursschwankungen. – Mögliche Gegenmaßnahmen: Höhere Sicherheitsbestände; zusätzliche Lieferanten; Devisenterminkontrakte.

10.4 Europäische Union

Europäischer Binnenmarkt
Achtung: NICHT identisch mit EURO-Zone, der nur 18 der 28 Länder des Binnenmarktes angehören.

Die „**vier Freiheiten**" des EU-Binnenmarktes:
2014 Herbst Aufg.5 | 2015 Herbst Aufg.4
Personenverkehr: freie Arbeitsplatzwahl, Anerkennung von Berufsabschlüssen, Aufenthalts – und Niederlassungsfreiheit.
Warenverkehr: keine Zölle und Handelsschranken, keine Grenzkontrollen, Harmonisierung der Normen, Angleichung von Umsatz-und Verbrauchsteuern.
Dienstleistungsverkehr: Öffnung des gemeinsamen Marktes für Banken und Versicherungen, Liberalisierung der Verkehrs- und Kommunikationsmärkte.
Kapitalverkehr: keine Beschränkungen im Geld-und Zahlungsverkehr.

Europäische Währungsunion
Gemeinsame Währung **Euro €** als gesetzliches Zahlungsmittel in 18 der 28 Länder des europäischen Binnenmarktes *(s. auch oben EZB unter Geldpolitik).*
Konvergenzkriterien (*Vertrag von Maastricht*)
2012 Früh Aufg.4a | 2013 Früh Aufg.5a
Vertraglich vereinbarte Bedingungen für Beitritt zur bzw. Mitgliedschaft in der Eurozone, insbesondere:
- Begrenzung der staatlichen **Neuverschuldung** auf 3 % des Bruttoinlandsprodukts (BIP)
- Begrenzung der staatlichen **Gesamtverschuldung** auf 60 % des BIP.

Währungsunion – Vor- und Nachteile
Vorteile: Wegfall von Umtauschkosten und Wechselkursrisiken; größere Markttransparenz durch direkte Vergleichbarkeit der Preise. - **Nachteile**: kein Ausgleich unterschiedlicher Marktstellung durch Wechselkursanpassungen; stärkere wechselseitige konjunkturelle Beeinflussung.

10.5 Marketing-Mix

2012 Früh Aufg.3 | 2012 Herbst Aufg.4b | 2015 Früh Aufg.7b
Zielgerichteter aufeinander abgestimmter Einsatz aller Marketing-Instrumente. Das bedeutet die Berücksichtigung aller Wechselwirkungen zwischen den verschiedenen Feldern und die Ausrichtung der Entscheidungen auf allen Einzelfeldern an dem strategischen Ziel bzw. der definierten Zielgruppe.

Aspekte des Marketing-Mix:
Welche Instrumente stehen zur Verfügung?
Welche Instrumente sollen eingesetzt werden?
Wie sollen die Instrumente gehandhabt werden?
In welchem Umfang sollen sie eingesetzt werden?
In welcher Reihenfolge sollen sie eingesetzt werden?
In welcher Kombination zueinander sollen sie wirksam werden?

Marketing-Mix nach generellen Zielgruppen
B2C = Business to consumer; Zielgruppe Endkunden
B2B = Business to Business; Zielgruppe Unternehmen
Unterschiede in rechtlichen Rahmenbedingungen, aber auch Anforderungen an die einzelnen Instrumente

Konsumgüter-Marketing
Bedeutet meist B2C; große Zielgruppe aus Einzelpersonen. -
Marktsituation:
- hoher Wettbewerbsdruck;
- gesättigte Märkte;
- hohe Bedeutung von Produktvariationen, re-launch;
- zunehmende Ähnlichkeit der Produkte;
- große Bedeutung von Marken und Markenbindung.

Produktpolitik: stärker in den Vordergrund treten Zusatznutzen, ästhetische Anmutung, Markenführung, Service, Bündelung.
Kontrahierungspolitik: Orientierung am Markt (Kunden, Wettbewerber); Einsatz der Preispolitik zur Kundenbindung (Rabatte, Kundenkarten).
Distributionspolitik: mehrstufiger Absatz im Vordergrund; aber auch direkt über outlets, online-shops.
Kommunikationspolitik: breites Spektrum kommunikationspolitischer Instrumente; bei Werbung Einsatz von Massenmedien.

Im amerikanischen als **4 P**:
P roduct - **P** rice - **P** lace - **P** romotion

Speziell im Dienstleistungs-Marketing Erweiterung auf 7 P:
P eople (Personalpolitik)
P hysical Factors (Ausstattung)
P rocess (Prozesspolitik)

10.6 Marketing-Controlling

Controlling
Kontrolle durch Soll-Ist-Analysen, Vorschläge zur Reaktion auf Abweichungen.
Planung durch Abschluss des Planungsprozesses, Festlegung von Methodik und Unterlagen.
Koordination durch Abstimmung der Prozesse zwischen verschiedenen betrieblichen Funktionsbereichen.
Information durch Planung und Kontrolle der Informationsströme und – Prozesse.

Anwendung auf alle Marketingaktivitäten eingeschlossen der marketingbezogenen Tätigkeiten aller Mitarbeiter.
Prozessgestaltung
Festlegung der Sollwerte
Ermittlung der Istwerte
Durchführung des Soll-Ist-Vergleichs
Analyse der Abweichungen
Erarbeiten von Gegenmaßnahmen

Ökonomische Controllinginstrumente
2017 Früh Aufg.2b
Umsatz-und Absatzzahlen; Rücklaufquoten; Bon-Analysen; Wirtschaftlichkeitsberechnungen; Leistungskennzahlen; Marktanteilsvergleich; ABC-Analyse

Kennziffern
Vertriebserfolgsrechnung; Kundendeckungsbeitragsrechnung; Vertriebskennzahlensysteme; Vertriebswegeanalysen; Mitarbeitersteuerung; Provisionssysteme; Berichtswesen

ABC-Analyse - *2015 Früh Aufg.3c*
Sortierung eines Datenbestandes (Kunden; Lieferanten; Warengruppen) absteigend nach quantitativer Bedeutung (Umsatz; Deckungsbeitrag; Volumen) zur anschließenden Bildung von Gruppen, wobei etwa die größten **A** 20% ca. 80% des Volumens ausmachen (Pareto-Prinzip), die nächsten **B** 30% ca. 15% und die restlichen **C** 50% die restlichen 5%.

Vertriebserfolgsrechnung:
Erfolg (= Erlöse – Kosten) für Absatzsegmente:
Produkte / Produktgruppen
Kunden / Kundengruppen
Regionen / Verkaufsgebiete
Absatzwege
Konditionen
Aufträge

Kundendeckungsbeitragsrechnung
Typischer Aufbau:
Bruttoerlöse – Erlösschmälerungen = Nettoerlöse
Nettoerlöse – variable Kosten der dafür gelieferten Produkte = Deckungsbeitrag I
Deckungsbeitrag I – kundenverursachte Auftragskosten (z.B. Versand) = Deckungsbeitrag II
Deckungsbeitrag II – kundenbezogene Akquisitionskosten = Deckungsbeitrag III.

Methoden
Parallelkontrollen: zeitnahe Überprüfung aller Marketingaktivitäten während des Prozesses auf Einhaltung des geplanten Entwicklungsrahmens.
Ex-Post-Kontrollen: nachträgliche Durchführung von Soll-Ist-Vergleichen zur Gesamtanalyse abgeschlossener Marketingprozesse.

Teil D – Beschaffung und Logistik

Dieses Fach ist Bestandteil der 2. Teilprüfung zusammen mit dem Pflichtfach „Handelsmarketing" und dem Wahlfach. Dabei sollen für diese beiden Pflichtfächer zusammen drei Stunden Bearbeitungszeit eingeräumt werden. Als **Hilfsmittel** sind Gesetzessammlungen erlaubt; die IHK-Formelsammlung wird gestellt.

1. Bedarfsermittlung

Ermitteln des Bedarfs an Gütern und Dienstleistungen unter Berücksichtigung von Quantität und Qualität

2012 Herbst Aufg.2c | 2014 Herbst Aufg.5a+b || Formelsammlung, S.54f

Bedarfsermittlung - Abfolge:
Bedarfsrechnung = welche Teile werden benötigt?
Bestandsrechnung = wie hoch ist die zu beschaffende Menge nach Berücksichtigung bereits verfügbarer Mengen ?
Bestellrechnung = welche Bestellmenge ist optimal?

Bedarfsrechnung
Ermittlung von Bedarfsmengen: *s. Kap. 1.3; IHK-Formelsammlung S.54*

Bestandsrechnung
Erforderlich zur Ermittlung des Netto (Bestell −) Bedarfs. Das (Brutto-)Ergebnis der Bedarfsrechnung muss korrigiert werden un die Größen:
Vormerkbestand = für vorliegenden Auftrag reservierte, also nicht frei verfügbare Bestände;
Bestellbestand: noch nicht ausgelieferte Bestellungen;
Werkstattbestand: zwischengelagerte Halbfertigerzeugnisse; normalerweise fest reserviert

Bestellrechnung
Ausgehend vom Nettobedarf die Ermittlung der kaufmännisch optimalen Bestellmenge, die dann dem Einkauf zugrunde gelegt werden kann. – *s. Kap.1.3*

1. Bedarfsermittlung

1.1 Warenbedarf

ABC-Analyse
Sortierung des Datenbestandes (Lieferanten; Warengruppen) absteigend nach quantitativer Bedeutung (Umsatz; Volumen) zur anschließenden Bildung von Gruppen, wobei etwa die größten A 20% ca. 80% des Volumens ausmachen (Pareto-Prinzip), die nächsten B 30% ca. 15% und die restlichen C 50% die restlichen 5%. - Konsequenzen der Analyse: Konzentration bei Mengenplanung und Lieferantenauswahl auf A-Artikel; bei C-Artikel wegen der geringeren Kapitalbindung eher höhere Bestände und weniger Bestellvorgänge.

XYZ-Analyse
In der Logistik Analyse bezogener Güter nach Verbrauch in konstant, schwankend und unregelmäßig, nach Prognostizierbarkeit des Verbrauchs in hoch, mittel und niedrig. X = konstanter Verbrauch und hohe Prognostizierbarkeit; am anderen Ende Z = unregelmäßiger Verbrauch, schlecht prognostizierbar.

Kombinierte Analyse
Die Zusammenführung von ABC- und XYZ-Analyse ergibt neun Kombinationen mit unterschiedlichen Norm-Strategien. Extreme sind: AX-Teile (= hoher Wertanteil; konstanter Verbrauch); fertigungssynchrone Beschaffung - CZ-Teile (= geringer Wert; unregelmäßiger Verbrauch); Vorratsbeschaffung.

Kombinierte ABC-/XYZ-Analyse: Normstrategien

Typ	A	B*	C
X	Minimierung Lagerbestand; Just-in-time		Minimierung Bestellkosten
Y	Sukzessivlieferungsvertrag; Sicherheitsbestand		Sicherheitsbestände
Z	Konsignationslager; Abrufverträge		Sicherheitsbestände

B*: für Teile mit mittlerem Wertanteil muss je nach vorliegenden Daten zwischen der entsprechenden Strategie für A- oder C-Artikel entschieden werden.

Vertragsarten: Sukzessivlieferungsvertrag; Abrufverträge; Konsignationslager - *im Detail in Kap. 2.2.3 Beschaffungskonditionen)*

Bestellkosten; Sicherheitsbestand: *im Detail in Kap. 1.3*

1.2 Dienstleistungsbedarf

Dienstleistungen
Immaterielle Güter, die folglich nicht gelagert oder in anderer Weise bevorratet werden können und normalerweise unmittelbar durch menschliche Arbeit erbracht werden.
Rechtsaspekte: Rechtlich kommt deshalb kein Kaufvertrag zustande sondern meist ein **Dienstvertrag;** er ist allgemein ein Vertrag, mit dem sich eine Seite zur Leistung versprochener Dienste, die andere Seite zur Zahlung der vereinbarten Vergütung verpflichtet (§ 611 Abs. 1 BGB). Durch die Verpflichtung zur Diensterbringung wird also die Leistung geschuldet, nicht der Erfolg. Beim **Werkvertrag** dagegen ist der Erfolg geschuldet; dem Besteller stehen ggf. Mängelrechte zu.

Outsourcing
Auslagerung / Fremdvergabe von Aufgaben. Mögliche Vorteile: Kostenersparnis; höheres Know-how des Dienstleisters; Wegfall von Kapazitätsproblemen. - Mögliche Nachteile: höherer Koordinationsaufwand; steigendes Fehlerrisiko; größerer Zeitbedarf; geringere Flexibilität; Abhängigkeit.

Kriterien
Bei der Auswahl der Vertragspartner sind die üblichen Kriterien *(s. Kap.2.2.4 - Lieferantenauswahl)* z.T. anders zu gewichten. Besondere Bedeutung kommt konkreten Erfahrungen aus der Vergangenheit, Referenzen und zertifiziertem Qualitätsmanagement zu.

1.3 Bedarfsmengen

Bedarfsermittlung
Als Verfahren werden unterschieden:
- deterministische (direkt ableitbar);
- stochastische (mit statistischen Methoden)
- heuristische (geschätzt).

Bedarfsermittlung - deterministisch
2018 Früh Aufg.6
(programmgesteuerte; plangesteuerte; bedarfsgesteuerte)
Primärbedarf = Bedarf an verkaufsfähigen Einheiten = Kunden– plus Lageraufträge; Konkretisierung / Detaillierung über Stücklisten der Teile, aus denen die Einheiten des Primärbedarfs bestehen = **Sekundärbedarf**; plus Zusatzbedarf für Mehrverbrauch = **Bruttobedarf** minus Bestände *(s.u. „Bestandsrechnung")* plus Reservierungen = **Nettobedarf**.

Bedarfsermittlung - stochastisch (verbrauchsgesteuerte)
2018 Früh Aufg.6
Anwendungsfälle: Bestellung ohne Kundenauftrag; Bestellung von **Tertiärbedarf** (=Hilfsstoffe u.ä., die nicht in den Stücklisten enthalten sind); Extrapolation („Hochrechnung") von Vergangenheitswerten. – *s. auch unten „Bedarfsvorhersagen".*

Bedarfsermittlung - heuristisch (geschätzte)
Bei Fehlen von Daten sowohl aus Planung als auch aus Vergangenheitswerten Schätzung des Bedarfs:
- analog = in teilweiser Anlehnung an artgleiche Produkte
- intuitiv = Schätzung ohne jegliche Anhaltspunkte.

1. Bedarfsermittlung

Bedarfsvorhersagen
2018 Herbst Aufg.10a+b
Analyse von Vergangenheitsdaten auf statistische Werte.
Mittelwert = „Durchschnitt"; Summe der Verbrauchswerte der Vorperioden dividiert durch die Anzahl der Vorperioden.
Gleitender Mittelwert = Summe der Verbrauchswerte einer bestimmten Anzahl von Vorperioden dividiert durch diese Anzahl; nach jeder Periode Ersetzen des Wertes der ältesten durch den Wert der unmittelbar abgeschlossenen Periode. – Verfeinert werden kann dieses Verfahren durch eine stärkere Gewichtung jüngerer Daten („**gewogener Mittelwert**").

Exponentielle Glättung
2016 Herbst Aufg.7
Ermittlung des Vorhersagewerts für die kommende Periode V_{i+1} aus dem Vorhersagewert der alten Periode V_i plus der um einen Faktor α gewichteten Differenz zwischen tatsächlichem Verbrauchswert X_i und altem Vorhersagewert. – *IHK-Formelsammlung S.55:* $V_{i+1} = V_i + \alpha (X_i - V_i)$
Beispiel: Im 1. Quartal wurde ein Verbrauch von 120 Einheiten erwartet; der tatsächliche Verbrauch lag jedoch bei 136. Für die Vorhersage ergeben sich folgende Möglichkeiten:
- Ignorieren der Abweichung, also wieder Erwartung von 120, damit $\alpha = 0$;
- Übernahme des Ist-Wertes als Vorhersage, also 136, damit $\alpha = 1$;
- teilweise Berücksichtigung der Abweichung durch $0 < \alpha < 1$; z.B. $\alpha = 0,5$ Vorhersage von 128.

Bestellmenge
2013 Herbst Aufg.6 | 2016 Herbst Aufg.9a | 2017 Früh Aufg.6 | 2018 Herbst Aufg.10c

Optimale Bestellmenge = Minimum aus Kosten der Beschaffung und der Lagerhaltung. Zielkonflikt: Große Bestellmengen reduzieren die Anzahl der Bestellvorgänge und damit die Beschaffungskosten, erhöhen aber die Kosten der Lagerhaltung.

Faktoren für Festlegung der Bestellmenge
Auf der Basis des Nettobedarfs sind vom Einkauf zusätzlich zu berücksichtigen:
- Lagerpolitik;
- Marktsituation (Preisentwicklung; Lieferfähigkeit);
- Beschaffungszeit;
- Mindestbestellmengen;
- Packungsgrößen;
- Lagerkapazitäten;
- Transportkapazitäten.

Beschaffungskosten
2014 Herbst Aufg.3a | 2015 Herbst Aufg.4 | 2018 Herbst Aufg.9b

Mengenabhängige Kosten aus Einstandspreis mal Menge (weitere Kosten: eventuelle Mindermengenzuschläge, Fracht, Versicherung, Verpackung) plus die durchschnittlichen (mengenunabhängigen) Kosten einer Bestellung (in der Praxis zwischen 30 – 125 €). - **Bestandteile**: Personal - und Sachkosten des Einkaufs, der Material - und Rechnungsprüfung, der Organisation.

Lagerhaltungskosten
2016 Herbst Aufg.2b+c | 2016 Früh Aufg.7 | 2017 Herbst Aufg.10 | 2018 Herbst Aufg.9a

Kosten der Kapitalbindung plus Anteil an den Lagerbetriebskosten (Abschreibungen auf Gebäude und technisches Gerät,

1. Bedarfsermittlung

Personalkosten, Heizung, Versicherungen etc.)

Berechnung Optimale Bestellmenge
2014 Früh Aufg.5 | 2016 Herbst Aufg.6 | 2016 Früh Aufg.7b |
2016 Herbst Aufg.9b

Andler´sche Formel : Optimale Bestellmenge x_{opt} wird errechnet als Wurzel aus dem doppelten Produkt aus Bestellkosten k_B mal Jahresbedarf x_{ges} geteilt durch Einstandspreis EP mal Lagerhaltungskostensatz i_L (wobei 0<iL<1);

IHK-Formelsammlung S.57

$$x_{opt} = \sqrt{\frac{2 \times k_B \times x_{ges}}{EP \times i_L}}$$

(In Textbänden meist im Zähler 200 statt 2; aber dann wird der Lagerhaltungskostensatz in Prozentpunkten angegeben statt wie hier als Dezimalwert, was zum gleichen Ergebnis führt)

2. Beschaffungs- / Logistikprozesse

2018 Herbst Aufg.7

Zielkonflikte
Lagerbestand: möglichst klein wegen Kapitalbindung – möglichst groß wegen Versorgungssicherheit.
Bestellmengen: möglichst klein wegen Folgen für Lagerbestand – möglichst groß wegen Mengenrabatten und Bestellkosten.
Fertigung: beste Qualität wegen Sicherheit und Ausschuss – ausreichende Qualität wegen Kosten.
(siehe auch „Optimale Bestellmenge", Kap. 1.3.5)

Strategische Aufgaben
Organisation des Beschaffungsprozesses
Definition von Beschaffungswegen und Lagerpolitik
Analyse des Beschaffungsmarktes
Bedarfsermittlung
Lieferantenbeurteilung
Abschluss von Rahmenverträgen

Operative Aufgaben
Umwandlung von Bedarfsmeldungen in Bestellungen
Einholen von Angeboten
Vergleich von Angeboten
Datenein- und weitergabe über Bestellmengen und Status
Rechnungskontrolle
Terminüberwachung

2. Beschaffungs- / Logistikprozesse

Logistikprozess
Versorgung ... mit Materialien und Gütern (= Materialwirtschaft). - Allgemeiner: Transport, Lagerung und Umschlag von Material.

Logistik - Ursachen für wachsende **Bedeutung** u.a.
- Kostendruck;
- Termindruck;
- Arbeitsteilung;
- Markterweiterung (Globalisierung);
- Service.

Grundlegende Fragestellung:
Welche Güter
- in welcher Qualität
- in welcher Menge
- zu welchem Zeitpunkt
- an welchem Ort
- zu welchem Preis
- von welchem Lieferanten

Grundlegende Zielsetzung
Die richtigen Güter in der richtigen Menge und richtigen Qualität zum richtigen Zeitpunkt am richtigen Ort zu den richtigen Kosten.

Out-sourcing *2018 Herbst Aufg.6*
Auslagerung / Fremdvergabe von Aufgaben oder auch ganzen Betriebsteilen. Mögliche Vorteile: Kostenersparnis; höheres Know-how des Dienstleisters; Wegfall von Kapazitätsproblemen. - Mögliche Nachteile: höherer Koordinationsaufwand; steigendes Fehlerrisiko; größerer Zeitbedarf; geringere Flexibilität; Abhängigkeit.

Logistik: Bereiche
2012 Herbst Aufg.7 | 2013 Herbst Aufg.6b
- Beschaffung
- Produktion
- Distribution
- Entsorgung
- Information

Logistik: Produktion
= Versorgung mit Material während der Herstellung
Fragestellungen:
- Lokalisierung des Materials
- Anforderung an Material
- Zugriffsrechte

Logistik: Distribution
= Termingerechte Auslieferung an den Kunden
Fragestellungen:
- Lieferfähigkeit
- Servicegrad
- Lagerallokation
- Zeitanalysen

Logistik: Entsorgung – *s. Kap.5.2*
= Umgang mit Abfallprodukten
Fragestellungen:
 - gesetzliche Vorgaben
- Abfalltrennung
- Abfallabtransport

2. Beschaffungs- / Logistikprozesse

2.1 Organisationsformen

2012 Herbst Aufg.1a | 2016 Früh Aufg.10b | 2017 Herbst Aufg.7

Zentralisierung – Dezentralisierung
Zentralisierung = Zusammenfassung von Aufgaben nach Tätigkeit oder Objekt oder erforderlicher Entscheidungsgewalt.
Vorteile: Höhere Spezialisierung; im Einkauf besonders Rationalisierungspotential durch größere Bestellmengen, mehr Verhandlungsmacht, bessere Mengenrabatte; besserer Überblick der Geschäftsführung; einheitliche Entscheidungen; klarer Entscheidungsprozess.
Nachteile: Geringere Flexibilität; größerer Zeitbedarf; höherer Kommunikationsaufwand; geringere Detailkenntnisse.
Dezentralisierung entsprechend gegenteilig die Zuständigkeit für Aufgaben bei nachgeordneten Hierarchie-Ebenen.

Mischformen
Speziell im Wareneinkauf verbreitet die „70-30-Lösung": für 30% des Sortiments werden zentral nur Rahmenverträge abgeschlossen, bei denen die Einzelentscheidung dann dezentral getroffen werden kann.
Musterkommissionen: aus Zentraleinkäufern und dezentralen Entscheidern gebildete Ausschüsse, die für einzelne Sortimentsteile / Produktgruppen das Sortiment festlegen.

2.2 Beschaffungsprozesse
2017 Herbst Aufg.8

Beschaffungszeitpunkt
2012 Früh Aufg.3c | 2016 Herbst Aufg.3
Sicherheitsbestand („eiserne Reserve"; Mindestbestand)
Langfristiger Vorrat zur Vorbeugung gegen Versorgungsrisiken, der nicht bzw. nur in Notfällen angegriffen werden darf. Diese Risiken bestehen bei:
- Lieferung (abweichende Lieferzeit);
- Bestand (nicht erfasster Schwund);
- Bedarf (Differenz zwischen errechnetem und tatsächlichem Verbrauch);
- Qualität (fehlerhafte Teile der Lieferung).
Höhe des Sicherheitsbestandes ergibt sich aus der Festlegung des Zeitraumes, für den er ausreichen soll, oder wird berechnet aus Verbrauch in der Wiederbeschaffungszeit, gewichtet mit einem Lieferbereitschaftsgrad.

Meldebestand - *2013 Herbst Aufg.5c*
Die Bestandshöhe, bei der der Bestellvorgang ausgelöst werden muss, um bis zum Eintreffen der Lieferung den Sicherheitsbestand nicht zu unterschreiten. Sie ergibt sich damit aus dem Sicherheitsbestand plus dem Produkt aus durchschnittlicher Beschaffungszeit in Tagen mal Durchschnittsverbrauch pro Tag.

Fehlmengen
Nicht ausreichender Bestand zur Deckung von Kundenbedarf. Mögliche Folgen: hohe Transportkosten für kurzfristige Nachlieferungen; höhere Einkaufspreise wegen Abhängigkeit; Umsatzrückgang durch Auftragsverlust; evtl. Konventionalstrafe bei vertraglicher Vereinbarung.

2. Beschaffungs- / Logistikprozesse

Bestellverfahren
2014 Herbst Aufg.6b
Bestellpunktverfahren: Auslösung des Bestellvorgangs bei Erreichen einer definierten Bestandsmenge (Meldebestand)
Bestellrhythmusverfahren: Auslösen des Bestellvorgangs in definierten Zeitabständen bei Ermittlung der Bestellmenge durch Differenz zwischen festgelegten Höchstbestand und festzustellenden Lagerbestand.

2.2.1 Beschaffungsmarktforschung

2014 Herbst Aufg.3a
Anwendung der Marktforschung auf den Beschaffungsmarkt:
Markt-**Analyse** = Untersuchung zu einem bestimmten Zeitpunkt.
Markt-**Beobachtung** = Registrieren von Veränderungen über einen bestimmten Zeitraum.
Markt-**Prognose** = Formulierung zukünftig erwarteter Entwicklungen.

Marktformen auf Beschaffungsmärkten: Nach Anzahl der Marktteilnehmer einer = **Monopol**; einige = **Oligopol**; viele = **Polypol**. **Abgrenzung** Oligopol / Polypol: keine Einflussmöglichkeit einzelner Marktteilnehmer auf das Marktgeschehen = Polypol. - **Preispolitik**:
- Beim Monopol die Möglichkeit, sich die Preis-Mengen-Kombination auf der Nachfragefunktion auszusuchen, bei der das Gewinnmaximum erreicht wird;
- Beim Oligopol alternativ Verdrängungswettbewerb (bei Dumping-Preisen illegal) oder Koexistenz oder (je nach Inhalt evtl. illegale) Kooperation;
- beim Polypol keine Möglichkeit einer aktiven Preispolitik für einen einzelnen Anbieter.

Elektronische Marktplätze
Zusammentreffen von Angebot und Nachfrage sowie Abschluss resultierender Kaufverträge im Internet.
Chancen: kostengünstige Abwicklung; Zeitersparnis; Effizienzgewinn durch direkten Datenaustausch; Erreichen neuer Zielgruppen; hohe Transparenz, große Auswahl.
Risiken: geringere Unterscheidungsmöglichkeit zu Wettbewerbern; Dominanz des Preisaspekts; Verlust des Kundenkontakts; evtl. mehr Retouren; Sicherheitsrisiken bei Zahlungsabwicklung.

Beschaffungsmarktforschung im Internet
2012 Früh Aufg.1
Vorteile: kurzfristige Verfügbarkeit der Informationen; große Informationsmengen; Recherchemöglichkeiten nach neuen Quellen; zusätzliche Marktinformationen.
Nachteile: Qualität schwer nachprüfbar; Vermengung von neutralen Quellen mit Eigenwerbung; Aktualität der Information nicht feststellbar.

Kurzbezeichnungen für Typen von Geschäftsbeziehungen
2013 Herbst Aufg.1
C2C = Consumer-to-Consumer: Geschäfte zwischen Verbrauchern
C2B = Consumer-to-Business: Verbraucher zu Unternehmen
B2C = Business-to-Consumer: Unternehmen zu Verbrauchern
B2B = Business-to-Business: Zwischen Unternehmen
B2A = Business-to-Administration = Aktivitäten zwischen Unternehmen und Verwaltungen.

2.2.2 Beschaffungskonzepte

Sourcing-Konzepte
Allgemein die Beschaffungsstrategie eines Unternehmens im Hinblick auf die Lieferquellen. Unterscheidungen nach Anzahl der Quellen in Single- und Multi-Sourcing; nach geographischer Lage in local und global; nach Komplexität der Teile in unit und modular; nach Hersteller in Eigen- und Fremdfertigung.

Single- / Multi-Sourcing

Art	Vorteile	Nachteile
Single	Routine; Rabatte	Abhängigkeit
Multi	Flexibilität; Preisvergleich; Unabhängigkeit	Bestellaufwand; Bestellmengen

Global Sourcing
2016 Früh Aufg.1 | 2016 Früh Aufg.9 | 2016 Herbst Aufg.6
Weltweite Beschaffung.
Vorteile:
- niedrigere Preise (Lohnkosten);
- größere Auswahl, Zugang zu neuen Produkten / Materialien;
- Ausnutzen von Preisschwankungen, evtl. Währungsvorteile;
- Chance aiuf frühzeitigen Transfer von techn. Fortschritt.

Risiken:
- Währungsrisiken durch Wechselkursschwankungen;
- geringere Versorgungssicherheit, höheres Transportrisiko;
- längere Lieferzeiten;
- evt. Qualitätaprobleme, Rechtsunsicherheit bei Mängeln.
- Lieferausfall durch politische Entwicklungen.

Unit – modular
„unit" = Beschaffung der einzelnen Teile; „modular" = Beschaffung komplexer Teile.

Handelshemmnisse, Freihandel
Internationaler Austausch von Gütern und Dienstleitungen ohne Behinderungen oder Beschränkungen; im weiteren Sinne auch keine Wettbewerbsverzerrung durch Subventionen.

Organisationen
Bis 1995 **GATT** („Welthandelsabkommen"); seit 1995 **WTO** (**W**orld **T**rade **O**rganization; Welthandelsorganisation) mit Sitz in Genf. Aufgaben: Abbau von Handelshemmnissen, Durchsetzung des Grundsatzes der Meistbegünstigung, Schlichtung von Handelskonflikten.

Kooperationen – Stufen:
Freihandelszone: Abbau gegenseitiger Zölle und Handelsbeschränkungen
Zollunion: gemeinsame Außenhandelspolitik gegenüber Drittstaaten
Binnenmarkt: einheitlicher Wirtschaftsraum ohne rechtliche, technische, steuerliche Schranken
Wirtschafts- und Währungsunion: Binnenmarkt mit gemeinsamer Währung

Globalisierung
In VWL-Klausur: 2012 Herbst Aufg.2 | 2014 Früh Aufg.1a+c | 2016 Herbst Aufg.5
Verflechtung der nationalen Wirtschaften durch weltweiten Austausch von Gütern, Dienstleistungen und Kapital. Bewirkt verstärkten Wettbewerb um Marktanteile und Ressourcen, größere Auswahlfreiheit und Marktübersicht für Anbieter und Nachfrager.

2. Beschaffungs- / Logistikprozesse

Auswirkungen: Erweiterung der Absatzmärkte; Erweiterung der Beschaffungsmärkte; Erhöhung des Wettbewerbsdrucks auf dem inländischen Markt durch ausländische Konkurrenten; Erleichterung von Standortverlagerung in andere Länder; Förderung des Entstehens international tätiger Unternehmen.

Aspekte und Risiken
In VWL-Klausur: 2015 Früh Aufg.5
Preisniveau, Transportkosten; Transportrisiken, Versicherungskosten; Zölle: Kosten und Bearbeitungsaufwand; Qualitätssicherung; Termintreue, Transportdauer; Rechtssicherheit

Standortwahl international– Kriterien
Lohnkosten; Qualifikationsniveau; Infrastruktur; Nähe zu Beschaffung –/Absatzmärkten; Rechtssicherheit; politische Stabilität; Entscheidungsfreiheit; Steuervorteile.

Beschaffung international – Risiken
In VWL-Klausur: 2015 Früh Aufg.5
Lieferdauer; Transportrisiken; Lieferqualität; Handelsboykott, Embargo; Einfuhrzölle; Wechselkursschwankungen.

2.2.3 Beschaffungskonditionen

Kaufvertrag
2013 Herbst Aufg.7
Vertrag zwischen Verkäufer und Käufer. Der Verkäufer hat die Verpflichtung, die (Kauf-)Sache frei von Sach- und Rechtsmängeln zu übereignen und zu übergeben (§ 433 Abs. 1 BGB), der Käufer ist verpflichtet, den Kaufpreis zu bezahlen (§ 433 Abs. 2 BGB). – Gültig bei zwei übereinstimmenden Willenserklärungen (Angebot und Annahme). Eine mit dem Angebot nicht übereinstimmende Willenserklärung stellt ein neues Angebot mit anderen Bedingungen dar. Annahme kann auch erfolgen durch schlüssiges Verhalten (z.B. Zahlung des geforderten Preises). Anspruch des Käufers auf Überlassung, des Verkäufers auf Zahlung.
Verbrauchsgüterkauf, §§ 474 BGB: Verbraucher = Käufer, Unternehmer = Verkäufer, bewegliche Sache; Rechtfolge: keine nachteiligen Abweichungen zu Mängelrechten, Beweislastumkehr 6 Monate, begrenzte Verjährungseinschränkungen. - *Zu Dienstvertrag, Werkvertrag s.Kap.1.2*

Widerrufsrecht
Der Verbraucher hat ein 14-tägiges Widerrufsrecht bei Haustürgeschäft, Versicherung, Fernabsatz, Ratenlieferung, Verbraucherdarlehen. Kosten einer eventuellen Rücksendung trägt der Händler.

2012 Früh Aufg.6 | 2016 Herbst Aufg.4
Allgemeine Geschäftsbedingungen (AGB) enthalten die Punkte, die in einer Vielzahl von Verträgen identisch gelten (z.B. Zahlungsbedingungen, Erfüllungsort und Gerichtsstand, Haftungsregelungen). Sie vereinfachen damit die Einzelverträge durch deren Reduktion auf einzelvertragliche Regelungen (z.B. Preise, Mengen, einzelne Sondervereinbarungen).

2. Beschaffungs- / Logistikprozesse

Besondere Vertragsformen
2013 Früh Aufg.2+4b
Rahmenverträge: längerfristige Vereinbarungen über Preise und Konditionen für bestimmte spezifizierte Produkte. Innerhalb der Rahmenverträge erfolgen dann Abrufbestellungen.
Abrufverträge: Vereinbarung der Abnahme einer bestimmten Menge in definiertem Zeitraum; Abruf erfolgt ohne weitere Bestellung.
Sukzessivlieferungsvertrag: Abrufvertrag mit festgelegten Lieferterminen.
Spezifikationskauf: Vertrag nur über Materialart, Menge und Grundpreis, auf dessen Grundlage dann die einzelne Bestellung nach genauen Formen, Sorten und Maßen spezifiziert werden muss.
Konsignationslagervertrag
Einlagerung der Ware durch Lieferanten beim Kunden, wobei die Ware bis zur Entnahme Eigentum des Lieferanten bleibt. Für den Kunden ist damit die Versorgung gewährleistet und die Lagerhaltung mit allen Kosten auf den Lieferanten abgewälzt; dieser hat den Vorteil der Kundenbindung.

Streckengeschäft: Lieferung im Auftrag des bestellenden Unternehmens an einen Dritten (Dreiecksgeschäft).

Einkaufsverhandlungen *(Wahlfach „Einkauf", Kap.4)*
Vorbereitungen und **Checklisten** für Gesprächsführung; u.a.:
- Entwicklung von Liefermengen, Umsätzen und Preisen in der Vergangenheit;
- Alternativen bzw. Abhängigkeitsgrad sowohl für Besteller wie für Lieferanten;
- falls Alternativen: Konditionen vorliegender Angebote;
- Marktentwicklung; Marktstellung des Lieferanten;
- aktuelle Situation, Interessenlage des Lieferanten;
- Zeitdruck für Abschluss vorhanden?

Zahlungsbedingungen
Vereinbarung eines **Zahlungsziels** („Lieferantenkredit"); Zeitdauer = „Valuta"; in Deutschland üblich 30 Tage ohne Skonto. Sicherung durch Eigentumsvorbehalt; Skonto für Zahlung vor Ablauf.
Ratenzahlung: Aufteilung des geschuldeten Betrages in Teilzahlungen mit fest stehenden, meist periodischen Zahlungszeitpunkten.
Vorkasse = Lieferung nach Zahlung einer Vorausrechnung.

Lieferbedingungen
Regelung von Transportmittel, Kosten der Lieferung, Risiken, Gefahrübergang.

Gewährleistungsansprüche
2013 Herbst Aufg.3
Gewährleistungsrechte bei Mangel gem. § 437 BGB (Ausschluss bei Kenntnis):
- Nachbesserung (Reparatur oder Neulieferung nach Wahl des Käufers), § 439 BGB
- Rücktritt (wenn erheblicher Mangel und erfolglose Frist zur Nacherfüllung), § 440 BGB
- Schadensersatz (erfolglose Frist zur Nacherfüllung), § 441 BGB
- Minderung (erfolglose Frist zur Nacherfüllung), § 440 BGB
- Ersatz vergeblicher Aufwendungen (erfolglose Frist zur Nacherfüllung), § 284 BGB

2.2.4 Bezugsquellen

Direkt beim Hersteller – **indirekt** über Großhandel, Einkaufsgenossenschaften.

Weg	Vorteile	Nachteile
direkt	Niedriger Preis	Mindestmengen Keine Alternativen
indirekt	Keine Mindestmengen Auswahl Unabhängige Beratung Kürzerer Weg	Höherer Preis

Lieferantenauswahl
Beurteilung verschiedener Lieferantenangebote nach gleichen **Kriterien**: Angebotspreis (Bruttopreis – Rabatte + Zuschläge; Skontierungsmöglichkeiten; Nebenkosten); Qualitäten; Liefertermine, Lieferzeiten.

Angebotsvergleich
2016 Herbst Aufg.10a
Quantitativ = Bezugspreiskalkulation:
Gegenüberstellung von Nettopreis (Berücksichtigung von Rabatten, evtl. Bonus), Nebenkoszten ujnd Zahlungszielen.
Qualitativ = Berücksichtigung weiterer Faktoren wie Qualität, Termintreue, Lieferzeit; häufig durch Vornahme einer Nutzwertanalyse.

Nutzwertanalyse
2016 Herbst Aufg.10b

Vergleich von Entscheidungsvarianten durch Vergleich der bei den verschiedenen Kriterien entstehenden Nutzenwerte, meist verbunden mit einer Gewichtung der Kriterien nach ihrer Bedeutung für die Entscheidung. Problem ist damit, die Objektivität bei der Bestimmung von Nutzenwerten und Gewichtungen zu wahren, z.B. durch Beteiligung mehrerer, auch externer Fachleute. - **Vorgehensweise**:
- Festlegung der Kriterien;
- Bestimmen der Gewichtungen;
- Analyse der Alternativen für jedes Kriterium;
- Multiplikation der Nutzenwerte mit der Gewichtung;
- Summenbildungen für die Alternativen

Vereinfachtes Beispiel für zwei Alternativen bei einer Nutzen-Skala N von 1-5 und Gewichtungsstufen X von 1-3 :

Krit.	Variante A			Variante B		
	N	X	Sum	N	X	Sum
Preis	4	3	12	2	3	6
Termin	2	1	2	5	1	5
Service	2	2	4	4	2	8
Leistung	5	3	15	3	3	9
Summe	(13)		33	(14)		28

Ohne Gewichtung wäre Variante B knapp vorne, nach Gewichtung ist Variante A eindeutig vorzuziehen.

Vorgehensweise:
1. Festlegung der Kriterien;
2. Bestimmen der Gewichtungen, incl. der Festlegung von KO-Kriterien, deren Erfüllung unabdingbare Voraussetzung ist;
3. Analyse der Alternativen für jedes Kriterium;
4. Multiplikation der Nutzenwerte mit der Gewichtung;
5. Summenbildungen für die Alternativen

2. Beschaffungs- / Logistikprozesse

E-Commerce *(2015 Früh Aufg.1)*
Allgemein die Abwicklung von Geschäften durch Datenaustausch über das Internet; bei der Beschaffung die weitgehend automatisierte Durchführung von Bestellvorgängen aus der eigenen EDV heraus über das Internet.
Voraussetzungen u.a.:
Integriertes Warenwirtschaftssystem;
Datenbank mit Zuordnung von Artikelnummern und allen Lieferantendaten;
Definition von Meldebeständen und Bestellmengen;
Rahmenvereinbarungen mit Lieferanten.

2.3 Controlling

Lieferanten
2013 Früh Aufg.4a | 2014 Herbst Aufg.5c
Lieferantenbewertung: Beurteilung verschiedener Lieferantenangebote nach gleichen Kriterien, um in der Beschaffung kaufmännische Rationalität, schnellen Überblick, objektive Entscheidung und Transparenz sicherzustellen.

Kriterien können sein, ggf. in unterschiedlicher Gewichtung:
- Angebotspreis (Bruttopreis − Rabatte + Zuschläge; Skontierungsmöglichkeiten; Nebenkosten);
- Qualitäten;
- Termintreue;
- Lieferzeiten;
- Lieferbedingungen;
- Service;
- Kulanz;
- Zertifizierungen.

Ökologische Kriterien u.a.:
- Geringe Umweltbelastung bei Herstellung; Nachweis Umweltmanagement.
- Umweltfreundliche Transportmittel.

Controlling
2013 Früh Aufg.7b
Optimierung von Bestellprozessen, Lieferantenbeziehungen, Bestandsmengen und Lagerorganisation zur betriebswirtschaftlich optimalen Versorgung mit erforderlichen Gütern bei minimaler Kapitalbindung.

2. Beschaffungs- / Logistikprozesse

Instrumente des Controlling – s. auch Kap.1.1
2012 Herbst Aufg.6

ABC-Analyse
2015 Herbst Aufg.5 | 2017 Früh Aufg.7
Sortierung des Datenbestandes (Lieferanten; Warengruppen) absteigend nach quantitativer Bedeutung (Umsatz; Volumen) zur anschließenden Bildung von Gruppen, wobei etwa die größten A 20% ca. 80% des Volumens ausmachen (Pareto-Prinzip), die nächsten B 30% ca. 15% und die restlichen C 50% die restlichen 5%.
Konsequenzen der Analyse: Konzentration bei Mengenplanung, Lieferantenauswahl und Preisverhandlungen auf A-Artikel; bei C-Artikel wegen der geringeren Kapitalbindung eher höhere Bestände und weniger Bestellvorgänge.

XYZ-Analyse: Analyse nach Verbrauch in konstant, schwankend und unregelmäßig, nach Prognostizierbarkeit des Verbrauchs in hoch, mittel und niedrig. X = konstanter Verbrauch und hohe Prognostizierbarkeit; am anderen Ende Z = unregelmäßiger Verbrauch, schlecht prognostizierbar.

Kombinierte Analyse: Die Zusammenführung beider Analysen ergibt 9 Kombinationen mit unterschiedlichen Strategien. Extreme sind: AX-Teile (= hoher Wertanteil; konstanter Verbrauch); fertigungssynchrone Beschaffung.
BY-Teile (= mittlerer Wertanteil; schwankender Verbrauch); Vorratsbeschaffung
CZ-Teile (= geringer Wert; unregelmäßiger Verbrauch); Vendor-Managed-Inventory *(s. Kap. 3.2.4)*

Kennzahlen
2013 Früh Aufg.7c
Beschaffung
2013 Früh Aufg.7a | 2015 Früh Aufg.6
Bei Festlegung der Bestellmenge zu berücksichtigende Gesamtkosten = Lagerhaltungskosten (Lagerkostensatz plus Zinssatz für Kapitalbindung auf durchschnittlichen Wert des Lagerbestandes) plus Bestellkosten (Anzahl der erforderlichen Bestellungen mal Fixkosten pro Bestellvorgang).

Lagerhaltung
2013 Früh Aufg.6 | 2014 Herbst Aufg.6a | 2016 Herbst Aufg.7 |2017 Herbst Aufg.11a
Lagerbestand (Grobrechnung) = (Anfangsbestand + Endbestand) / 2
Lagerbestand (Feinrechnung) = (Anfangsbestand + Summe Monatsendbestände) / 13
Umschlagshäufigkeit = Materialverbrauch / Durchschnitt Lagerbestand
Lagerdauer = Durchschnitt Lagerbestand x 360/Materialverbrauch
Reichweite = Lagerbestand / Bedarf pro Tag
Servicegrad = prozentualer Anteil der ausgeführten Warenanforderungen an allen Anforderungen.

Umschlagshäufigkeit
2015 Früh Aufg.4 | 2015 Herbst Aufg.2
Je größer die Umschlagshäufigkeit, desto geringer sind Kapitalbindung und Lagerkosten. Erhöhung der Umschlagshäufigkeit durch Aussortieren von Material/Sortimentsteilen mit niedriger Umschlagshäufigkeit (**„Ladenhüter)**, Reduktion von Bestandsmengen (Senken von Sicherheit-/Meldebestand), Verkürzung von Wiederbeschaffungszeit.

3. Wertschöpfungskette

3.1 Supply-Chain-Management

2012 Früh Aufg.2c | 2014 Früh Aufg.4 | 2015 Herbst Aufg.2

Management der Wertschöpfungskette:
Lückenlose Verzahnung und Vernetzung von Materialfluss entlang der Wertschöpfungskette einerseits und zeitnaher Informationsfluss über Bedarfsentwicklungen bzw. Bestandsveränderungen vom Markt beginnend diese Kette zurück durch Datenaustausch.

Warenwirtschaftssystem
2012 Herbst Aufg.5c
Detaillierte, soweit möglich automatisierte mengen- und wertmäßige Erfassung des gesamten Ein- und Ausgangs von Waren zur lückenlosen Ermittlung der Bestände und daraus resultierendem Management der Bestellungen.

Stammdaten –Informationen zur eindeutigen Zuordnung von Vorgängen, z.B. artikelbezogene zeitunabhängige Daten wie Artikelnummer.

Bewegungsdaten – durch die mit dem betrieblichen Leistungsprozess verbundenen Vorgänge entstehende Informationen, z.B. Zu- und Abgang von Artikeln

Systeme zur Steuerung
2012 Früh Aufg.3a+b | 2014 Herbst Aufg.6c | 2015 Früh Aufg.3 | 2015 Herbst Aufg.6c | 2016 Früh Aufg.3 | 2016 Herbst Aufg.5
Vendor-Managed-Inventory (VMI)
<u>2017 Herbst Aufg.11b+c</u>
Im Rahmen des Efficient Replenishment (Kap.2.2) Steuerung der Lieferungen durch Lieferanten selbst, ausgehend von per EDI verfügbaren Bestandsdaten des Kunden. Ergibt Planungssicherheit für Lieferanten, Versorgungssicherheit für Abnehmer, verkürzte Lieferzeiten, geringere Lagerbestände.

Cross-Docking
2012 Herbst Aufg.3 | 2013 Früh Aufg.6e | <u>2016 Herbst Aufg.8c</u>
Feinabstimmung innerhalb des Lieferprozesses von Lieferzeiten und Mengen zur direkten Weiterbeförderung, damit Vermeidung des Zwischenlagerns; „einstufig" = direkte Weiterleitung ohne irgendwelche Bearbeitung, „zweistufig" = Weiterleitung zwar ohne Zwischenlagerung, aber nach Bearbeitung, z.B. Kommissionierung.

Electronic Data Interchange (EDI)
2013 Herbst Aufg.2b
Verbindung des Warenwirtschaftssystems beim Händler mit dem Datenmanagement des Lieferanten / Herstellers über elektronischen Datenaustausch zur Vermeidung von Zeitverlust bei der Anpassung von Liefer-/Produktionsmengen an Bedarf.

Efficient Unit Loads (EUL)
2013 Herbst Aufg.2c
Effiziente Verpackungseinheiten durch Abstimmung und Standardisierung von Verpackungsgrößen und Ladungsträger.

Identifikationssysteme

2014 Früh Aufg.1 | 2015 Früh Aufg.5

Technische Einrichtungen zur Erleichterung bzw. nach Möglichkeit Automatisierung der Identifikation der Waren.

RFID (Radio Frequency Identification) = Übermittlung der Daten im Materialfluss durch Transponder.

EAN (Europäische Artikel-Nummer; jetzt: GTIN = Global Trade Item Number) = international abgestimmte Artikelkodierung durch maschinell lesbaren Strichcode.

NVE (Nummer der Versandeinheit) = Teil des erweiterten EAN-128-Code, der durch die Möglichkeit der Darstellung von über 70 Datenelementen u.a. die Warenverfolgung per Internet ermöglicht.

QR-Code (Quick Response) = Verschlüsselung von Informationen in einem zwei-dimensionalen (quadratischen) Feld durch schwarze und weiße Punkte, besonders fehlertolerant.

3.2 Optimierung

Warenflusssteuerung
2015 Herbst Aufg.6b | 2015 Herbst Aufg.1
Optimierung des Warenflusses durch
- Minimierung der Transportzeiten;
- Vermeiden von Pufferzeiten *(s.3.2.2 Cross-Docking)*
- schnelle Tramsportmittel;
- Beschleunigung des Umschlags durch standardisierte Transportverpackung

Kanban (= „Karten")
Steuerung der Lieferkette nach dem Pull-Prinzip als Bedarfsmeldung an vorgelagerte Stufen, in Japan umgesetzt über Karten an Transportbehältern. - Vorteile:
- unmittelbare Bedarfsorientierung;
- zeitnahe Bedarfsmeldung;
- geringer Organisationsaufwand;
- Reduzierung der Lagerbestände;
- Beschleunigung des Materialflusses;
- Verringerung des Risikos von Produktionsstillstand.

Rack-Jobber
Handelsmarketing: 2013 Herbst Aufg.1c
Großhändler, die im Einzelhandel Regalflächen zur eigenständigen Präsentation auf eigenes Risiko anmieten und selbst bestücken; Inkasso durch Einzelhändler, evtl. mit zusätzlicher Umsatzprovision; Form der vertikalen Kooperation

4. Waren- und Datenfluss

4.1 Category Management

Category Management
2012 Herbst Aufg.2a | 2015 Herbst Aufg.2 | 2017 Früh Aufg.10
Warengruppenmanagement - Aufgaben
Definition und Abgrenzung der Warengruppe;
Optimierung der Warengruppenzusammensetzung;
Preispolitik mit Berücksichtigung von Mischkalkulationen;
Warenpräsentation durch Verbindung der Einsatzzwecke;
Planung und Terminierung von Sonderaktionen.

4.2 Efficient Consumer Response

Efficient Consumer Response
2012 Früh Aufg.2a | 2013 Herbst Aufg.2
Optimierung des Warenflusses im Hinblick auf zeitnahe Orientierung an den Kundenbedürfnissen, gestützt auf enge Zusammenarbeit zwischen Handel und Herstellern insbesondere durch die Organisation eines elektronischen Datenflusses (**Electronic Data Interchange**; EDI) über Abverkäufe. Umsetzung erfordert u.a. effiziente Distributionswege und standardisierte Transportmittel.

Basisstrategien von ECR
2012 Früh Aufg.2b | 2013 Früh Aufg.5 | 2016 Früh Aufg.8 | 2017 Herbst Aufg.9

Efficient Replenishment
2013 Herbst Aufg.2a | 2016 Früh Aufg.3)
Optimale Gestaltung der Warenversorgung im Verkauf (des "Wieder-Auffüllens") auf Basis eines Informationsflusses über den Abverkauf vom Handel zum Hersteller ohne Zeitverlust durch Verbindung des Warenwirtschaftssystems beim Händler über elektronischen Datenaustausch (Electronic Data Interchange; EDI).

Efficient Assortment (*auch:* Efficient Store Assortment)
2012 Herbst Aufg.1b
Optimale Sortimentsgestaltung im Sinne der Kundenzufriedenheit als Teil des Category Management; erfordert Einbeziehung der dezentralen und damit markt-näheren Entscheider in Sortimentsgestaltung

Efficient Promotion
Optimale Verkaufsförderung durch aufeinander zeitlich und inhaltlich abgestimmte Aktionen von Handel und Hersteller.

Efficient Product Introduction
2014 Herbst Aufg.4
Optimale Produktneueinführung durch Koordination der Produktentwicklung seitens des Herstellers mit Einführungaktionen des Handels.

5. Transport und Entsorgung

5.1 Transport

Außerbetrieblicher Transport - Tourenplanung
2012 Früh Aufg.4
Optimierung von Wegstrecken, damit von Energieverbrauch und Zeitbedarf; Optimierung von Raumnutzung der Transportmittel, damit der Transportkosten; Optimierung von Einzelprozessen (z.B. Umladungen), damit von Zeitbedarf und Kosten

Innerbetrieblicher Transport
Anforderungen ergeben sich aus:
- Gewicht der Güter;
- Volumen der Güter;
- Beförderungsmenge;
- Transporthäufigkeit;
- spezielle Ansprüche (z.B.:Bruchgefahr; Temperatur; Gefahrgut).

Ziel: Die Güter ohne Transportschäden in kürzester Zeit zu niedrigsten Kosten bei geringster Umweltbelastung in der erforderlichen Menge an den richtigen Platz zu bringen.

Beteiligte und ihre Verantwortung:
- **Absender** (ordnungsgemäße Verpackung);
- **Verlader** (ordnungsgemäßer Zustand des Transportmittels);
- **Fahrzeughalter** (Eignung des Fahrzeugs und des Fahrzeugführers);
- **Fahrzeugführer** (Kontrolle der ordnungsgemäßen Sicherung und gleichmäßigen Verteilung der Ladung);

- **Arbeitgeber** (Einhaltung von Maßnahmen des Arbeitsschutzes und der Arbeitszeiten).

Incoterms
2016 Früh Aufg.7
International gültige, von der Internationalen Handelskammer Paris formulierte **Transport-Klauseln** zur Regelung der wichtigsten Pflichten der Vertragspartner in internationalen Lieferverträgen, v.a. des Gefahrübergangs (= Zeitpunkt, zu dem das Transportrisiko wechselt), der Übernahme der Transportkosten und der Transportversicherung.
Klauseln für den **Schifftransport**:
FAS: free alongside ship/frei Längsseite Schiff
FOB: free on board/frei an Bord
CFR: cost and freight/Kosten und Fracht
CIF: cost, insurance and freight/Kosten, Versicherung und Fracht
Allgemeine Klauseln:
EXW: ex works /ab Werk
FCA: free carrier/frei Frachtführer
CPT: carriage paid to/frachtfrei
CIP: carriage and insurance paid to/
Frachtfrei versichert
DAP: delivered at place
DAT: delivered at terminal/
geliefert an Terminal
DDP: delivered duty paid/
geliefert verzollt

Allgemeine deutsche Speditionsbedingungen (ADSp)
Allgemeine Geschäftsbedingungen, die von der überwiegenden Mehrheit der Speditionen und Transportunternehmen angewendet werden. Sie finden keine Anwendung auf Verkehrsverträge mit Verbrauchern.

5. Transport und Entsorgung

Transportmittel
Einteilungsmöglichkeiten nach:
Antrieb; Beweglichkeit; Automatisierung; Flurbindung
Interne Transportsysteme („**Fördermittel**") -Einsatzkriterien:
Fördergut – Förderintensität – Förderstrecke - Fertigungsprinzip.
Nach Art des Materialflusses zu unterscheiden in:
Stetigförderer = kontinuierlicher Materialfluss, z.B. bei Fließfertigung durch Förderbänder; ortsfeste Einrichtungen
Unstetigförderer = durch Be- und Entladung unterbrochener Materialtransport; nicht ortsfest, flexibel in Wahl des Weges; z.B. Gabelstapler.

Externe Transportsysteme
Auswahlkriterien: Kosten – Zeitbedarf – Flexibilität - Zuverlässigkeit - Termintreue – Umwelt-/Sicherheits-Vorschriften.

Transportwege
2013 Früh Aufg.1 | 2013 Herbst Aufg.4 | 2015 Früh Aufg.2
Straße: flexibel; flächendeckend; kostengünstig – Staugefährdet; umweltschädlich
Schiene: kostengünstig bei schweren Gütern; sicher; umweltfreundlich – unflexibel; Umladungen erforderlich.
Wasserwege: kostengünstig bei Massengütern; umweltfreundlich – langsam; wetterabhängig
Luft: schnell; zuverlässig – teuer; umweltschädlich.

Transportnetzwerke
2015 Herbst Aufg.6a | 2016 Früh Aufg.6
Analyse des Transportnetzes als Kombination aus Speicherprozessen (Lager, dargestellt als **Knoten**) und dazwischen liegenden Bewegungsprozessen (Transporte, Verkehrsfluss; dargestellt als **Kanten** zwischen den Knoten).

Hub-and-Spoke-System
2016 Früh Aufg.5 | 2016 Früh Aufg.6a
Darstellung auch als Verbindung von zentralen Lagerplätzen / Terminals (als Naben; engl. Hub) und davon ausgehenden vielfachen Transportrichtungen (als Speichen; engl. Spoke).

City-Logistik
2016 Früh Aufg.5
Kooperation verschiedener Logistikunternehmen zur Schaffung eines gemeinsamen Anlieferungs- bzw. Umschlagsplatzes, von dem aus dann alle Adressaten in der City gemeinsam angefahren werden.

Transportkosten
2012 Herbst Aufg.4
Fixe Kosten:
Abschreibungen; Verwaltungskosten; Versicherungskosten; Zwischenlagerungskosten; Verladekosten.
Variable Kosten:
Treibstoff; Straßenmaut; Personalkosten Fahrer; Fahrzeugkosten.
Vergleichsrechnung eigener Fuhrpark/Fremdvergabe
2014 Früh Aufg.3
Bei Angabe von Fixkosten K_{fix} als absoluter Betrag, eigenen variablen Kosten K_v und Fremdkosten K_{ext} in % vom Umsatz über Gleichung: $K_{fix} + K_v = K_{ext}$ zur Ermittlung der kritischen Umsatzgröße, ab der eigener Fuhrpark günstiger ist.

5.2 Entsorgung

Abfallwirtschaft
2015 Herbst Aufg.1
Prinzipien der Gesetzgebung:
Vorsorgeprinzip: Einsatz von Maßnahmen zur Vorbeugung gegen das Auftreten von Umweltschäden.
Verursacherprinzip: Kosten für die Beseitigung von Umweltschäden sind von dem zu tragen, der für den Schaden verantwortlich zu machen ist.
Gemeinlastprinzip: Wenn das Verursacherprinzip nicht greift (Verursacher nicht feststellbar; nicht mehr rechtlich existent), muss die Allgemeinheit die Kosten der Beseitigung von Umweltschäden tragen.
Kooperationsprinzip: Mitwirkung aller Betroffenen (öffentliche Hand, Unternehmen, Einwohner) bei Entscheidungen und Maßnahmen zum Schutz der Umwelt.

Rechtsgrundlagen
2013 Früh Aufg.3b | 2016 Herbst Aufg.1b
Kreislaufwirtschaft- und Abfallgeset;
Verpackungsverordnung;
Abfallverordnung;
Abfallverzeichnis-Verordnung
Nachweisverordnung.

Objekte der Entsorgung
Abfälle zur Verwertung, Beseitigung, Überwachung. –
Arten:
- Materialabfall (Reste aus der Produktion);
- produktionsbedingte Rückstände (bei der Herstellung verwendete Materialien, die nicht Produktbestandteil werden);
- Fertigungsausschuss (nicht verwendungsfähige Mängelware);
- Fertigungsüberschuss (nicht mehr absetzbare Produkte);
- Packmittel (Verpackungen aus Warenbezug; von Kunden zurückerhaltene eigen Verpackungen);
- Altmaschinen (ausrangierte Anlagen).

Ursachen für Entsorgung im Handel
2013 Früh Aufg.3a | 2016 Herbst Aufg.1a
verdorbene oder beschädigte Ware, Ablauf des Mindesthaltbarkeitsdatums, unverkäufliche Ware/Ladenhüter, Retouren, Saisonartikel, Auslaufartikel.

Verpackungen
2012 Früh Aufg.7 | 2014 Herbst Aufg.1b | 2016 Früh Aufg.6 | 2018 Herbst Aufg.8
Primärverpackung = Verpackung, die das Füllgut aufnimmt bzw. im Kontakt mit dem Füllgut steht; Entsorgung durch den Endverbraucher.
Sekundärverpackung = Umverpackungen ohne direkten Kontakt zum Füllgut; kann vom Handel an Lieferanten zurückgegeben werden. – In der Praxis erfolgt jedoch die Entsorgung meist über das Duale System (s. Kap. 8.4).
Tertiärverpackung = Verpackungen, die den Transport von Waren erleichtern, die Waren auf dem Transport vor Schäden bewahren oder die aus Gründen der Sicherheit des Transports verwendet werden; müssen wenn nicht anders vereinbart vom Absender zurückgenommen werden.

5. Transport und Entsorgung

Unterscheidung nach **Verpackungsverordnung** in:
Verkaufsverpackung = Verpackungen, die als eine Verkaufseinheit angeboten werden und beim Endverbraucher anfallen.

Umverpackung = Verpackungen, die als zusätzliche Verpackungen zu Verkaufsverpackungen verwendet werden und nicht für die Abgabe an den Endverbraucher erforderlich sind.

Transportverpackung = Verpackungen, die den Transport von Waren erleichtern, die Waren auf dem Transport vor Schäden bewahren oder die aus Gründen der Sicherheit des Transports verwendet werden; müssen wenn nicht anders vereinbart vom Absender zurückgenommen werden.

Getränkeverpackungen = geschlossene oder überwiegend geschlossene Verpackungen für flüssige Lebensmittel.

Mehrwegverpackungen = dazu bestimmt, nach Gebrauch mehrfach zum gleichen Zweck wiederverwendet zu werden.

Einwegverpackungen = Verpackungen, die keine Mehrwegverpackungen sind.

Formen der Entsorgung
2016 Früh Aufg.7 | 2015 Herbst Aufg.3
Aufgaben gemäß Kreislaufwirtschafts- und Abfallgesetz (und in dieser Reihenfolge zu beachten):
1. Abfallvermeidung
2. Abfallverminderung
3. Abfallverwendung
4. Abfallbeseitigung

Abfallvermeidung / Abfallverminderung
Materialsparende, insbesondere Materialabfall minimierende Konstruktion der Produkte und Planung des Herstellungsprozesses; Optimierung von Beschaffung und Lagerhaltung; Einsatz von Mehrwegsystemen.

„**Recycling**" = Sammlung und ggf. Aufbereitung entstandener Abfälle in einer Weise, die eine Rückführung in den betrieblichen Produktionsprozess ermöglicht; entweder zur **Wiederverwendung** im ursprünglichen Verwendungszweck oder zur **Weiterverwendung** in einem (meist untergeordneten) Zweck.

Abfallbeseitigung
- Verbrennung („thermische Verwertung");
- Ablagerung (Mülldeponien);
- Einleitung (von Flüssigkeiten in Kläranlegen und Gewässer);
- Emission (Ausstoß von Rauch und Abgasen).

6. Lagerhaltung

Funktionen
2014 Früh Aufg.6c+d
Pufferfunktion (Ausgleichsfunktion): Mengen-und zeitmäßiger Ausgleich zwischen dem Anfall des Materials und dem Bedarf.
Sicherheitsfunktion: Schaffen der Voraussetzungen für eine ungestörte Produktion, auch bei Schwankungen der Kapazitätsauslastung.
Spekulationsfunktion: Abmildern von Preisschwankungen auf dem Beschaffungsmarkt durch entsprechende zeitliche Gestaltung der Bestellungen.
Transformationsfunktion (Produktivfunktion): erwünschte, manchmal bewusst herbeigeführte Veränderung der Eigenschaften gelagerter Materialien

6.1 Lagerprozesse

Lagerplanung
Entscheidung über Standort, Größe, Struktur und Ausstattung.
Kriterien:
- Infrastruktur (verkehrstechnische Rahmenbedingungen);
- geographische Lage (Entfernung zu Anlieferern einerseits, zur Produktion andererseits);
- Materialanforderungen (materialbedingt erforderliche Eigenschaften wie Tragfähigkeit des Bodens, klimatische Verhältnisse im Lager);
- Lagerordnung (Grad der Automatisierung, z.B. bei chaotischer Lagerhaltung);
- Flexibilität (vorhandene Spielräume für eventuell erforderliche bauliche Änderungen und Erweiterungen).

Wareneingang
2014 Herbst Aufg.7 | 2016 Früh Aufg.2
Verantwortung für Richtigkeit und Qualität des eingehenden Materials; Einschleusung in die innerbetriebliche Organisation der Lagerhaltung bzw. Fertigung; enge Verzahnung mit Einkauf (Bestellung). - **Aufgaben**:
- Annahme der Lieferung bzw. Prüfung auf Übereinstimmung mit Bestellung;
- Kontrolle auf Unversehrtheit (Transportschäden)
- Entladung;
- Qualitätsprüfung;
- Informationsweitergabe an Einkauf
- Einlagerung, evtl. in Verbindung mit Kommissionierung
- Verbuchung nach Lagerordnung
- Einlagerung.
Bei festgestellten Mängeln unverzügliche Reklamation zur Wahrung der Gewährleistungsansprüche (siehe unten)

5. Transport und Entsorgung

Sachmängel
Artmangel (falsche Ware)
Beschaffenheitsmangel (falsche Eigenschaft)
Qualitätsmangel (falsche Güte)
Beschädigung
Defekt

Qualitätsprüfung – Voraussetzungen für Verzicht:
- nachgewiesene oder vertraglich zugesicherte Qualitätsprüfung durch den Lieferanten;
- Irrelevanz möglicher Qualitätsmängel wegen der Bedeutung des Materials für den Wertschöpfungsprozess;
- fehlende Zeit für die Prüfung wegen Zeitdruck der Fertigung;
- keine zerstörungsfreie Prüfung möglich; evtl. Prüfung von Stichproben;
- keine Prüfung möglich mangels geeigneter Prüfverfahren / Prüfgeräte.

6.2 Lagerorganisation

Lagersicherheit - *2012 Herbst Aufg.2b*
Lagerarten und –typen
Eingangslager;
Werkstattlager;
Betriebsstofflager;
Erzeugnislager.
Einteilung des Lagers nach den Kriterien:
Material - Größe – Gewicht – Farbe – Häufigkeit des Zugriffs - Empfindlichkeit.

Kommissionierung - *2017 Früh Aufg.9b | 2018 Früh Aufg.9*
„Das Zusammenstellen von bestimmten Teilmengen aus einer bereitgestellten Gesamtmenge aufgrund von Bedarfsinformationen. Dabei findet eine Umformung eines lagerspeziflschen in einen verbrauchsspezifischen Zustand statt" (VDI-Richtlinie 3590). Unterschieden wird **„serielle"** (Auftrag wird von nur einem Kommissionierer abgearbeitet) und **parallele** (von mehreren arbeitsteilig erfolgende) Kommissionierung. Die früher übliche Packliste wird zur Beschleunigung ersetzt durch elektronische Formen der Datenübermittlung (akustisch= pick by voice; optisch am Regal selbst = pick by vision), bei denen der Kommissionierer sich auf den Pick-up-Vorgang selbst konzentrieren kann.

Bestandsmanagement
Kontrolle der Bestände mit Hilfe der Kennzahlen auf Einhaltung der Lagerpolitik im Konflikt zwischen Minimierung der Kapitalbindung und Sicherung eines reibungslosen Produktionsprozesses.

5. Transport und Entsorgung

Lagerordnungssysteme
Kennzeichnung der Materialgruppen nach:
- Artikelbezeichnung
- Gruppenbezeichnung
- Nummern-System
- Farbmarkierungen

Systematische Lagerordnung (Festplatzsystem)
Zuweisung der Artikel nach einem Lagerplan zu gleich bleibenden Lagerplätzen; Mögliche Zuweisungs-Kriterien: Gewicht, Empfindlichkeit, Volumen, Warengruppe, Zugriffshäufigkeit.

Chaotische Lagerordnung (Freiplatzsystem)
Zuweisung eintreffender Artikel durch ein EDV-gestütztes Lagersystem auf den nächsten freien Lagerplatz.

GMK-Analyse
2016 Herbst Aufg.8a
Untersuchung der Verpackungen nach Volumen zur Einteilung in die Kategorien:
- G = großvolumig (Stapler erforderlich);
- M = mittelvolumig (beidhändiges Greifen möglich);
- K = kleinvolumig (einhändiges Greifen möglich).

Das Ergebnis liefert eine Entscheidungsgrundlage für die Bildung von Zonen mit gleichen Anforderungen an die Transporttechnik.

Regalsysteme - *2017 Früh Aufg.9a*
Unterschieden werden kann zwischen statischen und dynamischen Regalsystemen.
Statisch = die eingelagerten Güter werden nicht bewegt; Arten: Fachboden-, Paletten-, Kragarmregale.
Dynamisch = die Güter können bewegt werden; Arten: Paternoster-, Durchlauf-, Verschieberegale.

6.3 Wirtschaftlichkeit

Eigen- / Fremdlagerung
2015 Herbst Aufg.4 | 2016 Früh Aufg.10a
Quantitative Kriterien: Kostenvergleich; Investitionsbedarf; Kapitalbindung
Qualitative Kriterien: Flexibilität; Unabhängigkeit; Zugriffsmöglichkeiten.

Dezentrale Lagerung - *2018 Früh Aufg.7*
Den Vorteilen kürzerer Lieferstrecken und -zeiten und größerer Flexibilität stehen Nachteile auf der Kostenseite gegenüber. Zusätzliche Kosten entstehen für.
- Miete
- Personal
- Kapitalbindung
- Investitionen
- Abschreibungen

Vorratslose Versorgung („just-in-time")
Abstimmung des Lieferzeitpunktes mit Bedarf in der Weise, dass das Material direkt ohne zwischengeschaltete Lagerung verarbeitet bzw. weitergeleitet werden kann.

Lagerbestands- und Lagerverbrauchsrechnung
2013 Herbst Aufg.5 | s. auch Kap. 1.3
Sicherheitsbestand
Verbrauch pro Tag x Wiederbeschaffungszeit in Tagen x Lieferbereitschaftsgrad (Gewichtungsfaktor >0 und <1)
Meldebestand
Sicherheitsbestand plus Verbrauch pro Tag x Wiederbeschaffungszeit

5. Transport und Entsorgung

Inventur
2014 Früh Aufg.2b+c | 2015 Früh Aufg.6 | 2016 Früh Aufg.4
Körperliche Bestandsaufnahme zur mengen- und wertmäßigen Erfassung aller Vermögensteile und Schulden. Mengenermittlung durch Wiegen, Zählen, Messen, Schätzen. Wertermittlung durch Bewertung. - „Buchinventur" bei „nichtkörperlichen Vermögensteilen" anhand von Belegen.

Stichtagsinventur: Durchführung am (Bilanz-)Stichtag bzw. im Zeitraum von 10 Tagen davor und danach;
Verlegte Inventur: gegenüber dem Bilanz-Stichtag zeitversetzt um max. drei Monate davor und zwei Monate danach; Antrag bei der zuständigen Finanzbehörde erforderlich;
Permanente Inventur: ausgehend von einer körperlichen Inventur (mindestens jährlich) fortlaufende Erfassung der Veränderungen bis zur Übernahme der Werte am Bilanzstichtag

Inventar: Zusammenfassung der Ergebnisse der Inventur. Bestandsverzeichnis aller Vermögensteile und Schulden

Verbrauchsfolgeverfahren
Für die Entscheidung, welche Preise zur Bewertung herangezogen werden, getroffene Annahme über die Abfolge der Entnahme: beginnend mit den zuerst gelieferten (first in – first out = FIFO) oder den zuletzt gelieferten (last in – first out = LIFO).

Verbrauchsrechnung
2016 Früh Aufg.4
Skontrahierungsmethode = laufende Bestandsfortschreibung durch Erfassung der Zu-und Abgänge.
Inventurmethode = Ermittlung der Abgänge aus der Differenz zweier verschiedener Bestandsaufnahmen plus den Zugängen im Zeitraum dazwischen.

Retrograde Methode = Rückrechnung der verbrauchten Materialien ausgehend vom fertigen Produkt und der produktbezogenen Stückliste.

Kosten der Lagerhaltung
2012 Früh Aufg.5 | 2012 Herbst Aufg.5a+b | 2014 Herbst Aufg.2 | 2015 Herbst Aufg.3
Lagerkosten *(s. auch Kap. 6.3.2)*
Abschreibungen auf Gebäude bzw. Raummiete
Abschreibung auf Einrichtung
Wartung und Service, incl. Software
Maschinenkosten
Kapitalbindung
Personalkosten
Versicherungen
Verwaltung
Energie- und sonstige Verbrauchskosten

Nutzfläche
Bruttolagerfläche abzüglich der nicht für Lagerung verwendbaren Flächenteile (Fluchtwege, Transportwege, Aufenthaltsräume, Abstellplätze).

Stichwortverzeichnis

4

4-Stufen-Methode 148

A

ABC-Analyse . 79, 122, 302, 305
Abfallbehandlung 105
Abfallbeseitigung 106, 344
Abfallvermeidung 105, 344
Abfallverminderung 105
Ablauffolge 53
Abmahnung 140
Abrufverträge 323
Absatzpotential 225
Absatzvolumen 225
Abschlussprüfung 149
Abschwung 294
Absender 337
Abstimmungskollegialität 52
AdImpression 288
ADSp 338
AEVO 143
Affiliate-Marketing 287
After-sales-Service 271
Agglomeration 243
Agglomerationseffekt 29
Aktiengesellschaft 18
Allgemeine deutsche Speditionsbedingungen 338
Allgemeine Geschäftsbedingungen 322
Allokationsfunktion 251
ALPEN-Methode 122
Analysetools online 287
Anbieter 247
Anderskosten 65
Andersleistungen 65
Andler'sche Formel 311
Andorra-Phänomen 154
Anforderungsprofil 128
Angebot 248
Angebotskurve 250, 251
Angebotsvergleich 325
Angebotsverhalten 247
Anlagendeckung 94
Anmeldepflicht 22
Annuitätendarlehen 88
Anpassungsprozesse ... 211
Anpassungsstrategie ... 234
Ansoff-Matrix 233
Arbeitgeber 133, 338
Arbeitnehmer 133
Arbeitsvertrag 133, 134, 135
Arbeitszeit 207
Arbeitszeitmodelle 164
Argumentationsmethoden 187
Artteilung 43

Asset-Deal 36
At-sales-Service 271
Audit 100
Aufbauorganisation 44, 127, 240, 334, 335, 341, 348, 350
Aufgabenanalyse 44
Aufgabensynthese 45
Aufgabenteilung 43
Aufschwung 293
Ausbilder 144
Ausbildung
   Dauer 145
   Eignungsverordnung 143
   Methoden 147
Ausbildungsbeauftragte 144
Ausgleichsfunktion 251
Außenfinanzierung 35
Auswahlverfahren 228
Autorität 112

B

B2B 318
B2C 318
Balanced Scorecard 80
Balkendiagramm 55
Bankdarlehen 88
BCG 230
Bedarfsermittlung 158, 304, 308
Bedarfsvorhersagen 309
Bedürfnispyramide 114

Befristung 132
Benchmarking 27, 82
Beobachtung 54, 228
Berichtsarten 83
Beschaffungskosten 310
Beschaffungsmarktforschung 318
Beschaffungszeitpunkt 316
Beschwerdemanagement 273
Bestandsmanagement 348
Bestandsrechnung 304
Bestellbestand 304
Bestellmenge 310
Bestellmengen 312
Bestellpunktverfahren 317
Bestellrechnung 304
Bestellrhythmusverfahren 317
Betriebliches Management 209
Betriebsabrechnungsbogen 67
Betriebsergebnis 35
Betriebsformen 216
Betriebsrat 136
Betriebsübergang 37
Betriebsübernahme 36
Betriebsverfassungsgesetz 135
Beurteilungsfehler 153
Beurteilungsgespräche 154
Beurteilungskriterien .. 152
Beurteilungsphasen 154

Stichwortverzeichnis

Beurteilungsrichtung .. 152
Beurteilungssystem 151
Bewerbungsunterlagen
.... 128
Bewertungsmethoden .. 39
Bewertungsschema 129
Bewertungssysteme 152
Bezahlmethoden 212
Bilanz 84, 93
Bilanzkennzahlen 94
Bilanzregel 94
Bildungsmaßnahmen .. 168
Binnenmarkt 295, 297, 320
Bio-Rhythmus 124
Boom 293
Boston Consulting Group
.... 230
bottom up 78
Brainstorming 24, 199
Brainwriting 25, 200
Break-even 82
Break-even-Analyse 73, 80
Bückzone 275
Budgetierung 277
Bundeskartellamt 255
Businessplan 30, 34

C

C2B 318
C2C 318
Cafeteria-System 179
Cafeteriasysteme 178
CAPI 229
Carry-over 280
case study 24
Cash Cows 33, 230
Cash-Flow 95
Category Management
.... 335
Category-Management
.... 276
CATI 229
Chaotische Lagerordnung
.... 349
City-Logistik 340
Coaching 185
Compliance 97
Consumer promotion .. 271
Controlling 76, 142, 301,
328
Convenience 219
Conversion Rate 288
Corporate Governance .58,
97, 241
Corporate Identity .58, 241
Cost-Center 51
CRM 272
Cross-Docking 332

D

Data Warehouse 59
Data-Mining 59
Datenschutz 59
Datenschutzmanagement
.... 102
Datensicherheit 60
Deckungsbeitragsrechnung 73, 80

Defizit-Bedürfnisse 115
Delegation 113
Demografischer Wandel 211
Demographische Kriterien 243
Demographischer Wandel 156
Depression 293
desk research 227
Dienstleistungen 307
Dienstleistungs-Marketing 239, 300
Dienstleistungsverkehr 297
Dienstvertrag 133, 307
Dienstweg 47
Direct Mail 285
Direktinvestitionen 236
Direktorialprinzip 52
Direktwerbung 272
Discounter 218
Disposition 41
Distributionsanalyse ... 223
Distributionspolitik 238, 240
Diversifikation 233
Diversity Management 126, 147
divisions 50
Divisionskalkulation 70
Dogs 33
Dokumentation 41
Dreispeichermodell 171
Duales System 145

due diligence 39

E

EAN 333
E-commerce 212, 285
E-Commerce 327
ECR 336
EDI 335
Effektivität 167
Efficient Assortment ... 336
Efficient Promotion 336
Efficient Replenishment 336
Efficient Unit Loads 332
Effizienz 167
Effizienzstrategie 103
EFQM 102
Eigenfinanzierung ... 35, 89
Eigenkonzept 24
Einführungstag 146
Eingliederungsmanagement 204
Einkaufsgenossenschaft 62, 220
Einkaufsverhandlungen 323
Einliniensystem 47
Einstufungsverfahren .. 153
Einzelkaufmann 17
Einzelunternehmen 16
Eisbergmodell 195
Eisenhower-Methode . 121
eiserne Reserve 316
Elastizitäten 253
Electronic Data

Stichwortverzeichnis

Interchange 332, 335
Eliminierung 266
EMAS-Register 106
Emission 106
Empathie 199
Employer-Branding 125
Entgeltformen 162, 178
Entsorgung 314
ERFA-Gruppe 62, 220
Erhebungsmethoden 53, 228
Ernährungsberatung ... 205
Ertragsplan 35
Ertragswertmethode 39
Euro 297
Europa-AG 19
Europäische Währungsunion 297
Europäischer Binnenmarkt 297
Evaluation 172
Event-Marketing 262
Existenzgründung 14
Expansion 293
Exponentielle Glättung 309
Extranet 59
Extrinsisch 114
EZB 92

F

face-lifting 213
Fachgeschäft 218
Fachmarkt 218

Factoring 90
Fahrzeugführer 337
Fahrzeughalter 337
Fairtrade 215
Fallstudie 24
Feedback 116
Fehlerbaumanalyse 98
Fehlmengen 316
Fertigung 312
Festplatzsystem 349
field research 227
FIFO 351
Finanzbuchhaltung 64
Finanzierung 34, 84, 86, 150
Finanzierungsplan 34
Finanzregel 94
Fischgrät-Diagramm 98
Fixe Kosten 72
Fixkostendegression 72
Flussdiagramm 54
FMEA 97, 98
Fördermittel 339
Förderprogramme ... 34, 88
Forderungsmanagement 96
formelle" Gruppen 189
Forming 189
Fragebogen 53, 229
Franchising 15, 236
Freiberufler 16
Freihandel 295
Freihandelszone .. 295, 320
Freiplatzsystem 349

Fremdfinanzierung .. 35, 88
Fremdkonzept 24
Fremdlagerung 350
Frequenzstudien 54
Frühindikatoren 294
Fuhrpark 340
Führungsaufgaben 113
Führungsgrundsätze 113
Führungskompetenzen 111
Führungsstile............... 117
Führungstechniken 119
funktionale Gliederung . 47
Fusion 63
Fusionen 290
Fusionskontrolle 255

G

Gantt-Diagramm 55
Gap-Analyse 83
GATT 295, 320
GbR 17
Gefahrübergang 214
Gegenstromplanung 78
Geldfluss 56
Geldpolitik 92
Gemeinkosten 66
Gemeinlastprinzip 341
Gemeinschaftswerbung
.... 221
Genehmigungspflicht ... 22
Geo-Targeting 287
Gesamtkostenverfahren 84
Gesamtverschuldung .. 297
Geschäftsidee 23, 28

Gesellschaft bürgerlichen
 Rechts 17
Gesprächsführung 154
Gesundheitsuntersuchung
.... 203
Gewährleistung 214
Gewährleistungsansprüch
e 324
Gewerbeanmeldung 22
Global Sourcing 319
Globalisierung 295, 320
GmbH 18
GmbH & Co. KG 19
GMK-Analyse 349
Goldene Bilanzregel 94
Goodwill 40
Governance 58, 241
Greifzone 275
Grundgesamtheit 227
Grundnutzen 28
Grundschuld 89
Gründungsphasen 23
Grundzentren 243
Gruppen
 Phasen 192
Gruppendynamik 190
GTIN 333
GuV Gliederung 84
GWB 290

H

Halo-Effekt 153
Handelskalkulation 71
Handels-Marke 268

Stichwortverzeichnis

Handelsregister 22
Handelsspanne 71
Handlungsvollmacht 38
Hierarchieeffekt 153
Hoch 293
Höchstpreis 252
Hofstede 236
Homogenität 246
Horizontale
 Kooperationen 220
Hub-and-Spoke 340
Hypothek 90

Interkulturelle
 Kommunikation 236
Internet 285
Interview 54, 229
Intranet 59
Intrinsisch 114
Inventar 351
Inventur 351
Inventurmethode 351
Investition 86
Investitionsplan 34
Ishikawa-Diagramm 98

I

Identifikation 110
Image-Analyse 231
Imitatorstrategie 233
Immission 106
Improvisation 41
Incoterms 338
Indikatoren 294
Information 57
Informationsbeschaffung
 53
Informationsspeicherung
 59
informelle" Gruppen ... 189
Innenfinanzierung 34
Innovation 29
Insolvenzquote 37
Insolvenzverfahren 37
Instanzen 46
Integration 115
Integrationsstrategie ... 240

J

Jahresabschluss 84
Jahresüberschuss 82
Job-Rotation 184
Joint-Venture 236
Jugendarbeitsschutz ... 206
just-in-time 350

K

Kalkulationsfaktor 71
Kalkulationsverfahren ... 70
kalkulatorische Kosten .. 65
Kapitalbedarfsplan 34
Kapitalbedarfsplanung .. 87
Kapitalgesellschaften ... 16, 18
Kapitalverkehr 297
Kartelle 255, 290
Kassationskollegialität 52
Katalogberufe 16

359

Kauf 20, 36
Käufermarkt 211
Kaufkraft 244
Kaufmannseigenschaft . 17
Kennzahlen 81
Kennzahlenmethode ... 158
Kennziffern 244, 301
KG 17
KGaA 19
Kinderbetreuung 205
Kleingewerbetreibender
 16
Klumpenauswahl 228
Kohäsion 189
Kollegialprinzip 52
Kollektivwerbung 221
Kommanditgesellschaft 17
Kommanditist 17
Kommissionierung 315, 348
Kommunikation 25, 57, 134, 242
Kommunikationsebenen
 194
Kommunikationsfehler
 282
Kommunikationspolitik
 .... 239, 240
Kompetenzen 45
Komplementär 17
Konfliktarten 195
Konfliktstrategie 234
Konfliktursachen 195
Konkurrenzanalyse 27, 224, 289
Konsolidierung 96
Konsumentenrente 248
Kontrahierungspolitik . 240
Kontrastfehler 154
Kontrollspanne 46
Konvergenzkriterien 297
Konzessionen 22
Kooperationen 62, 138, 220
Kooperationen
 (international) 236
Kooperationen (Standort)
 242
Kooperationsprinzip 341
Kooperationsstrategie . 234
Körpersprache 194
Kosten 65
Kostenarten 66
Kostenartenrechnung ... 64
Kostenkriterien 244
Kostenstellenrechnung 64, 67
Kostenträgerrechnung . 64, 69
Kosten-und
 Leistungsrechnung 64
Kreativitätstechniken 24, 199
Kreditwürdigkeit 88
Kreislaufwirtschaftsgesetz
 105
Kreuzpreis-Elastizität .. 254
Krisen 282

Stichwortverzeichnis

kritischer Pfad 55
Kundenanalyse 223
Kundendeckungsbeitragsr
  echnung 302
Kundennutzen 28
Kündigung 140
Kündigungsfristen 139
Kündigungsschutz 136
KVP 100

L

Ladenöffnungszeiten .. 214
Lagerbestand. 81, 312, 330
Lagerdauer 81, 330
Lagerhaltung 330, 345
Lagerhaltungskosten ... 310
Lagerkosten 352
Lagerordnungssysteme
  349
Lagerplanung 346
Laissez-faire 118
Laterale Kooperationen
  220
Laufbahnplanung 164,
  169, 183
Lean-Management 47
Leasing 90
Leistung 65
Leistungslohn 163, 178
Leitbild 57
Leittextmethode 147
Leitungsstellen 46
Leitzins 93
Lenkungsfunktion 251

Lernfortschritt 148
Lernhemmungen 170
Lernmechanismen 170
Lerntypen 171
Lernziele 170
Leverage-buy-out 36
Leverage-Effekt 95
Lieferantenauswahl 325
Lieferantenbewertung 328
Lieferbedingungen 324
LIFO 351
Liniensysteme 47
Links 285
Liquidität 94
Liquiditätsplan 35
Lizenzabkommen 237
Logistikprozess 313

M

Maastricht 297
Make-or-Buy 75
Management 52
Management-buy-out ... 36
Managementregelkreis. 77
Management-Techniken
  119
Mängelhaftung 214
Markenpolitik 267
Markenstrategien 268
Marketinginstrumente. 238
Marketingkonzeption 32
Marketing-Mix 240, 299
Markt 246
Marktanalyse 26, 227

361

Methoden 228
Phasen 226
Marktanteil 225
Marktbeobachtung 227
Markteintritt 233
Marktformen 256, 317
Marktforschung .. 226, 317
  Anforderungen 226
Marktpotential 26, 225
Marktprognose 227
Marktsegmentierung ... 27, 235
Marktvolumen 225
Marktwachstum 225
Marktwirtschaft 252
Maslow 114
Materialkosten 67
Matrixorganisation 50
m-commerce 212, 285
Mediaplanung 279
Mediation 197
Mediawerbung 261, 278
Mehrliniensystem 49
Meldebestand 316, 350
Mengenbegrenzung 252
Mengenstudien 54
Mengenteilung 43
Metaplan-Methode 25, 200
Mezzanines Kapital 89
Mind Mapping 25, 200
Mindestbestand 316
Mindestlohn 177
Mindestpreis 252

Mindestreservesatz 92
Mindmap 172
Mini-GmbH 18
Missbrauchsaufsicht ... 255
Mitarbeiterbeurteilung 152
Mitarbeitergespräch 155
Mitbestimmung 136
Mittelwert 309
Mittelwerte 83
Mittelzentren 243
Mobbing 115
mobile payment 212
Modell der vollständigen Handlung 147
Moderation 25, 198
Modifikation 266
modular 320
Monopol 256, 257, 317
Motivation 111, 114
Moving 181
Multimomentverfahren . 54
Multi-Sourcing 319
Musterkommissionen .. 315
Mutterschutzgesetz 206
Mystery Shopping 228

N

Nachfolge 36
Nachfolgeplanung 164, 182
Nachfragekurve ... 250, 251
Nachfrager 247
Nachfrageverhalten 248

Stichwortverzeichnis

Nachhaltigkeit 104, 215
Netzplantechnik 55
Neuverschuldung 297
Newsletter 285
NFC-Chip 212
Nikolaus-Effekt 153
Nischenstrategie 234
Norming 190
Nutzenschwelle 73
Nutzwertanalyse 244
NVE 333

O

Oberbetriebliche Ausbildung 143
Oberzentren 243
Objektivität 226
Offene Handelsgesellschaft .. 17
Öffentlichkeitsarbeit ... 281
oHG 17
Ökologische Kriterien . 328
Oligopol 256, 317
Online-Befragung 229
Online-Handel 29
online-Shop 286
Optimale Bestellmenge 310, 311
Organisation 41
Organisationsentwicklung 180, 181
Organisationshandbuch 42
Outsourcing 43, 307
Out-sourcing

Logistik 313

P

Pacht 20, 36
Page Impression 288
Panel 229
Pareto 122
Partie-Discounter 218
Partizipation 116
PDCA-Zyklus 77
Performing 190
Personalabbau 161
Personalanpassung 162
Personalbeschaffung ... 127
Personalcontrolling 173
Personalcontrollings 173
Personaldisposition 164
Personalentwicklung .. 165, 182
Kontrolle 167
Personalkennziffern 173
Personalkosten 161
Personalkostenarten ... 175
Personalplanung 156
Personengesellschaften 16
Personenverkehr 297
PI 288
Pionierstrategie 233
Planbilanz 35
Planungshorizont 31
Polaritätenprofil 231
Polypol 256, 317
Poor Dogs 230
Porter 234

Portfolioanalyse 32, 79, 230
PoS 270
Positionierung 241
Potentialanalyse 167
Potenzialanalyse 166
PR 282
Präferenzen 246
Präferenzstrategie 232
Praktikum 130
Präsentation 200
Präsenzindikatoren 294
Preisbildung 249
Preisbindung 290
Preisdifferenzierung 259
Preisdumping 291
Preiselastizität 253
Preisentscheidungen ... 258
Preisführerschaft 234
Preisgestaltung 258
Preismechanismus 251
Preis-Mengen-Strategie 232
Preisnachlass 258
Preispolitik .. 238, 240, 317
Preis-Strategien 259
Pre-Sales-Service 271
Primacy-Effekt 153
Primärforschung 227
Primärverpackung 342
Primatkollegialität 52
Probearbeitstag 131
Product Placement 283
Produktion 314

Produktivfunktion 345
Produktlebenszyklus 32, 213, 269
Produktpolitik 238, 240
Produzentenrente 248
Profit-Center 51
Projektablauf 192
Projektdreieck 193
Projektionsfehler 154
Projektleitung 192
Projektorganisation 191
Projektplanung 192
Prokura 38
Prolongation 96
Proportionale Kosten 72
Prozesse 53
Prozesskette 53
Prozessnetzwerk 53
Prüfungen 149
psychografische Merkmale 235
Public relations 281
Pufferfunktion 345
Pygmalion-Phänomen . 154

Q

QR-Code 333
Qualität 98
Qualitätsführerschaft .. 234
Qualitätsmanagement .. 99
Qualitätsprüfung 347
Question Marks 33, 230
Quotenverfahren 228

Stichwortverzeichnis

R

Rack-Jobber 219, 334
Rahmenverträge 323
Random-Verfahren 228
Rangordnungsverfahren 152
Ratenzahlung 324
Rauchverbot 203
Recency-Effekt 153
Rechtsformen 16
Recycling 105, 344
Refreezing 181
Regalsysteme 349
Reichweite 81, 279
relaunch 213
Reliabilität 226
Rentabilität 82, 95
Repräsentativität 226
Resilienz 204
Retrograde Methode .. 352
Return-on-investment .. 96
Rezession 293
RFID 213, 333
Risiken 14
Risikomanagement 97, 157
Rohertrag 35
ROI 96

S

Sachmängel 347
SB-Verbrauchermarkt . 218
Schätzverfahren 159
Schenkung 36
Schifftransport 338
Schleichwerbung 291
Schuldnerberatung 204
Schwerbehindertenschutz 206
SE 19
Segmentierung 232
Sekundärforschung 227
Sekundärverpackung .. 342
Selbstbeurteilung 152
Selbstfinanzierung 34
Selbstoffenbarung 194
Selbstständigkeit 21
Selektionsfunktion 251
Separationsstrategie ... 240
Serviceangebote 271
Share-Deal 37
shareholder 58
Shareholder 216
Shoppingcenter 217
Sicherheiten 89
Sicherheitsbestand 316, 350
Sicherheitsmanagement 103
Sicherungsübereignung 89
Sichtzone 275
Signalfunktion 251
Single-Sourcing 319
Skimming 259
Skontierung 96
Skontrahierungsmethode 351
SMART 30, 120

SMART-Formel 222
Social Media 286
Societas Europaea 19
Sortiment 28, 263
Sourcing-Konzepte 319
Soziale Marktwirtschaft
  252
soziale Rolle 196
Soziale Verantwortung 215
soziodemographische
  Merkmale 235
SPAM 285
Späteinsteigerstrategie
  233
Spekulationsfunktion .. 345
Spezifikationskauf 323
Spill-over 280
Sponsoring 283
Sportprogramme 204
Stabliniensystem 48
Staff promotion 270
stakeholder 58
Stakeholder 216
Standortwahl 29, 296, 321
  Methoden 244
Stars 33, 230
stationärer Handel 218
Statistik 83
Stellen
  Ausschreibung 128
Stellenausschreibung .. 127
Stellenbeschreibung 46
Stellenbildung 45
Stellenplanmethode ... 159

Stichprobe 228
Stichtagsinventur 351
Stille Gesellschaft 19
Store Erosion 274
Storming 189
Strategische
  Geschäftseinheit 232
Streckengeschäft 323
Streckzone 275
Stress 203
Stressbewältigung 124,
  204
Substanzwertmethode .. 39
Substitutionsprinzip 41
Substitutionsstrategie . 103
Suchmaschinenoptimieru
  ng 287
Suchtberatung 205
Suffizienzstrategie 103
Supermarkt 218
SWOT-Analyse 33, 231
Szenariotechnik 159

T

Tarifbindung 161
Tarifvertrag 137, 177
Tausender-Preis 279
Teamarbeit 189
Teilerhebung 228
Teilkostenrechnung 72
Teilzeitarbeitsverhältnis
  132
Tendenzfehler 154
Tertiärverpackung 342

Stichwortverzeichnis

Testimonial-Werbung . 283
Thesaurierungszwang.... 18
Tief 294
top down 78
Total-Quality-
Management 102
Tourenplanung 337
TQM 102
trading up 266
Trainee 185
Training 184
Transformationsfunktion
.... 345
Transparenz 246
Transportmittel 339
Transportnetzwerke.... 339
Transportverpackung.. 342
Transportwege 339
Trendextrapolation 159
Trends 211
Tuckman 189

U

Überbetriebliche
  Ausbildung 143
Übergabe 36
Übernahmefehler 153
UG haftungsbeschränkt. 18
Umfeld-Analyse 224
Umfinanzierung 96
Umsatzkostenverfahren 84
Umsatzrentabilität 82
Umschlaghäufigkeit 81
Umschlagshäufigkeit ... 330

Umsetzungsphase 22
Umwelterklärung 106
Umweltmanagement .. 103
Unfreezing 181
Unit 320
Unterlassungserklärung
.... 292
Unternehmensbewertung
.... 39, 124
Unternehmensführung 107
Unternehmensziel 30
Unternehmergesellschaft
.... 18
Unterweisung 147
Unterweisungen 206
upgrade 213
Urlaubsgesetz 207
USP 241
UWG 291

V

Validität 226
variable Kosten 72
Vendor-Managed-
  Inventory 332
Verbraucherschutz 214
Verbrauchsfolgeverfahren
.... 351
Verbrauchsgüterkauf .214,
  322
Verbrauchsrechnung ... 351
Verbundausbildung 143
Vergleichswertverfahren
.... 39

Verkäufermarkt............211
Verkaufsflächen............275
Verkaufsförderung........270
Verlader......................337
Verpackungen............342
Versicherungen............15
Vertikale Kooperationen
.....................................220
Vertriebserfolgsrechnung
.....................................302
Vertriebsformen..........217
Verursacherprinzip......341
Visit............................288
Visual Merchandising..274
Vollerhebung...............228
vollkommener Markt..246
Vollkostenrechnung........66
Vollzeitbeschäftigung..132
von-Thun....................194
Vorgesetztenbeurteilung
.....................................152
Vormerkbestand.........304
Vorsorgeprinzip...........341

W

Wachstumsbedürfnisse
.....................................115
Wareneingang.............346
Warenfluss....................56
Warenflusssteuerung ..334
Warengruppenmanagement...........................335
Warenpräsentation.......276
Warenverkehr.............297

Warenwirtschaftssystem
.....................................331
Welthandelsabkommen
............................295, 320
Werbeerfolgskontrolle 279
Werbemittel................278
Werbeplanung..............277
Werbeträger........261, 278
Werbeverbote..............214
Werkstattbestand.......304
Werkvertrag........133, 307
Wertanalyse...................79
Wertewandel................211
Wettbewerb 247, 254, 289
Wettbewerbsanalyse.223, 289
Wettbewerbsbeschränkungen...........................290
Wettbewerbskriterien 243
Wettbewerbssituation 256
Wettbewerbsvorteil....234
Widerrufsrecht............322
Widerstände................181
Work-Life-Balance.......124
WTO....................295, 320

X

XYZ-Analyse.........305, 329

Y

Yield-Management......260

Z

Zahlungsarten 56
Zahlungsbedingungen . 324
Zeitdiebe 123
Zeitlohn 163, 178
Zeitstudie 54
Zentralisierung 43, 315
Zertifizierung 100
Zeugnis 151
Zielbeziehungen 30
Zielformulierung . 120, 222
Zielgruppen 270, 277
Zielkonflikte ... 31, 85, 111, 312
Zollunion 295, 320
Zonen Verkaufsfläche . 275
Zusammenarbeit 113
Zusatzleistungen 65
Zusatznutzen 28
Zuschlagsätze 68
Zuschlagskalkulation 70
Zuständige Stelle 141
Zweckaufwand 65
Zwischenprüfung 149
Zwischenzeugnis 151

Literatur für Handelsfachwirte:

Die Pflichtfächer in Einzelausgaben –
zusätzlich mit Kontrollfragen und Klausuraufgaben

Führung und Personalmanagement
144 Seiten; 12,- €; ISBN 978-3-95887-427-5
Unternehmensführung
136 Seiten; 12,- €; ISBN 978-3-95887-417-6
Handelsmarketing
148 Seiten; 12,- €; ISBN 978-3-95887-437-4
Beschaffung und Logistik
100 Seiten; 12,- €; ISBN 978-3-95887-447-3
Vertriebssteuerung
88 Seiten; 9,80 €; ISBN 978-3-95887-457-2
Einkauf
116 Seiten; 9,80 €; ISBN 978-3-95887-477-0

Die Pflichtfächer in Einzelausgaben als eBooks
Im Kindle-Format bei amazon:

Führung und Personalmanagement; ASIN B076X2FVVL
Unternehmensführung; ASIN B071K5YL4H
Handelsmarketing; ASIN B078WDX1YG
Beschaffung und Logistik; ASIN B079LFH1KD
Vertriebssteuerung; ASIN B07FXWW3BJ
Einkauf; ASIN B07G72GK5C